BAYERISCHE AKADEMIE DER WISSENSCHAFTEN

BAYERISCH-ÖSTERREICHISCHES WÖRTERBUCH

II. Bayern

BAYERISCHES WÖRTERBUCH (BWB)

Herausgegeben
von der
Kommission für Mundartforschung
Bearbeitet von Felicitas Maria Erhard, Edith Funk,
Anthony R. Rowley, Andrea Schamberger-Hirt
und Michael Schnabel.

Heft 27 (10. Heft des 3. Bandes)
[zuhin]dienen – törmisch

DE GRUYTER
AKADEMIE FORSCHUNG

ISBN 978-3-11-066813-1
Library of Congress Control Number: 2019945307
Bibliografische Information der Deutschen Nationalbibliothek
Die Deutsche Nationalbibliothek verzeichnet diese Publikation in der Deutschen Nationalbibliografie; detaillierte bibliografische Daten sind im Internet über http://dnb.dnb.de abrufbar.

Genthiner Straße 13, 10785 Berlin, Deutschland
Satz: Typodata GmbH, Pfaffenhofen
Druck und Bindung: CPI books GmbH, Leck
www.degruyter.com

[zuhin]d. 1 hinzuverdienen, °OB vereinz.: *ebbas zuiwidean* Neubeuern RO; „bis er vor lauter *Zuidian ins Tallehen* groß wurde“ ANGERER Göll 101.– **2** wie →*d.*2b: °*der deant si zuabi* „ist liebedienerisch“ Reit i.W. TS. A.S.H.

Diener

M. **1** jmd, der Dienst tut.– **1a** Diener, Hausangestellter, Knecht, Gehilfe, OB, NB, OP, SCH vereinz.: *a Döina* Naabdemenrth NEW; *i mách dein Deaner eet* [nicht]*!* Derching FDB; *Da Deana fragt'n on da Thür* GRAF Er aa 8; *swer dem andern seinen diener entwirist* 1307 J. DORNER, Burghauser Urk.b. 1025-1503, Bd 1, Burghausen 2006, 49; *khainen dienner beurlabt oder auf genomen biß nach vnserer weich* 1609 HAIDENBUCHER Geschichtb. 8.– Grußformel *gehorsam(st)er D.* NB, °OP vereinz.: *schamsta Deana! Serfus!* Mittich GRI; *Schamster Diener, Herr Graf, spöttelt der Jaager, allaweil nobel* STEMPLINGER Obb.Märchen II,78; *Gehorsamster Diener, ich freue mich, sie zu sehen* WESTENRIEDER Mchn 312;– als Ausdruck der Überraschung od. des Mißfallens: *ghorschamschda Deana! Do derfst schaugn, daß a di net bscheißt* „betrügt“ Staudach (Achental) TS; *no g'horschåma Diena!* „Ausruf der Verwunderung“ BRAUN Gr.Wb. 93.– **1b** †Beamter, Gerichtsdiener: *Ez sol chein richter ... noch scherg noch chain ir diener ... dhein* [kein] *fůter biten noch saemmen* Obb. Landr.1346 132; *Von denen die sich der Obrigkeit vnd deren Diener widersetzen* Landr.1616 691.– **1c** †Söldner, Soldat: *der Stat Aůgspurg Söldner v. Diener im vergangen kriege* Indersdf DAH 1450 OA 24 (1863) 319.– **1d** †Lehnsmann, Vasall: *von ainem dorff ein chlaine gült, davon er sein dienär* ANDREASvR 601,6.– **1e** †Höriger, Leibeigener: *diner von dem leib* 1296 Corp.Urk. III,503,35; *alle Pawleut ... es sein jung oder alt diener* Freyhaiten 1568 6.– **1f** †Diener Gottes, der Kirche: *Der sache sint g̊ziug her Chůnrad vnd her Livtolt zwen priester vnd diener datz* [in] *sant Peter* Mchn 1296 Corp.Urk. III,555, 26f.

2 Ober im Kartenspiel Watten, °OB, °OP vereinz.: °*Diener* Mchn.

3 †Guter Heinrich (Chenopodium Bonus-Henricus), in Phras.: *warmes Dienerl* O. SENDTNER, Die Vegetations-Verhältnisse des Bayer. Waldes, München 1860, 318.

Etym.: Ahd. *dionâri*, mhd. *dienære* stm., Abl. von →*dienen*; KLUGE-SEEBOLD 199.

SCHMELLER I,532.– WBÖ V,53.

Komp.: **[All]d.** Liebediener, °OB, °NB, °OP vereinz.: °*so a Alldeana, heut konnas wieda süaß* Schönbrunn LA.

[Amts]d., †[Amt]- Amtsdiener, (untergeordneter) Beamter: *Ambsdeana* Wdmünchen; *A guater Amtsdeana is besser wia r' a schlechter Bezirksamtmo* THOMA Werke II,232 (Medaille); *ambts diener/ die mit verwaltung des lands Regiment vmbgeen* Landsfreyhait 1553, fol. XXVII[r].

WBÖ V,53.

[An]d. wie →*[All]d.*: °*Ådeaner* Schmeichler N'bergkchn MÜ.

[Augen]d., †[Äuglein]- dass., OB, NB vereinz.: *Aungdeana* Staudach (Achental) TS; *Augeldiner* Voc.Teutonico-Latinus c.j[v].

WBÖ V,53.

[Polizei]d. Ortspolizist, MF vielf., NB, OP mehrf., Restgeb. vereinz.: *Bolözeideana* Neukchn KÖZ; „*Polizeidiener* ... musste ... die Viehmärkte überwachen“ Oberpfalz 94 (2006) 377.– Phras.: „*ei'g'machti Polizeidöiner* (Saueres Kartoffelgemüse)“ ebd. 80 (1992) 144.– *Laß an Bolizeidäana kömma zum zsammschåffn!* „bei spärlichem Bartwuchs, damit es sich rentiert, zum Bader zu gehen“ Antersdf PAN.

[Buben]d. Mädchen, das lieber mit Buben spielt: °*Bubendiana* Thanning WOR.

[Ver-eins]d. einer, der ein best. Amt in einem Verein innehat, OB, OP vereinz.: *Varainsdejna* Floß NEW; *Vereinsdäina* BRAUN Gr.Wb. 82.

[Brot-ver]d. 1 Fingerhut, Kappe für den Mittelfinger, °OB, °NB vereinz.: °*hast mein Broutvodeana net gsehng?* Fürstenstein PA.– Auch: °*Brotverdiener* „Nadel und Fingerhut des Schneiders“ Brunnen SOB.– **2** Mittelfinger, °OB, °OP vereinz.: *Bråutvodöüna* „rechter Mittelfinger, an dem der Fingerhut getragen wird, von Schneidern gesagt“ Beratzhsn PAR.

WBÖ V,53.

[Viel]d. wie →*[All]d.*: °*dös is a Vülldeana* Liebediener Weilhm.

†[Fron]d. 1 Gerichtsdiener: *Swer einen fronpoten oder einen frondiener ůbelhandelt mit worten oder mit wercken* 1310-1312 Stadtr.Mchn (DIRR)

257,6f.– **2** wie →*D.*1d: „dem *Frohndiener* nicht nur das gewöhnliche Taglohn … zu bezahlen“ Bemerkungen über das Scharwerkswesen in den oberpfälzischen Fürstenthümern, o.O. 1800, 44.

[**Kammer**]**d.** Kammerdiener, OB, NB vereinz.: *moanst ebba, i mach dein Kammerdeaner?* Passau; *khain Camerdiener khainen frembden oder, weme der Zuetrit in unser Camer nit verorndt … nit fiehren* [*soll*] Mchn 1589 Dt.Hofordnungen II,212.
WBÖ V,53.

†[**Kapell(en)**]**d.** **1** Kirchendiener einer Kapelle: „Feld- und Garnisonsprediger … Zur Bedienung wird ihnen ein Soldat als *Kapelldiener* … bewilliget“ G. Döllinger, Repertorium der Staats-Verwaltung des Königreichs Baiern, Bd III, München 1814, 236; *Der H. Hofkaplan des H. Georgius reitet samt dem Kapelldiener nach* Bucher Charfreytagsprocession 52.– **2** Diener, Gehilfe der fürstlichen Musikkapelle: „Lassos *Capelen-dienner* stieg zu dem Gehalt von 60 fl. auf“ Mchn 1579 ZBLG 19 (1956) 502.

[**Kirchen**]**d.** Kirchendiener, OB, NB vereinz.: *die Wåuchsstöckl wean vom Khiachadeana azendt* Mittich GRI; *Wöi da Fürschtnmatznhanni, wos da Kirchndäiner war … an Klingabeitl … aasgschütt haout* Schemm Dees u. Sell 220; *Von anderm Vnkosten/ so das Breutvolck den Kirchendienern bezahlen sol* Landr.1616 581.
WBÖ V,53.

†[**Kloster**]**d.** Diener in einem Kloster: „ein Bäkker als *gebrödeter Klosterdiener* … erhielt die Kost und einen festen Lohn in Naturalien“ Baumburg TS 1803 R. Haderstorfer, Die Säkularisation der oberbayer. Klöster Baumburg u. Seeon, Stuttgart 1967, 60; *Ulreich der Prukkner, Klosterdiener* 1352 Rgbg.Urkb. II,19; *dergleichen man … mit den closterdiennern und handtwerchsleuthen … verordnen khönde* Fried-Haushofer Dießen 83.

[**Laden**]**d.** Handlungsgehilfe, Kommis, OB, NB, OP, MF, SCH vereinz.: *Londeana* Teising MÜ; „*Söll woll, Herr Ch . Chloberger*, antwortete der *Ladendiener*“ Thoma Werke VII,351f. (Münchnerinnen).
WBÖ V,53.

[**Leib**]**d.** wie →[*Kammer*]*d.*, OB, NB, OP, SCH vereinz.: *moanst, i bin dei Leidiana* Pfarrkchn; *da Leibdeana* „mit der Bedienung der Herrschaft betreuter Diener“ Cham.– Phras.: *du moanst kwiß, du kånst an ekstrign Laibdeana håm* „sei nicht so faul“ Ingolstadt.
WBÖ V,53.

[**Liebe**]**d.** wie →[*All*]*d.*, °OB, °OP, °OF, SCH vereinz.: *a Lejbdina* „möchte es allen recht machen“ Thiershm WUN.

[**Maidlein**]**d.** Bub, der lieber mit Mädchen spielt: °*Malandiana* Thanning WOR.

[**Maul**]**d.** Schmeichler, Lobhudler: *Schandn hoiba sogi Geltsgod … und kim ma für wia a Mauldeana* Mchn.Turmschr. 61.
WBÖ V,53.

[**Ge-meinde(s)**]**d.** Gemeindediener, Ortspolizist, °OB, NB, °OP, MF, SCH vereinz.: °*der Gmoiderner, den håm mia als Kinder vielleicht gfürcht* Rdnburg; *dr Gmoandsdeanr* „sammelt auf der Hochzeitsfeier für die Armen“ Derching FDB; *dös war der Gmoidäiner mit seiner Polizistenkappm* Schemm Stoagass 12.– Phras.: *dear derfn glei vom Gmoadiener zsamschaffe losse!* „hat einen dünnen Bartwuchs“ Hfhegnenbg FFB.
WBÖ V,53.

[**Ge-richts**]**d.** wie →[*Fron*]*d.*1, OB, OP vereinz.: *Grichtsdejna* Floß NEW; *Der Herr Gerichtsdeana hat g'sagt, de Schäfa soll'n z'erscht reikemma* Thoma Werke III,239f.; *von dem gerichtsdienner … zu gefenckhnus gebracht* Berchtesgaden 1618 Wüst Policey 335.
WBÖ V,53.

[**Schul**]**d.** Pedell, NB, OP vereinz.: *a Schuideana* Mittich GRI; *Schölldäina* Braun Gr.Wb. 82.
WBÖ V,53.

[**Wohl**]**d.** **1** von Menschen.– **1a** wie →[*All*]*d.*, °OB, °NB vielf., °OP, °MF, °SCH vereinz.: °*inters Gsicht ei tuat a da recht sche und danå vokafta de, a so a Woideana* Altenbuch LAN; *Wulldejna* Graben WUG; „widerlich schmeichlerischer, schöntuerischer Mann … *Woidẽãna*“ Aman Schimpfwb. 143.– **1b**: °*Woihdeana* „einer, der anderen Gutes tut“ Neufraunhfn VIB.– **2** Mond, °OB, °NB vereinz.: °*Woideana* „ermöglicht das längere Arbeiten der Knechte“ Ramerbg WS.
Schmeller II,892.– WBÖ V,53.

Mehrfachkomp.: [**Bauern-wohl**]**d.** wie →[*Wohl*]-*d.*2, °OB, °NB vereinz.: °*heid leicht eam da Bauanwoideana* Rechtmehring WS. A.S.H.

Dienerin
F., Dienerin, Magd, Gehilfin: *Dinerin* „nur im englischen Gruß" Derching FDB; *Swenne sô ir wercliute habet unde diener unde dienerin* BERTHOLDvR I,90,39-91,1; *der ... Herren der Bröbst ... dyenerin v. pawfraw* [Haushälterin] Indersdf DAH 1443 OA 24 (1863) 277; *Dienerin die d'fraw auffmutzt* [herausputzt] SCHÖNSLEDER Prompt. L4r.

Etym.: Mhd. *dienærinne* stf., Abl. von →*dienen*; WBÖ V,54.

WBÖ V,54. A.S.H.

dienerisch
Adj., liebedienerisch, °OB, NB vereinz.: °*der Herrschaft gegenüber recht deanerisch sei* Reichenhall.

Komp.: [**all**]**d.** dass., °OB, °OP vereinz.: °*des isch so a alldianerischer Kerl* Bayersoien SOG.

[**liebe**]**d.** dass., NB, °OP, °OF, SCH vereinz.: *löibdeanerisch* Donaustauf R.

[**lob**]**d.** dass.: °*lobdeanerisch sei* Fischbachau MB.

[**wohl**]**d.** dass., °OB, °NB, °OP, MF mehrf.: °*den wohldäinarischn Kerl ko i oafach net leidn* Dietfurt RID; *A sechana woidẽãnarischa Saubaze!* AMAN Schimpfwb. 143.

SCHMELLER II,892. A.S.H.

-dienern
Vb., nur in Komp.: [**ein**]**d.** refl., liebedienern: °*dea mecht si bei seiner Frau eideanan* Halfing RO.

[**liebe**]**d.** dass., NB, °MF vereinz.: °*der liebdienert* Allersbg HIP.

[**wohl**]**d.** dass., OB, °NB, MF vereinz.: *woideanan* Neubeuern RO. A.S.H.

†Dienerschaft
F., Dienstverhältnis: *Da sich aber in wehrender dienerschafft die ehehalten verheurathen wurden* 1658 WÜST Policey 753 (Landsordnung Oberpfalz). A.S.H.

-dienig
Adj., nur im Komp.: [**wohl**]**d.** liebedienerisch, °OB vereinz.: *a wohlteanigs Ding* Schwabbruck SOG. A.S.H.

Tienk, ungeschickter Mensch, Mißgestaltetes, Rübe, →*Tenk*.

Dienst
M., N. **1** Arbeit, Arbeitsverhältnis.– **1a** (berufliche) Arbeit, Tätigkeit, Aufgabe, °OB, NB, °OP vereinz.: °*er is im Deanst* Rgbg; *dem richter ... undertånig ... mit allen diensten, die zů dem gericht gehörent* 1365 Stadtr.Mchn (DIRR) 385,18-21; *zu der arbait vnd diennsten erzogen* um 1552 WÜST Policey 437.– **1b** Arbeitsverhältnis, Arbeitsstelle, Amt, °OB, NB, OP, SCH vereinz.: *seit i im Deanst bi, hana ma scho 100 Guin vodeant* Passau; *In den ... Deə˜schtfüə'n* „einen Dienstboten beym Eintritt in einen neuen Dienst begleiten" OB SCHMELLER I,514; „kriegte er ... bei der Eisenbahn *ein nieders Dienst*" SIEBZEHNRIEBL Grenzwaldheimat 129; *Functione ... deonost* 8./9.Jh. StSG. I,148,34; *der in der purger dienst ist* 1340 Stadtr.Mchn (DIRR) 318,4; *Von Lehrnknechten/ oder Jungen/ die einem Maister auß dem dienst gehn* Landr.1616 335.
2 †Gefolgschaft, Untertänigkeit u. damit verbundene Dienstleistungen.– **2a** Gefolgschaft, Lehnsdienst, Frondienst: *Ne subiectio nidazdionost* Tegernsee MB 9.Jh. StSG. II,223,43; *von heruerten · di ich in dez gotshůs dinst han getan* Passau 1294 Corp.Urk. III,247,13; *die Scharwerchen ... Dienst vnd Arbeit/ welche ein Vnderthon/ seinem ... Vogtherrn ... laisten muß* Landr.1616 301.– **2b** Heeresfolge, militärische Unterstützung: *In militiam indionost* Tegernsee MB 10./11.Jh. StSG. II,257,60; *schaden den die selben nement in unserm dienst* Ingolstadt 1362 Rechtswb. II,857; *so sollen wir jm fürbaß kainen dienst thun* Freyhaiten 1568 8.– **2c** Leibeigenschaft, Hörigkeit: *div lôsunge des egiptiischin dienistis* Spec.Eccl. 72,26; *Swer aigen ist ... er gehöre zv̊ aim gotshays mit dienst* Landau 1304 OA 45 (1888/1889) 227.– **2d** Minnedienst: *er enbôt der chuniginne dienest und minne* Kaiserchr. 235,8346f.; *sind mein diennst sunst verloren, dy ich mit lannger zeit ir hab getan?* FÜETRER Persibein 140,522.– **2e** in religiöser Spr., Dienst gegenüber Gott, im Kultus: *kauuerdo mir ... gaotan uuillun ... fargepan za dinemo deonoste* 9.Jh. SKD 310,26-30 (Altbayr. Gebet A); *ern bot dem almæchtigen got deheinen* [keinen] *dienst* O'altaicher Pred. 149,3f.; *als des*

diensts, des in irem chloster got erpoten wirt ewichleich mit singen, mit lesen, mit messen 1328 Urk.Raitenhaslach 572.
3 Hilfeleistung, Beistand, Gefälligkeit, °OB, °NB vereinz.: *oan z'Deast geh* „einen Gefallen tun" Pfarrkchn; *Oa(n' Däinst iis an ånnan wert!* BRAUN Gr.Wb. 82; *Ministeriis ... dionustun* Rgbg 11.Jh. StSG. II,470,50; *den grozzen dinst/ den vns ... abt · wernhart · vnd dez Gotshavs/ lævtte ... habent getan* Rgbg 1299 Corp. Urk. IV,453,42-44; *fürpet und dienst* AVENTIN IV,778,15 (Chron.).– Phras.: *seinen D. tun* taugen, seinen Zweck erfüllen, °OB vereinz.: °*des hod sein Deast schaa daa* Stammham AÖ.– *Jmdm einen guten D. tun* nützlich sein: *de alt Sunnauhr ... derf net verkemma ... uns tuats ... an guatn Deanst* Altb.Heimatp. 6 (1954) Nr.43, 6.– *Zu D.en stehen* seine Hilfe anbieten: *Do trochtt a jeida, iah min Wong Zon Hoamfoahn z'Döanst'n z'steeh* SCHUEGRAF Wäldler 23.– †Auch Ergebenheit, Dienstwilligkeit in Höflichkeitsformeln: *Ersamen weis, besunder liebn freunt, unser willig dienst bevor* AVENTIN V,585, 16 (Chron.).
4 †Abgabe, Steuer: *Ze send Michels mess, so man den dienst bringt* Pfründe Geisenfd 426; *ein Amptman soll kauffen einen guten Peytel, und soll die Stewr und Dienst darin sammen einer Herrschafft* Peiting SOG 1435 LORI Lechrain 138; „Beständige Einnahm ... von den Fischern *Dienst* 116 Pf. Fisch" Neuötting AÖ 1796 HAZZI Aufschl. III,772.– Phras. *kleiner D.* in Form von Kleinvieh, Eiern, Käse o.ä. zu leistende Abgabe: *sehtzich phenninge fvr hev vnd chleiniv dîenst von hvnern, aiern vnd chesen* Passau 1290 Corp. Urk. V,328,7f.; *iärlich ... klainen Dinst drey Schilling Regenspurger ... zway Herbsthüner, vnd zway Stifthüner* Rohr ROL 1408 MB XVI,200f.
5 †: „*Dienst* (?) ... Strebemauer an einer unsichern Hauptmauer" Reichenhall SCHMELLER I, 515.
6 †Diener, Knecht: *Seruitia dionost* Tegernsee MB 10./11.Jh. StSG. I,479,22.

Etym.: Ahd. *dionôst*, mhd. *dienest* stm./n., Abl. von →*dienen*; KLUGE-SEEBOLD 199.

SCHMELLER I,514f.– WBÖ V,54f.

Komp.: †[**Aus**]**d.** Strafgeld, Buße: *Wir ... sein ... in kein peen gefallen vnd darwmb seiner maiestat keinen außdinst ... pflichtig* Landshut 1463 Fontes rerum Austriacarum, Zweite Abtheilung, Bd 44, Wien 1885, 532.

†[**Pfennig**]**d.** in Geld zu leistende Abgabe: *Es wär pfening diennst, Khäs dienst Hardienst oder Schaffdienst von dem heurigen jar* 1462/1568 MHStA Kloster Frauenchiemsee Amtsbücher u. Akten 83,fol.10ᵛ.

WBÖ V,55.

†[**Boten**]**d.** Botengang als Frondienst: *Wer einen bechlagt, der in dez lantzherren poten dienst ist, diu chlag sol im unschedlich sein* Obb. Landr. 1346 71.

†[**Tag**]**d.** nach Tagen bemessener Frondienst: *daß der Probst in seiner Stifft ... den armen Leuten die Tag-Dienst nidern wolt* Mchn 1423 LORI Lechrain 110.

†[**Ge-treide**]**d.** in Getreide zu leistende Abgabe: *Droat-dienst* DELLING I,136; *an traidtdienst waiz ain schaff, khorn* [Roggen] *vier schaff, gersten ain schaff* Buchhfn VOF 1655 S. u. H.H. MAIDL, Chron. Gde Buchhofen, Winzer 2007, 190.

DELLING I,136; SCHMELLER I,515.– WBÖ V,54.

[**Ver**]**d. 1** Lohn, Einkommen, °OB, °NB, OP, SCH vereinz.: *dör hot koan Verdeaⁿsch* Derching FDB; *Blle woars Zeig, owa denna nu z teia fiar döi kloin Vodäinst* HEINRICH Stiftlanda Gschichtla 24; *Der procuratorn verdienst ... für eine heuraths-abrede ... 1 gulden 30 kreutzer* Rgbg 1689 WÜST Policey 156.– **2** anerkennenswerte Tat, Anerkennung.– **2a** anerkennenswerte Tat, Leistung: *Vadeanst* BINDER Bayr. 223; *So kummt duach unsa schön's Vodeanst Do endli d' Sach an's Ziel* PANGKOFER Ged.altb.Mda. (1846) 211.– †Auch Verschulden, Vergehen: *nach verdienst gestrafft werden* SCHÖNSLEDER Prompt. L4ʳ.– **2b** öffentliche Anerkennung: °*dea hod si an groußn Vodeast erworm* Neufraunhfn VIB; *verDienst* „meritum, promeritum" SCHÖNSLEDER ebd.

WBÖ V,55f.

†[**Fisch**]**d.** Abgabe für die Nutzung eines Fischwassers: *so sullen die vischdinst im gefallen und zustên* Rgbg 1429 VHO 84 (1934) 82.

WBÖ V,54.

†[**Frauen**]**d.** an die Äbtissin zu entrichtende Abgabe: *wan der probst von Kössten den frauendienst bringt* 1527 MHStA Kloster Frauenchiemsee Amtsbücher u. Akten 12,fol.17ᵛ.

[**Fron**]**d.** Frondienst, °OB, °NB, °OP vereinz.: °*Frondienst* „früher" Heilbrunn TÖL; *Der*

Frôndienst „Ueblicher ist jetzt ... der Ausdruck *Scharwerk*" SCHMELLER I,820f.; *so haben Wür sye gefreüet* [befreit] ... *aller Zinß an Geldt ... Scharwerg, Frondienst* Wdsassen TIR 1516 VHO 35 (1880) 166.

SCHMELLER I,820f.

[**Gottes**]**d.** **1** Gottesdienst.– **1a** allg., OB, NB vereinz.: *Gottsdia^{n}st um Neune mit Brödi und Hoachamt* Hfhegnenbg FFB; *sand s' eini zon Gottsdeanst* Ganacker LAN DMA (FROMMANN) 1 (1854) 64; *hat der selbe vnser herre der Bisschof/ die Bænne alle abgenomen/ vnd gotes dinst erlavbt* Mchn 1297 Corp.Urk. IV,86,4f.; *Daß den Jnwohnern an den Feyrtägen vor volbringung deß Gottsdiensts/ in den Wirtshäusern zu zechen nit gestatt werde* Landr.1616 553.– **1b** Totengottesdienst vor od. nach dem Begräbnis, °OB, °NB, °OP vereinz.: *dir ge i åmål in Godsdeanst* „wenn du stirbst" Wasserburg; *gehst ad Leich und bleibst bei dö Gottsdeanstn a no in da Kircha* Neukchn a.Inn PA; *am oasa'zwanzigstn Mai Werdn die Gottsdeansta g'haltn* CHRIST Werke 67 (Erinnerungen).– **2** Meßbuch, Gebet- u. Gesangbuch: *Gottesdienst* „für die Erzdiözese München-Freising" Mchn; *Jetzt hab' i mein Gottesdienst und mei' Firmzeugnis vergessn* Mchn SZ 11 (1955) Nr.143,9.– **3** †gottgefällige Tat, Lebensführung, Glaubensausübung: *Darvͤber han ich angesehen den rainen gotesdienst, der da emtzichlichen* [emsig] *geschiht* Altfraunhfn VIB nach 1280 Urk.Raitenhaslach 300; *menige werch seinn guot vnd gerecht ... jm gepet vnd allem gotszdienst* BERTHOLDvCh Theologey 34.

SCHMELLER I,959.– WBÖ V,56.

Mehrfachkomp.: [**Trauer-gottes**]**d.** Totengottesdienst vor od. nach einem Begräbnis, °Gesamtgeb. vielf.: °*da Trauagottsdöist is noch da Leich* Fronau ROD.

– [**Leg-gottes**]**d.** dass.: „der *Leggottesdienst* unmittelbar nach der Beerdigung" DAH, FFB OA 35 (1875/1876) 234.

– [**Leich**(**en**)-**gottes**]**d.** dass., °NB, °OP, °MF vereinz.: °*Leichengottesdienste* „früher nach der Beerdigung, seit dem letzten Konzil davor" Neuhs PA; „daß diese Herren neben dem *Leichgottesdienst* noch ein Lobamt haben müssen" Churpfalzbaier. Intelligenzbl. 10 (1805) 660; „die *Leichgottesdienst* bei hiesigen Unser lieben Frauen-Stift ... gehalten" Mchn 1746 FREYBERG Slg II,43.

– [**Oster-gottes**]**d.** Gottesdienst zu Ostern, OB, NB, OP vereinz.: *ban Oaschdagoddsdeanst is koan bsunana Brach it* [nicht] Kochel TÖL.

– [**Schauer-gottes**]**d.** Gottesdienst zum Schutz vor Unwettern: *ZU EINEM Schauergottesdienst hat der Baptist allweil den Himmel tragen dürfen* W. FRITSCH, Cherubim, Frankfurt a.M. 1987, 191; „Einkommen als Lehrer ... für 2 sogenannte *Schauergottesdienste* 1 fl.30 kr." Kchndemenrth NEW Statistik der dt. Schulen im Regierungsbezirke der Oberpfalz u. von Regensburg, hg. von F. ZAHN u. L. REISINGER, Regensburg 1866, 251.

– [**Seel**(**en**)-**gottes**]**d.** Totengottesdienst vor od. nach dem Begräbnis od. an best. Gedenktagen, °OB, °NB, °OP, °SCH vielf., °Restgeb. vereinz.: °*Seangottsdeast* „nach der Beerdigung, dann nach 7, 30 Tagen, 1 Jahr sowie am Kirchweihmontag und an Allerseelen" Tandern AIC; *Sejgodsdeast* Spr.Rupertiwinkel 87; *Als ... Für Jhro Abgeleibt-Röm. Kayserl. Majestät Der allerschuldigste Seelen-GOttesdienst gehalten wurde* Ph.N. v.LUCA, Leich- u. Trost-Red Mariæ Amaliæ, München 1757[,Titelbl.].

†[**Haar**]**d.** in Flachs (→*Haar*) zu leistende Abgabe: *ayr, schmalz und harbdiennst* Haidenburg VOF 1592 HELM Obrigkeit 136.

WBÖ V,54.

[**Hand**]**d.** Handdienst, früher als Frondienst, heute als unentgeltliche Gemeindearbeit, meist in der Fügung *Hand- und* →[*Spann*]*d.*, °Gesamtgeb. vielf.: °*Hand- und Schbanndea^{n}scht leischtn* „Bau von Sportplätzen, Gemeindestraßen" Dachau; „Der *Handdienst* kann mit 12 kr. per Tag abgelöst werden" Ingolstädter Wochenbl. 42 (1843) 440.– Auch an einem Tag geleisteter Handdienst: °*4 Handdienste* Lenggries TÖL.

†[**Haupten**]**d.**: *Háppmdeə͂st* „Frondienst mit Zugvieh" SCHMELLER I,1143.– Zu →*Haupt* 'Stück Vieh'.

SCHMELLER I,1143.

[**Herren**]**d.** Herrendienst: *Herrndeanst* Staudach (Achental) TS; *Von Knechten/ denen in jrer Herrndienst daß ihr* [ihre Habe] *genommen wirdet* Landr.1616 337.– Phras.: *Heandei^{n}st gäit voa Gottesdei^{n}st* Bruck ROD.– *Herrendienst und ein Faßl Wein rauchen oft über Nacht aus*

„haben keinen Bestand“ Partenkchn GAP, ähnlich BRAUN Gr.Wb. 254.

WBÖ V,55f.

†[**Jahr**]**d.** **1** Dienst, Anstellung für die Dauer eines Jahres: *swie sô sie daz umbe dich verdienet hânt mit ir jârdienste als dierne unde knehte* BERTHOLDvR I,90,11-13; *der stadelmaister wird auf weichennächten für seinen jardienst ganz bezalt* Indersdf DAH 1481 OA 25 (1864) 72.– **2** Feudalabgabe für ein Jahr: *der sol auf seinem chasten ůber iar haben ligent allerley traides ainen gantzen iardienst* Mühldf Ende 14.Jh. Chron.dt.St. XV,394,14f.

†[**Kammer**]**d.** **1** Dienst eines Kammerdieners: *wollen wir … unsern Camerern … befelchen … was den Camerdienst belangt* Mchn 1589 Dt. Hofordnungen II,211f.– **2** an die Finanzbehörde zu zahlende Abgabe: *aus dem chamerdienst von den flaischakchårn* 1375 Rgbg.Urkb. II,425.

†[**Klein**]**d.** in Form von Kleinvieh, Eiern, Käse o.ä. zu leistende Abgabe: *Kleindienst* DELLING II,35; „der *chlain dienst* von 12 Gänsen und 24 Hühnern“ 1391 Urk.St.Johann Rgbg 507; *Sollen alle underthanen schuldig sein … Irem Hofmarchsherrn … ire Stifft, Gült, Clain und Kuchendienst … threulich bezalen* N'aichbach LA 1620 VHN 80 (1954) 134.

DELLING II,35.

[**Kuchel**]**d.**, †[**Kuchen**]-, [**Küchen**]- **1** †dass.: „Kastenrechnung … *Küchendienst* 54 [fl.] 38 [kr.]“ STA HAZZI Aufschl. III,165; *den kuchendienst, dez ist hundert air zů ostern, vier hůner, ain gans* 1418 Urk.Heiliggeistsp.Mchn 368; *Ob ihnen die Kuchldienst nit höher als sie an sich selbst werth sind angeschlagen werden?* 1750 ZBLG 60 (1997) 648.– **2** Küchendienst: *Kuchideanst* Staudach (Achental) TS.

DELLING II,35; SCHMELLER I,515.– WBÖ V,54.

†[**Leib**]**d.** Abgabe eines Leibeigenen: *daß er oder seine Eltern … den Leibpfenning vnd andere schuldige Leibdienst geraicht haben* Landr.1616 219.

[**Ge-meinde**]**d.** unentgeltliche Gemeindearbeit, °OB, °SCH vereinz.: °*Gmoadienst* Ismaning M; *gmõadīǝš* Eurasburg FDB nach SBS XII,44.

[**Mesner**]**d.** Dienst, Anstellung als Mesner: *so er von dem mesner dienstl sich neben weib und khindern nicht ernöhren khönne* Auerbach ESB Mitte 17.Jh. HELM Konflikt 78.

[**Schar**]**d.** früher Frondienst, heute unentgeltliche Gemeindearbeit, °OB, OP vereinz.: *Schardeascht* „früher für Schloßherrn und Klöster, heute für die Gemeinde“ Reichersbeuern TÖL; *daß man hineingepoten hat umb Vertt umb schardienst* STA 1430 J.N.G. v.KRENNER, Ueber Land- Hofmarchs u. Dorfgerichte in Baiern, Bd I, München 1795, 64; *hat ein jeder Unterthan … folgende Schardienst zu verrichten, als 8. Tag Mähen, 8. Tag Rechen* Steingaden SOG 1718 LORI Lechrain 523.

SCHMELLER II,444.

†[**Schmalz**]**d.** **1** in Schmalz zu leistende Abgabe: „ist der kleine Zehend und der *Schmalzdienst*, wie in andern Waldgegenden, nicht eingeführt“ Zwiesel REG HAZZI Aufschl. IV,1,136; *weil sy dises schmaltzdienstes halber mit … herrn praelaten vor churfürstlicher regierung Burckhausen ain stritt … nit schuldig* Seeon TS 1638 H. ZÜCKERT, Die sozialen Grundlagen der Barockkultur in Süddeutschland, Stuttgart u.a. 1988, 317.– **2** Einziehen ders.: *Was die Schergen beym Schmalzdienst zu unterlassen* WAGNER Beamte I,23.

SCHMELLER I,515.– WBÖ V,55.

[**Schul**]**d.** Schuldienst, Anstellung als Lehrer: *bis er endlich ein Schuldienstlein von 150 fl. bis 200 fl. erhält* Aldersbach VOF 1829 Altb.Heimatp. 44 (1992) Nr.32,22.

[(**Ge-**)**Spann**]**d.** **1** Spanndienst, früher als Frondienst, heute als unentgeltliche Gemeindearbeit, °Gesamtgeb. vielf.: °*Gspanndeanst* „für Waldwege, Abzäunungen“ Fischbachau MB; °*Spandienst leistn* „bei Gemeindearbeiten mit dem Wagen fahren“ Burggriesbach BEI; „Am Tage des hl. Wendelin … bleibt es [Vieh] vom *Spanndienste* befreit“ OP Bavaria II,311.– Auch an einem Tag geleisteter Spanndienst: °„*1 Spanndienst* wurde für *4 Handdienste* berechnet“ Lenggries TÖL.– **2** jmdm zustehender Transportdienst mit einem Fuhrwerk, °OB, °OP vereinz.: „Landarbeiter auf einem Gut erhielten jährlich Kartoffeln, Kraut, Eier, Holz, sogar *Spanndienste*“ Weiherhammer NEW.

Mehrfachkomp.: [**Vor-spann**]**d.** durch Vorspannen eines Zugtieres zu leistender Dienst, °OB, °NB vereinz.: °*Vorspanndienste* „für Pferdegespanne, die den Berg an der alten Salzstraße nicht bewältigen können" Steinhögl BGD.

[**Schar-werk**]**d.** wie →[*Schar*]*d.*: °*Schaberdienst* „in den kleinen Nachbargemeinden" Schierling MAL; *Wann ... ein solches Gut den Frohn- und Scharwerck-Diensten unterworffen war* A. Ertl, Chur-Bayer. Atlas, Nürnberg 1690, II,87. A.S.H.

dienstbar

Adj. **1** dienstbereit, dienstwillig, OB, NB vereinz.: *is khoa dea*ⁿ*stbåra Geist zen håm?* „gutes Dienstmädchen" Mittich GRI; *so die diern, als dienstber sein* Indersdf DAH 1493 HuV 17 (1939) 211.
2 hilfsbereit, gefällig, °OB, °NB vereinz.: °*des is a recht a deastbara Må* Halfing RO; *Er ist ein dienstbarer Mensch* Westenrieder Gloss. 103.
3 †zu Abgaben verpflichtet: *Weingarten ... dauon man järlich dienstper ist ... in das Ambt zu Straß zu S. Michelstag 4 pg̃* Indersdf DAH 1535 OA 25 (1864) 279.

Etym.: Mhd. *dienestbære*, Abl. von →*dienen*; WBÖ V,56.

Westenrieder Gloss. 103.– WBÖ V,56. A.S.H.

†Dienstbarkeit

F. **1** Dienstbereitschaft, Dienstwilligkeit: *wer der wär, dem di engl solhe dinsperkait bebisen* Arnpeck Chron. 471,37f.; *jhr nit allein mit verpflichter Dienstbarkeit zu Lob vnd Preyß auffwarten* Hueber Granat-Apfel 207.
2 rechtliche Abhängigkeit, Knechtschaft: *das er aus künigklicher freyhait solt kumen in die dienstperkait oder aigenschaft der Römer* Füetrer Chron. 6,13f.
3 Arbeitspflicht: *betler ... auff 2 monat zur dienstbarkeit vnd arbeit bloß vmb geringe kost vnd klaidung ... genommen* Mchn 1627 Wüst Policey 580.
4 Abgabenpflicht, auch Abgabe selbst: *wann die armen leut ... beladen sein mit groszen scharberchen und dienstperkait* Tegernsee MB Ende 15. Jh. Grimm Weisth. VI,179.
5 Frondienstpflicht: *Reiß/ Folg/ Fron vnd andere Dienstbarkeitten* Landesord. 1599 226.
6 Servitut, Nutzungsrecht: *dem derselb grund, daruff die dienstbarkeit steet ... zustehet* 1552 Slg der Freyheiten, Rechte, Gesetze, Gewohnheiten, u. Polizeyordnungen der Stadt Amberg, hg. von J.B. Schenkl, I. Abtheilung, Amberg 1820, 105; *die Persöhnliche dienstbarkeiten ... wann man von etwas die völlige nutzniessung/ oder den blossen gebrauch/ oder auch die Wohnung hat* Wachtger. Ordng Rgbg 14ʳ.

Etym.: Mhd. *dienestbærecheit* stf., Abl. von →*dienen*; WBÖ V,56.

Westenrieder Gloss. 103.– WBÖ V,56.

Komp.: †[**Feld**]**d.** Servitut, Recht zur Nutzung eines Grundstücks: *Felddienstbarkeiten/ welche man ... auff den Feldern/ Aeckern/ Wisen vnd Gärten/ meistens der Früchte halb hat* Wachtger. Ordng Rgbg 14ᵛ.

†[**Grund**]**d.** Servitut, Recht zur Nutzung eines Grundstücks od. Gebäudes: *EIn Grundtdienstbarkeit ist ... ein Gerechtigkeit/ welche jemand hat/ auff deß andern Grundt oder Hauß* Landr. 1616 314.

†[**Haus**]**d.** Servitut, Recht zur Nutzung eines Gebäudes: *Haußdienstbarkeiten/ die einer auff deß andern Hauß/ Stadl/ Stallung ... hat* ebd.

A.S.H.

dienstig

Adj. **1**: °*dösmol hob i an deastign Knecht kriagt* übereifrig, geschäftig, liebedienerisch Eschenlohe GAP.
2 Subst., Dienstbote, °OB vereinz.: °*dia Deastön san beim Laabrächa* Fischbachau MB; *Daß d' net oafach oane von deine Dienstigen heiratst?* Christ Werke 552 (Rumplhanni). A.S.H.

dienstigen

Vb., liebedienern: °*deastiga* Eschenlohe GAP.

Komp.: [**ein**]**d.** dass.: °*aba dea deastigt si ei bei da Bäurin* einschmeicheln ebd. A.S.H.

dienstlich, -licht

Adj. **1** hilfsbereit, fleißig, übereifig, liebedienerisch.– **1a** hilfsbereit, gefällig, °OB (v.a. S) mehrf., °NB, °OP vereinz.: °*des Diandl is recht deastlat* Teisendf LF; °*den kama hait ham, wenns was is, der is deastlö* Passau; *deə͂stlə* Schmeller I,515.– **1b** fleißig, emsig, °OB, °NB vereinz.: °*der ist deanstli, der scheicht koa Arwat* Fürstenstein PA.– **1c** übereifrig, °Gesamtgeb. vereinz.: °*sei doch it* [nicht] *gor so deastla* Kohlgrub GAP; *dea*ⁿ*šdli* „diensteifrig" nach Schweizer Dießner Wb. 199.– **1d** liebedienerisch, °OB, °NB, °OP vereinz.: °*dea is deanstli* Traidendf BUL.
2 †dienlich, tauglich.– **2a** dienlich, förderlich, hilfreich: *wenn ich ihnen etwas dienstliches er-*

weisen kann, wird es mich freuen DELLING I,125; *Solch der alten geschicht erkantnus ... ist vast nützlich und dienstlich gemainen nutz zu betrachten* AVENTIN IV,11,33-12,1 (Chron.).– **2b** tauglich, geeignet: *sol das Holtz/ so zu den Laiterbäumen dienstlich ... vmbzuhacken gestatt ... werden* Landr.1616 759.
3 dienstlich.– **3a** amtlich, beruflich, geschäftlich, °OB, °NB, °OP, °OF vereinz.: °*i bin dejnstli daou* Schnaittenbach AM.– **3b** streng offiziell, formell, °OB, °NB vereinz.: °*wenn a jatz nu net iwagebn het, na waa sie dienstlech woan* Weildf LF.– Auch: °*jetzt werst deanstli* „nimmst du es ganz genau" Pittenhart TS.
4 †zum Dienst verpflichtet, bereit.– **4a** zum Lehnsdienst verpflichtet: *das auch wir ... allzeit dienstlich vnd beystendig sein söllen* Freyhaiten 1568 44.– **4b** dienstbereit, dienstwillig, untertänig: *daz uns dienstlîchen gehôrsam ist* BERTHOLDvR I,375,3f.; *der annder geborn Son, oder die nachuolgenden, seind dem Erstgebornen allzeit vnnderthenig vnnd dienstlich gewesen* Der Landtag im Herzogthum Baiern vom Jahre 1514. Erste, u. zweyte Handlung, o.O. 1804, 81.

Etym.: Mhd. *dienestlich*, Abl. von →*dienen*; PFEIFER Et.Wb. 225.

DELLING I,125; SCHMELLER I,515.– WBÖ V,56.

Komp.: [**ver**]**d.** verdient, bes. Verdienste aufweisend, OB vereinz.: *er is vadianstli* Mchn. A.S.H.

-dient

(Genus?), nur im Komp.: [**Aus**]**d.**: °*mein Ausdeant* „festgesetzter Lohn in Geld und Naturalien" Barbing R.

Etym.: Wohl subst. aus Part.Prät. von →*dienen*. A.S.H.

Tier

N. **1** Tier.– **1a** Tier allg., Gesamtgeb. vereinz.: *de Katz is a hoamlichs* [zutrauliches] *Tierl* Hirschbg PAN; *Hot gschoss'n a Thiea* SCHUEGRAF Wäldler 14; *kalihida mannes edo teores* 8./9.Jh. StSG. I,122,12; *Der mensch hat aht ripp ... Aber di tier, die hörner tragent, habend dreizehen* KONRADvM BdN 143,24f.; *da sie etwa schädliche Thier anzutreffen* Landr.1616 786.– **1b** Hirschkuh, jägersprl., °OB, °OP mehrf., °Restgeb. vereinz.: °*a Hirsch und fünf Tier* Kohlgrub GAP; *a weiblichs Kalb ... werad ... im zwoatn Lebensjahr a ... Schmalstuck, und na werads ... a ... Tier* Altb.Heimatp. 43 (1991) Nr.27,20; „Das Männlein heißt man *Hirsch*, das Weiblein ... wann sie ... gesetzet, heist mans ein *Thier*" SCHREGER Speiß-Meister 82.
2 von Menschen.– **2a** roher, derber Mensch: *Tia* BINDER Saggradi 222.– **2b** abwertend Frau, °OP, OF vereinz.: °*wenn i schou an olts Döia bin wöi döi, mächt a mi doch nimma zsåmriatn* [herrichten] *wöi a Gungi!* Kchnthumbach ESB; *s Töija* „ausschweifende Frauensperson" SINGER Arzbg.Wb. 237.– Auch Schimpfw. im Wortspiel mit dem demonstrativen Art. →*der*[1], Pl.Nom.N., °OP vereinz.: °*döia Döia döia!* „diese üblen Weiber" Neualbenrth TIR.

Etym.: Ahd. *tior*, mhd. *tier* stn., germ. Wort idg. Herkunft; KLUGE-SEEBOLD 917.

SCHMELLER I,618f.; WESTENRIEDER Gloss. 580.– WBÖ V,56f.

Abl.: *tieren*.

Komp.: [**Alt**]**t.** wie →*T.*1b, jägersprl., °OB, °OP mehrf., °Restgeb. vereinz.: °*a Oättier, a Hiaschkua* Ruhstorf GRI.

[**Trampel**]**t. 1** Dromedar, °OB, NB, OP vereinz.: °*wos klaost* [trampelst] *den aso umanand wia a Trampitier?* Reichersbeuern TÖL.– **2** von Menschen.– **2a** Mensch, der trampelnd herumgeht, °OB, NB, OP vereinz.: °*geh a bissl stader, du Trampltier!* O'stimm IN.– **2b** plumper, ungeschickter, schwerfälliger Mensch, OB, NB, OP, SCH vereinz.: *a Trampltier* Wasserburg; *Drampedia* AMAN Schimpfwb. 48.– **2c** Mitglied eines Schwere-Reiter-Regiments: *de Trampeltier* Mchn; „die Münchener Schweren Reiter ... *Trampeltiere*" SHmt 47 (1959) 490.

WBÖ V,57.

[**Faul**]**t. 1** Faultier, OB, NB, OP vereinz.: *in Midö is nu nia a Faultier geboan wåurn, und do gibt's soichanö!* Mittich GRI.– **2** fauler Mensch, OB, NB, MF vereinz.: *der is is reinste Faultier!* Hohenstein HEB.

[**Gelt**]**t.,** [**Galt**]**-** unfruchtbares Muttertier des Wildes, jägersprl.: *a Gelttier* „bei Reh, Hochwild, Gams" Schneizlrth BGD; *Ein ... geschossens ... Galtthierl* 1698 MHStA Forstakten Fasz. 433, fol. 62[r].

WBÖ V,57.

†[**Helfant**]**t.,** [**Helfen**]**-** Elefant: *viertausend helfentier* (Var. *helffantthier*) AVENTIN Werke IV,405,35 (Chron.).

[**Leid**]**t.** unangenehmer, lästiger Mensch, °OB, °NB, °OP vereinz.: °*de is a Loadtier* Koppenwall ROL; *Leidtier* SCHLAPPINGER Bilder 14.

[**Leit**]**t. 1** ranghöchstes, führendes Tier, °OB, °NB, °OP vereinz.: °*Loattier* Schönbrunn LA.– **2**: °*Loattier* „Gschaftlhuber, der immer tonangebend sein muß" Wasserburg.

[**Maul**]**t.** Maultier, OP, SCH vereinz.: *Mauldier* Derching FDB; *Acht Churfürstliche Maulthier* A.G. ERTL, Chur-Bayer. Atlas, Nürnberg 1687-1690, I,248.

[**Murmel**]**t.**, †[**Murmen**]- Murmeltier, OB, NB, OP, MF, SCH vereinz.: *Muamötia* Wurmannsquick EG; *Weg'n meiner von an' Murmithier* KOBELL Ged. 142; *glis … murmenthir* AVENTIN Werke I,390,19 (Gramm.).– Phras.: *ea schlaft wia a Murmltia* „fest und lang" Wasserburg.

[**Raub**]**t.** Raubtier, OB, NB, SCH vereinz.: *a Raubdia* Aicha PA.

[**Ren**]**t. 1** Rentier, Gesamtgeb. vereinz.: *d Rendiar zoing an Schlin* Mittich GRI.– Im Wortspiel mit →*Rente*: *Renntia* „Scherzname für Rentner" Ingolstadt.– **2** Mensch, der rennt, OB, NB vereinz.: *du kimst åwa daheagrent, du Rendia!* ebd.– Bed.2 mit scherzh. Anlehnung an →*rennen*.

†[**Rumpel**]**t.** Eber: *Rumpelthier* „Schweinbär" ZAUPSER Nachl. 35.

ZAUPSER Nachl. 35.– WBÖ V,57.

[**Schmal**]**t.** Schmaltier, jägersprl., °OB, NB, OP vereinz.: *Schmoitier* „einjährige Hirschkuh" O'audf RO; *im zwoatn Lebensjahr a Schmaltier* Altb.Heimatp. 43 (1991) Nr.27,20.

SCHMELLER II,548.

†[**Schön**]**t.** Wiesel: *Schön-thierlein (Schoi˜tiəˈl)* [sic!] SCHMELLER II,428.

SCHMELLER II,428.

[**Un**]**t. 1** Untier, OB, NB, OP, SCH vereinz.: *wås is denn däs fia an Untia?* Ingolstadt.– **2** wie →*T.*2a, NB, OP vereinz.: *Utier* Ast LA; *Untia* „böser und häßlicher Mensch" BINDER Saggradi 231.

SCHMELLER I,97, 618f.– WBÖ V,57. A.R.R.

tieren

Vb., refl.: *sich töijan* „sich übel aufführen" SINGER Arzbg.Wb. 237.

WBÖ V,57. A.R.R.

†dies, dieser, dirr, ditz

I Pron., dieser: *Dizze ist der heilige gloube* 12.Jh. SKD 355,21 (Wessobrunner Glaube); *ist dirr schuldich worden, der ůber die pfant chlagt hat, dem gericht 72 dn* 1340 Stadtr.Mchn (DIRR) 341,26f.

II demonstrativer Art., dieser: *uueo … namun hab& [habet] … deser man* 9.Jh. StSG. III, 12,25-27; *allen … die disen brief hŏrent oder sehent!* Kiefersfdn RO 1267 Corp.Urk. I,154,18f.; *ditz volk êrt mich nur mit dem mund und lefzen* AVENTIN Werke IV,61,28f. (Chron.).

Etym.: Ahd. *deser* m., *disiu* f., *diz* n., mhd. *dieser*, *dirre* m., *disiu* f., *diz* n., germ. Erweiterung zur Wz. von →*der*[1]; KLUGE-SEEBOLD 200.

SCHMELLER I,547; WESTENRIEDER Gloss. 106f.– WBÖ V,103.

A.R.R.

Diesel

M. **1** Bulldog, Traktor: °*Bulldog, Diesel* Klingsmoos ND; *dīsl* O'baar AIC nach SBS XIII,333. **2** übertr. Tabakspfeife: *hot öwa an Diesl an Mäu* Gartelsrd AIC.

Etym.: Nach dem Erfinder Rudolf Diesel; KLUGE-SEEBOLD 200. A.R.R.

diesig

Adj., diesig, °OB, °NB, °OP, °MF vereinz.: °*heit is disi* Neukchn KÖZ; *diaseg* „neblig, regnerisch" SOJER Ruhpoldinger Mda. 10.

Etym.: Aus schriftsprl. *diesig*, nd. Herkunft; KLUGE-SEEBOLD 200.

A.R.R.

†Diet

F. **1** Volk, Leute: *engila … uuechant deota* 9.Jh. SKD 71,79f. (Muspilli); *Im wald Eneas aine gieng aller diete sunder* FÜETRER Trojanerkrieg 141,561.– In heutiger Mda. in ON, z.B. *Dietfurt* RID.

2 Heerschar: *daz rîche stuont iemer mêr mit genâden von Hiunisker diet* Kaiserchron. 369, 15961f.

3 Gefolgschaft, Hofgesellschaft: *Alls die diet ir herren wolt pesehen* FÜETRER Lanzelot 12.

Etym.: Ahd. *diot* stm./f./n., *diota* st/swf., mhd. *diet* stf./n., germ. Wort idg. Herkunft; [2]DWB VI,1040.

SCHMELLER I,552f.; WESTENRIEDER Gloss. 580.– WBÖ V,68.

Komp.: †[**Un**]**d.** N., verabscheuenswürdige Menschengruppe: *das bös Unkraut des falschen Undiets … des verdammten Volks der Hussen* 1423 Gemeiner Chron. II,458.

Schmeller I,552f. A.R.R.

Dietrich, Dieterer, Gieterer

M. **1** Dietrich, Nachschlüssel, °Gesamtgeb. vielf.: *a Giatara* O'audf RO; °*wann i an Diadara hätt, nocha kunt i einö* Neukchn a. Inn PA; °*moust an Döidrich holn* Pertolzhfn OVI; *deidara* Kollmer II,85; *Dietrich* „Diebsschlüssel" Westenrieder Gloss. 103.
2: *deidara* „(abfällig) alter Mann" Kollmer ebd.

Etym.: Aus dem Vorn. *Dietrich*, Bed.1 wohl wegen des Anklangs an →*Dieb*; Kluge-Seebold 200.

Schmeller I,553; Westenrieder Gloss. 103.– WBÖ V,68. A.R.R.

Diezel, Schnuller, →*Tützel*.

diffizil

Adj. **1** schwierig, nicht leicht zu bewältigen: °*des is so a diffizile Sach* Rgbg.
2: *diffisil sein* eigensinnig, eigenartig Ingolstadt.

Etym.: Aus frz. *difficile*; [2]Fremdwb. IV,548. F.M.E.

tifidomine, Fluch, →*tibidomine*.

dig

Interj. **1** Lockruf für Hühner, in Wiederhohlung u. Abwandlung, °OB vereinz.: *tigä tigä* Weidach AIB; °*dig, dig, dig, dig* Weildf LF.
2 Subst., meist Dim., junges Huhn, °OB vereinz.: °*Digai muaßt a no fuattern* Fischbachau MB; „*dīgai* … kleine Hühner (Zwischenstufe von *drūsai* [frisch geschlüpft] und *hen*)" Brünner Samerbg 79.

Etym.: Wie →*di* 'Lockruf für Hühner' onomat. Anders WBÖ V,867 (tuck).

WBÖ V,866f. (tuck). F.M.E.

Tiger

M. **1** Tiger, Raubtier, °Gesamtgeb. vereinz.: *a Tiga* O'audf RO; *i bin da Tiger in dem Dschungel* Steinebach STA SZ 52 (1996) Nr.85, Dachauer Neueste 7.
2 Tier mit getigertem, geflecktem Fell, OB mehrf., NB, OP, MF vereinz.: *Tiega* „getigerte Katze" Kochel TÖL; *Diga* „halb weißes, halb schwarzes Schwein" Reisbach DGF; „Pferden … mit zusammengesetztem Haar (*Tiger* und *Schecken*)" Häring Gäuboden 75.– Phras.: *Welsa Tiga* Pferderasse Hengersbg DEG.– Als Name für Hund OB, NB vereinz., Katze ED, Rind BGD Bergheimat 10 (1930) 43, VOH 19.Jh. Winkler Heimatspr. 84, Pferd Brunner Heimatb.CHA 122.
3: *Tiga* „Mensch mit gescheckten Bart" Erding.

Etym.: Gekürzt aus *Tigertier*, aus lat. *tigris*; Kluge-Seebold 917.

WBÖ V,71.

Abl.: *tigericht, tigern*.

Komp.: [**Gelb**]**t.** Pferd mit gelb geflecktem Fell: „Nach der Farbe der dunklen Flecke unterscheidet man … *Gelbtiger* … *Rottiger* … *Brauntiger* … *Schwarztiger*" Häring Gäuboden 79f.

[**Schabracken**]**t.** Pferd mit dunkel geflecktem Rücken: *Schabrakentiger* Prien RO; *Schabrakentiger* „Dunkle Flecke … nur auf einer begrenzten Stelle des Rückens" Häring ebd. 80. F.M.E.

tigericht

Adj., getigert, OB, NB vereinz.: *digarat* „von Kalbinnen, Katzen" Mittich GRI.

WBÖ V,71. F.M.E.

tigern

Vb. **1** irgendwohin gehen, marschieren: *diechern* Maas Nürnbg.Wb. 100.
2 Part. Prät.– **2a** getigert, OB, NB, OP, MF, SCH vereinz.: *tigert* mit Farbstreifen Schnaitsee TS; *tichad* gesprenkelt Pommelsbrunn HEB.– Auch vom menschlichen Haar: *grab tigad* Erding.– **2b** scherzh. mit Leberflecken: *digat* „von Menschen" Reisbach DGF.

WBÖ V,71. F.M.E.

-tilgen

Vb., nur in Komp.– Ahd. *tîligôn*, mhd. *tilgen, tîligen*, ae. Herkunft; Pfeifer Et.Wb. 1432.

Abl.: *-tilger*.

Komp.: †[**ab**]**t.** **1** vernichten, ausrotten: *erschluegs alles, jungs und alts, weib und kind … tilget ab die alten inwoner* Aventin IV,157,16f. (Chron.).– **2** abschaffen, aufheben: *herzog Albrechcz … ward di probstei abgetilgt und sand*

Benedicten orden aufgereckt ARNPECK Chron. 672,24-26.– **3** vergessen machen: *das … aus aigner vernuft menschlicher gedächtnüss vor lang abgetilgt … und vernichtt wär* FÜETRER Chron. 5,15-18.– **4** wiedergutmachen: *das er … nur allain den schaden und unêr, römischem nam zuegefüegt, gar vergleicht und abtilgt* AVENTIN IV,610,27-30 (Chron.).

WBÖ V,72.

†[**aus**]**t.** wie →[*ab*]*t.*1: *Kam also ain groß gewesser … ertrenkt viech und leut … alles … ward außgetilgt* AVENTIN ebd. 51,10-12.

WBÖ V,72.

[**ver**]**t.** **1** dass.: *votuign* Unkraut jäten Haidlfing LAN; *vatülgn* „vernichten; ausrotten" BRAUN Gr.Wb. 766; *Eradicare firtigiligon* Tegernsee MB 11.Jh. StSG. II,195,15; *Wenne er get, so vertilgt er sein fůzzstapfen mit dem stertz* KONRADvM BdN 168,25f.– **2** scherzh. eine große Menge aufessen, trinken: *daß da Hallodri dahoam nets ganze Fleisch vatilgn ko* W. SCHENK, Bayr. Witze, Frankfurt a.M. 1978[, 18].

WBÖ V,72. F.M.E.

†-tilger

M., nur im Komp.: [**Ab**]**t.** Vernichter: *grausamer abtilger Christliches blutes* Neufahrn FS 1607 Bayerld 24 (1912/1913) 261. F.M.E.

†Tilitz, Tiglitz

M., Dolch, Stichwaffe: *ain tillitz vmb xx helbling* 1495 Stadtarch. Rgbg Inv.Michel, fol.7v; „daß sich 2 Geistlichen einen *Tiglitz* und *Stecher* nachtragen lassen" Landsbg 1632 A. BIRLINGER, Aus Schwaben, Wiesbaden 1874, II,209.

Etym.: Herkunft unklar; DWB II,1150.

SCHMELLER I,493.– WBÖ V,72. F.M.E.

Dill[1], Dille(n), Drill

M., F. **1** Dill (Anethum graveolens), °Gesamtgeb. vielf.: °*Dill* „in der Speiskammer gegen Schmeißfliegen aufgehängt" O'ammergau GAP; °*Düi* Langquaid ROL; „der … *döi(n)* … als Gewürzkraut angebaut" nach BRÜNNER Samerbg 63; *disen gebe morgens frieh dillen … und wermuth, untereinander ghackht, zu lecken* HÖFLER Sindelsdf.Hausmittelb. 24; *tilli* Frsg 9.Jh. StSG. II,176,7; *Der vil gereshene* [huste], *der nem tillen und niwe* [stampfe] *mit honge in wazer und neze daz houbt da mit* Benediktbeuern TÖL um 1300 Magister et amicus. Fs. für K. Gärtner, hg. von V. BOK, F. SHAW, Wien 2003, 90; *eine schnitten geröstet, brod mit putter, fenchel, tillen, und knoblauch bestrichen* BIHLER tierärztliche Rezepte Straubing 34.– Kinderreim: °*Sauerkraut und Dill, Dill, Dill, kocht mei Muatta viel, viel, viel* Muckenbach ROD.

2 auch N. (°FFB), Hederich (Raphanus raphanistrum), °OB, °SCH vielf., °NB, °OP mehrf.: °*as Duij* Wildenroth FFB; *s Föl is vol Dröül* Zandt KÖZ; „Unkraut (*Drill*, *Drell*) … als weisse Form" O. SENDTNER, Die Vegetations-Verhältnisse des Bayer. Waldes, München 1860, 184.– Auch in Phras. *weißer D.*: *weißer Dilln* Seeon TS; *Trill, weißer* JIRASEK Beitr. 57.

3 Ackersenf (Sinapis arvensis), °OB, °OP, °SCH vielf., °NB mehrf.: °*der ganz Acker ist voll Dull* Bayersoien SOG; *Drl* Neunkchn NEW; „Als Unkraut (*Drill*, *Drell*) … gelbe … Form … vorherrschend" O. SENDTNER, ebd.– Auch in Phras. *gelber D.*: *gelber Dilln* Seeon TS; *gelber Trill* JIRASEK Beitr. 12.

4 Kohlart.– **4a** Rübenkohl (Brassica Rapa silvestris): °*Din* O'högl BGD; *Der Dill* „Feldkohl, brassica campestris" SCHMELLER I,499.– †Phras. im Wortspiel mit dem PN General Graf von Tilly: *dǝ' Genǝral Tı̣lli stèit staǝrk in'n Fǫ̈ld* [auf dem Acker wächst viel Rübenkohl] ebd.– **4b** Kohlreps (Brassica Napus arvensis), OB vereinz.: *Dråi* Raps Kienbg TS.

5 Bärwurz (Meum athamanticum): °*Dill* Hart AÖ.

6 Gemeine Quecke (Agriopyrum repens): *Dij* Randelsrd AIC; *Drill* Ast WÜM DWA XVII,K.8.

Etym.: Ahd. *tilli*, *tilla*, mhd. *tille* st/swm./f., germ. Wort unklarer Herkunft; PFEIFER Et.Wb. 226. Anders KLUGE-SEEBOLD 201. Formen mit *dr-* in Bed. 2, 3, 4b, 6 wohl hierher; WBÖ V,72f.

Ltg: *dil* u.ä., auch *duil* (IN), *dẹil*, *dọil* (KEH), *diɑl*, *deɑl* (ED, RO, WS), *dul* (SOG; KEH; NEW, TIR; FDB), *del* (NEW), *dl* (TIR; WUN), *dui* OB, *dü(i)*, *dī* OB (dazu MAI, ROL; FDB), *dẹi* OB (dazu KEH, MAI, MAL), *dọi* (DAH, EBE), daneben *diln* u.ä., auch *döln* (PAF, RO), *dulɑ*, *dilɑ* (SOG), *duin* OB (dazu PA), *dīn*, *dǖn* (BGD, LF, TS), *dẹi(l)n*, *dọin* (PAF, RO, TS; EG), *dǖnɑ* (WM), ferner *dril* u.ä. OB, NB, OP, SCH, auch *drẹil* (KÖZ), *druil* (PAF; BOG), *drel* (EG), *drul* (NEW, R, VOH, WÜM), *drl* (NEW, VOH), *drīl* (AM), *drui*, *drü* (AÖ, MÜ, TS; BOG, DEG, GRI, PA, WOS), *drẹi* (MÜ; BOG, EG, GRA, WOS), *drọi* (TS; KEH, KÖZ), *dülχ* (KEM).

SCHMELLER I,499, 566.– WBÖ V,72f.

Abl.: *drillen*[2], *Driller*[2], *Drilling*[2].

Komp.: [**Acker**]**d.** **1** wie →*D.*2: °*Ackerdill* „Hederich" Edelshsn SOB.– **2** wie →*D.*6: *Ackerdöilln* Pfaffenhfn DWA XVII,80.

†[**Gersten**]**d.** wie →*D.*2: „Der *Gerstendrill* ist der unausrottbare ... böse Geselle der Gäubauern ... ein weißblühendes Stämmchen" Landshuter Ztg 21 (1869) 571. F.M.E.

Dill[2], einfältiger Mensch, →*Didel*[1].

Dilldapp, einfältiger Mensch, →[*Didel*]*tapp*.

Dille, kindische Frau, →*Dulle*.

Dille(n) →*Diele*.

Tille

F., Zitze des Mutterschweins, °OB, °NB, °OP, °SCH vereinz.: °*de Duilln gibt nix her* Taching LF; °*Däin* Kötzting; *Vbera (circum) tilun* Tegernsee MB 11.Jh. StSG. II,663,54.

Etym.: Ahd. *til(l)a, tilli* st/swf., germ. Wort idg. Herkunft; vgl. WBÖ V,75.

WBÖ V,75.

Abl.: *Tilli*. F.M.E.

Dilletzel, Nichtsnutz, →*Dideletzel*.

Tilli

M.: *dile* „Schnuller (für Kleinkinder)" KOLLMER II,87. F.M.E.

Dilmes

M.: *Dümass* „großer Kopf" Tittling PA.

Etym.: Spielform zu →*Bilwiß* 'dass.'. F.M.E.

dim, jenseits, →[*da*]*üben*.

timmeln

Vb., dumpf, feucht sein, riechen od. schmecken, °OB, °SCH vereinz.: °*ja wia dümmltn enker* [euer] *Hei* Mammendf FFB; „Getreide, Mehl kann *dimmeln* ... wenn feucht eingefahren und gelagert" ILMBERGER Fibel 46.

Etym.: Abl. zur selben Wz. wie →*timmern*; vgl. WBÖ V,78.

SCHMELLER I,509 (dümmeln).– WBÖ V,78.

Abl.: *timmlig*. F.M.E.

timmern

Vb., dumpf, feucht sein, riechen, °OB vereinz.: °*in dem Zimmer dimmats ganz arg* Edelshsn SOB.

Etym.: Abl. von →*timper*; WBÖ V,78. Anders Schwäb. Wb. II,209.

WBÖ V,78 (timpern). F.M.E.

timmlig

Adj.: °*as Mehl riacht dümlig* „modrig, schimmlig" Ried FDB.

WBÖ V,78 (timp(el)lecht). F.M.E.

Timon

M., best. Steuerruder: „Der Steuermann ... stand am *Diemann*, dem Steuerruder" Passau 1.H.19.Jh. Bayerld 11 (1900) 284; „Auf dem *Hintergeschirr* wird ... in der Bergfahrt auch der *Dieman* (das Blattsteckruder) am *Grindel* (Verankerung) durch einen Hebel bedient" R. JÄGER, Zum Handwerk u. zur Sprache der Schopper an den südostbayer. Flüssen, München 1953, 48; *Ser si dy nach winnd triben zw ettwann menigen tagen, den thimonen si riben* FÜETRER Poytislier 8,25.

Etym.: Aus frz. *timon* 'Deichsel, Ruderpinne'; Frühnhd. Wb. V,730. F.M.E.

Timothée

F., N. **1** Wiesenlieschgras (Phleum pratense), °OB, °NB, °OP, °OF vereinz.: °*das Timothee* Perchting STA; *die Thimothée* „hervorragendes Futtergras" SINGER Arzbg. Wb. 237.

2 übertr. etwas besonders Wohlschmeckendes: *dös is Thimothée* ebd.

Etym.: Nach dem amerikanischen Farmer Timothy Hanson; vgl. MARZELL Pfln. III,685f. F.M.E.

Timpe →*Tinte*.

Timpel, Lärm, →*Tümmel*.

timper, -ern

Adj. **1** dumpf klingend, leise, gedämpft, °OB, °NB, °OP vereinz.: °*a dümbanö Lautn* Gebell Klinglbach BOG; °*Max hau a mal an dös Foß oine, dös tuat ganz dimpa* Wiefelsdf BUL; *dimpa* „dumpf (vom Geräusch)" KOLLMER II,87; *von der nôt, die er dolde, was timper sîner stimme galm* [Schall] LAMPRECHTvR 190f.,3917f.;

daß die Gloggen von sich einen abscheulichen dimpern Klang gibt Aufkchn FFB 1753 M. PRUGGER, Lehr- u. Exempelb., Augsburg 1753, 18.
2 dämmrig, dunkel, finster °OB, °NB, °OP vereinz.: °*in da Stum herin is' scho ganz dimpa, zünt's Liacht o!* Reichersbeuern TÖL; *dümpâ* „dunkel ... gedämpft (von Farben ...)" BAUERNFEIND Nordopf. 143; *ist gleich das vorher dimper erschine Liecht vor ihren Augen schön hell und klar erschinen* RO U. FEISTEL, Kurtze Verfassung Derjenigen Gnaden/ so in dem ... Kirchlein Kleinholtzen ... geschehen, Salzburg [um 1677,] 71.– †Übertr. mit eingeschränkter Sehkraft: *ihme* [sind] *dieselbe* [Augen] *so dimper worden, das er schier nichts mer gesechen, und vermainet, er mieste erblindten* Rott WS 1675-1677 Heimat am Inn 13 (1993) 83.
3 †trübe, nicht durchsichtig: *nim ain cupert* [Bucheinband] ... *leimtrencks pis es wol durchsichtig werd vnd ob es noch timper war so öl trencks* 2.H.15.Jh. Liber illuministarum 186.
4 feucht, modrig, dunstig.– **4a**: *timper* „feucht, angelaufen, vom Fenster" Paindlkfn LA.– **4b** modrig, muffig, °OB, °NB, °OP vereinz.: °*do is dimpern* U'haching M; °*dös schmeckt dimba* „riecht muffig, von Eßwaren" Altenbuch LAN.– **4c** dunstig, schwül, °OB, °NB, °OP vereinz.: °*is heint a dimpere Luft* Batzhsn PAR.

Etym.: Ahd. *timpar*, mhd. *timber, timmer*, Bildung zu einer germ. Wz. unklarer Herkunft; G. KROONEN, Etymological dictionary of Proto-Germanic, Leiden 2013, 96. Anders KLUGE-MITZKA 121 (Dampf).

SCHMELLER I,510.– WBÖ V,78.

Abl.: *timmern*. F.M.E.

Timpfel, Tümpel, → *Tümpfel*.

dimpfer

Adj., dunstig, schwül: °*dimpfa is in da Kuchl* Schnaittenbach AM.

Etym.: Wohl Abl. zu mhd. *dimpfen* 'dampfen, rauchen'; vgl. DWB II,1152. Od. gleicher Herkunft wie → *timper*? F.M.E.

dimpfig

Adj. **1**: *timpfe* dämmerig Graßlfing FFB.
2: °*dimpfö* dumpf, schwül, muffig Schönbrunn LA.

Etym.: Abl. zur selben Wz. wie → *dimpfer* od. gleicher Herkunft wie → *timpicht*. F.M.E.

timpicht, -ig

Adj. **1** dumpf klingend: °*dimbbe* Garching AÖ.
2 dämmrig, dunkel, finster, OB, °NB, OP vereinz.: *dimpi* Hohenkammer FS; *'s Liacht brinnt so dimpi* „matt" RASP Bgd.Mda. 43.– Auch: °*heut hats a dimpert Wetter* „dunkel, trüb" St.Englmar BOG.
3: *dimpert* dumpf, schwül, muffig Weiherhammer NEW.

Etym.: Abl. zur selben Wz. wie → *timper*. Formen auf *-e* im Vokalisierungsgeb. auch zu österr. *timpel* (WBÖ V,77f.) möglich. F.M.E.

timplicht

Adj., dämmrig, finster: *dümpöat* Wassing VIB.

Etym.: Abl. zur selben Wz. wie → *timper*; WBÖ V,78.

WBÖ V,78. F.M.E.

Dimsel, Holzstange der Flößer, → *Dinsel*.

Timtam

wohl N., Aufsehen: *Timtam macha* Ingolstadt.

Etym.: Spielform zu → *Tamtam*. F.M.E.

din → [*da*]*inn*(*en*).

Ding

N. **1** †rechtssprl.– **1a** Volksversammlung, Gerichtsversammlung: *conuentus dinc* 8./9.Jh. StSG. I,64,24; *An offener Schrann vor dem richter und dem erbergen Ding* Passau wohl 14.Jh. nach SCHMELLER I,519.– **1b** Gerichtsverhandlung, Gerichtstermin: *denne uarant engila uper dio marha ... uuissant ze dinge* 9.Jh. SKD 71,79f. (Muspilli); *das erst ehafftig dinng ist des nechsten Montags nach dem großen Ehehafftigen dinng nach Obersten* [Dreikönigstag] Kastl NM 2.H.16.Jh. VHO 89 (1939) 174.– **1c** Rechtssache, Rechtsfrage: *Negocium dinch* Tegernsee MB 11.Jh. StSG. I,451,15; *wez dunchet dich umb ditz dinch ... schol man dem chaiser den zins geben oder nicht?* O'altaicher Pred. 170,10f.– **1d** Strafsache, Untat: *dreu dinch, deu am den dodt geant, Notnunft, Totschlag, und Deufe* [Diebstahl] Rgbg 1299 MB XV,30.– **1e** gerichtliche Vereinbarung, Verhandlungsergebnis: *Conditionem dlngg* [*dinge*] Tegernsee MB 11.Jh. StSG. II,748,26; *Dierr tinge sint gezivg* Pfaffenhfn FFB 1293 Corp.Urk. III,17,35.– **1f** Gerichtsplatz: *Forum dinc* Tegernsee MB 11.Jh. StSG. I,747,14.– **1g** Gerichtsbezirk: *die Crammer Recht ze Pazzaw di Sy in dem Jlzstat in den*

drein dingen pilleich haben sollen 1395 A. ERHARD, Gesch. der Stadt Passau, Passau 1864, 264.
2 Gegenstand, Sache, OB, OP, MF vereinz.: *oede Ding* AchbgTS; *Da waar' – a – Ding, – dös möcht i ham* STIELER Ged. 57; *fremedes tinges nesculit ir keren* Wessobrunn WM 1.H.11.Jh. SKD 162,19 (Predigtslg A); *von der vier element mischung in sich selber werden alleu andern dinch: stain, paum und tyr* KONRADvM Sphaera 10,2f.; *Die feint hetten ... all prun und essend ding* [Nahrungsmittel] *vergift und verderbt* AVENTIN V,293,7f. (Chron.).– Phras.: *alle guten D.e sind drei(mal)* zur Rechtfertigung von etwas, was zum dritten Mal getan od. probiert wird, OB, NB, OP, MF vereinz.: *alle guatn Dinga han draimol* Bruck ROD; *Alle gute Ding sind drey* Baier.Sprw. II,227.– *Gut D. soll / will Weile haben* u.ä. etwas, was gut werden soll, braucht seine Zeit, °NB, °OP vereinz.: *guat Ding wui Weil håm* Mengkfn DGF; *Goud Ding braucht Wāl* Ambg SCHÖNWERTH Sprichw. 49; *gutte ding will weil haben* 1677 StA Ambg Fürstentum Obere Pfalz, Amt Wdsassen 2228.– †Auch: Geld: *do enpfalch mir mein herr ... helbling, Beheimisch und Meigsner grosse und chlainew dingl* [Silbergeld], *plaphart* 1400 Runtingerb. II,365.– Unkosten, Nebenkosten: *ich han kauft zw Venedig ... yngwer ye 1 Ztr vmb 24 ducaten mit furen vnd allen dingen vncz gein* [bis nach] *Regensburg* Rgbg Mitte 15.Jh. Die Practica des Algorismus Ratisbonensis, hg. u. erl. von K. VOGEL, München 1954, 57.
3 auch M., F., Ersatzwort für etwas od. jmdn, dessen Name nicht genannt werden kann od. soll, OB, NB, MF vereinz.: *i hab den Ding – Federhalter verlorn* Passau; *'n Ding hammands'n Führerschein zwickt* LAUERER Wos gibt's Neis? 153; *Der, die, das Ding* „Stellvertreter jedes Substantivs ... das Einem ... nicht gleich beyfällt" SCHMELLER I,520; *Secz dy zal seij 1 ding* [Unbekannte] Rgbg Mitte 15.Jh. Die Practica des Algorismus Ratisbonensis, hg. u. erl. von K. VOGEL, München 1954, 67f.– Phras.: *ein D. drehen* etwas anstellen, ein Verbrechen begehen, °OB, °NB, °OP vereinz.: °*der haoud a Ding draht* „einen Einbruch begangen" Weiden;– *jmdm ein D. drehen* einen Streich spielen, °NB, °OP vereinz.: °*dem homma a Ding draht* Arnschwang CHA.– *Schönes D.lein* verhüllend Wiesel: *schöns Dingl* (Ef.) Steinling SUL; *das Schœn-Dinglein* um Nürnbg SCHMELLER II,1032; „Man darf ... das W[iesel] nicht beim Namen nennen, sonst verfolgt es den Menschen ... man muß vielmehr zu ihm sagen: *schöns Dingel, behüts Gott*" OP WUTTKE Volksabergl. 126.
4 Angelegenheit, Vorgang, Vorfall, Umstand, °OB mehrf., °NB, °OP vereinz.: °*da Sepp bring des Ding scho hi, daß paßt* Ensdf MÜ; *dös Ding geht ma åöwei a weng an Kopf umanand* Pfarrkchn; °*wann dös Ding amoi z'lang dauat, is's aa nimma schö* Brennbg R; *nå lǫußma des diŋ guad sā̃* nach KOLLMER II,381; „etwas, worüber die Rede war, ist, oder seyn kann ... *I tou ə~ Ding und gêi áf Mi~chə~-r-áffi*" SCHMELLER I,520; *daz ist rehto uirinlih* [schrecklich] *ding* 9.Jh. SKD 66,10 (Muspilli); *daz der oeberist meister von dem spital alle jar miner hausfrawen zwei phvnt gebe von den hoeven ... so si ir dinch verender* 1279 Urk.Heiliggeistsp.Mchn 12; *wie geht's zue, Dort beim Passauer Thor ... Wos mueß des Ding doch seyn?* 1741 DITFURTH Hist. Volksl.Bayer.Heer 47.– Phras.: *in einem D.* andauernd, ständig, NB, OP vereinz.: *der abat in oin Ding fuat* Fuchsmühl TIR; „*dea hǫd ... en õan diŋ ... a so voatdā̃ ...* ununterbrochen" nach KOLLMER II,381.– *Die (vier) letzten D.e* religiös-metaphysische Vorstellungen von Tod u. Ewigkeit, OB, NB, SCH vereinz.: *dö lötzn Dinga: s Gricht, da Himmö, d'Höll und da Toud* Hengersbg DEG;– in Ortsneckerei: „*Haslach* [MAI], *Koppenwall* [ROL], *Osterwaal* und *Sielstätten* [MAI] ... wegen ihrer Weltabgelegenheit ... die *4 letzten Dinge in der Hollertau*" BRONNER Schelmenb. 210.– *Nicht mit rechten D.en zugehen* u.ä. unerklärlich sein, OB, NB vereinz.: *mit rechtn Dingan is dös nöd våu si gånga* Mittich GRI.– *Das D. ist gut / recht* Überleitungsformel beim Erzählen einer Geschichte: *des Ding is guat* „leitet von einem Handlungsschritt zum nächsten über" Wasserburg; „*nā̃ jå, des diŋ is rächt ... des diŋ is guad ...* Soweit die Geschichte" nach KOLLMER II,381.– °*Iwa gschenge Dinga mou ma as Beste reen* Weiden.– Schnaderhüpfel u.ä.: *Hob i' dös Ding niat g'wüßt, daß der Fuchs d'Henna frißt, hob i' die mein' außigagt, glei' haout as packt* Oberpfalz 62 (1974) 52.– °*Oitz sing maramol des Ding, des Ding, im Schubkoarn is koi Radl drinn, oitz sing maramol des Ding, des Ding, im Schubkoarn is kois drinn* Haag NEN.– Auch: „*mach koina Dinga* ... keine Dummheiten" SINGER Arzbg.Wb. 52.
5 Gespür, Vorstellung, Erfahrung, OB, NB, OP vereinz.: *dea arwad no nach den oidn Ding* Erding; *dös is unta mein Ding* „meiner Würde" Naabdemenrth NEW; *des hǫd b muata šā̃ en diŋ kǫd ... nǫ man diŋ ... gęd des a so* nach KOLLMER II,381.
6 Gleichgültiges, Bedeutungsloses, in der Fügung *das ist (jmdm) ein D.* u.ä., °OB, °NB, °OP, °SCH vielf., °MF vereinz.: °*mia is oa ding, ob ma*

an Sunda oda an Måⁿda foan Tittmoning LF; *dem is ois oading* „egal" H'schmiding WOS; *zwöng meina, mir is oa Ding* Bay.Wald BzbV 3 (1914) 28; *„das is mar jetzt schon Oanding ...* ganz einerlei" DELLING I,149.– Sprüche: *„Is õà Ding", hǫd dà-sej Bauà gsǫgd und hǫd s Roos mid dà Kuà gschlachd* „alles aufgegeben" KAPS Welt d.Bauern 116.– °*Mia is allas oa Ding, ob i pfeif oda sing* Sulzkchn BEI.

7 Eindrucksvolles, Besonderes, in Ausrufen des Erstaunens od. der Verwunderung: *das ist ein D.!* °OB, °NB, °OP vereinz.: °*dös is a Ding, wias ös* [ihr] *dös gmacht habts* Neukchn a.Inn PA.– *„setta Dinga! ...* wenn man sich über etwas wundert" SINGER Arzbg.Wb. 52.– *„Öitza mach Dinga ...* was du nicht sagst" ebd.

8 †Tat, Handlung: *Achilles mit dem schwerte mit fraiss* [Schrecken] *worcht' grosse dingk* FÜETRER Trojanerkrieg 112,417.

9 †Gesichtspunkt, Aspekt, Eigenschaft: *das ŏle hat zwei dinch an im: ez lŭhtet, ez hailet die wunden* O'altaicher Pred. 7,21f.; *Sant Peter bezeügt, wie in sant Pauls episteln etlich dinng schwer sein zů versteen* 1526 J. ECK, Vier dt. Schriften gegen Martin Luther ..., hg. von K. MEISEN u. F. ZOEPFL, Münster 1929, 24,4.

10 v.a. von Menschen.– **10a** meist junge weibliche Person, °Gesamtgeb. vielf.: °*an Sepp sein Dirndl is a ganz a leichts Dingerl a grings* „zart gebaut" Pittenhart TS; *a sawas Ding, a wöists Ding* hübsches, häßliches junges Mädchen Stein TIR; *döi altn Dinga* „alte Jungfern" Lauterbach SEL; *„gschmaches Ding ...* liebreizende Person weiblichen Geschlechtes" SCHLAPPINGER Niederbayer II,72.– **10b** Kind, kleines (nettes) Lebewesen, °OB, NB, °OP, °SCH vereinz.: °*a schwachs Dingerle* Türkenfd FFB; *Dingela* „kleines Kind, Baby" BERTHOLD Fürther Wb. 40.– **10c** Mensch, Wesen allg., NB, OP vereinz.: *a außakfrössns Ding* Haidmühle WOS; „die *umgehenden Dinger*, geisterhafte Menschen oder Thiere, die sich über den Weg legen" SCHÖNWERTH Opf. II,338; *„a gouts Ding ...* eine 'gute Haut'" SINGER Arzbg.Wb. 52.– **10d** M., männliche Person, meist abwertend, °OP vielf., °MF mehrf., °NB vereinz.: °*dös is a a so a Ding!* „Taugenichts" Rattenbg BOG; °*du damischa Ding, laou döi Kinna in Rouh!* Weiden; *Dös is an olwana Ding* Tirschenrth Oberpfalz 24 (1930) 208; *Es laufen schon allerhand Dinger um mein Haus herum* BUCHER Pferderennen 39.

11 männliches od. weibliches Geschlechtsteil: °*sei Ding* „Penis" Senkenschlag DAH; *Mach doch dei Hŭsertierla zou, sunst schaut dei Ding raus* BERTHOLD Fürther Wb. 40; *Die åffinne hat ein dinch sam ein weip vnd der aff ains sam ein hunt* KONRADvM BdN 184,28f.– Schnaderhüpfel: *d'Moni håd a håris Ding, derentweng danzts so gring* „leicht, graziös" Kochel TÖL.– *Diandl, dei Ding, dei Ding! Dei Ding håd mi fimf Greiza kost und is nix drin* Mchn.– °*Sitzt's Moidl aaf da Uafabenk, schaut ihra Ding oa, Ding oa, Saulouda, wenn i di niat häit, brauchat i koin Moa!* Tirschenrth.

12 verblaßt in meist adv. Phras.– **12a** †als Maßangabe, in Verbindung mit Indef.pron. od. quantifizierendem Adj.– **12aα** *aller D.e.*– **12aαi** vollständig, gänzlich, in jeder Hinsicht: *Die fledermaus ... ist ainer maůs aller ding geleich* KONRADvM BdN 252,28f.; *Er was in nöten keck, manlich, witzig und lebt aller ding fürstlich* FÜETRER Chron. 173,19f.;– auch erweitert: *Der Gottesdienst soll aller Ding und Maß wie von Alter Herkommen gehalten bleiben* Passau 1547 ZILS Handwerk 89f.– **12aαii** wohl zur Verstärkung einer Aussage: *àllə'ding* „durchaus, gänzlich" OP SCHMELLER I,520.– **12aβ**: *soll es* [Holz] *nicht hin und wider, einziger Ding* [einzeln, stückweise] *oder Zipfelsweise, verwiesen, noch gehauen ... werden* OP 1694 LORI Bergr. 558.– **12b** †in Verbindung mit nicht quantifizierendem Adj. od. Part.– **12bα** *von alten / neuen D.en* von alters her / seit neuem: *wir ... bechennen allev dev recht ... dev ez von alten vnd newn dingen hat* Burghsn AÖ 1323 Urk.Raitenhaslach 555.– **12bβ** im Gen., zur Angabe der Art u. Weise, des Umstandes: *daß Nyemandt unbillicher Ding* [unrechtmäßigerweise] *von in beschwärt werde* Mchn 1470 LORI Bergr. 98; *Daß die Wirth nit ... vnbegerter ding* [unerwünschterweise]/ *sich zu den Gästen setzen sollen* Landr.1616 550; *seinen Äckhern so leichterding* [ohne weiteres] *kein schaden geschechen könnte* StA Mchn Hofmark Amerang Pr.18 (7.6.1755).– **12c**: *ich hab a Ding a 3 Eier* „ungefähr 3 Eier" Passau.

Etym.: Ahd. *ding*, mhd. *dinc* stn., germ. Wort wohl idg. Herkunft; Et.Wb.Ahd. II,649-653.

DELLING I,126, 149; SCHMELLER I,518-521; WESTENRIEDER Gloss. 104.– WBÖ V,79-81.

Abl.: *ding, -ding(e), Ding(e)lach, dingelicht, dingeln, dingen, Dinger(er), Dingerich, -dingerin, Dingerling, dingern, Dinget(s), dingig, dingigen, Dingin, Dingler, Dingnis, Dings, dings, Dingung.*

Komp.: †[**Aller**]**d.** wohl Hab u. Gut: *mit ... Speiß und andern Allerding* Landshut 1494 BLH XII,385.

[**An**]**d.** →[*An-ge*]*ding(e)*.

[**Aus**]**d.** →[*Aus-ge*]*ding*(*e*).

[**Bau**]**d.** →[*Bau-ge*]*ding*(*e*).

†[**Be**]**d.** wohl auch M. **1** Abmachung, Vereinbarung: *mit den Partheyen keinerley beding oder Vorwort machen* Landesord.1599 204.– **2** Bedingung, Vorbehalt: *Gab ihm Erlaubnuß seine Götzen anzugreiffen/ doch mit dem Beding/ daß er als überwunden sie anbetten soll* SELHAMER Tuba Rustica I,342.

WBÖ V,81.

Mehrfachkomp.: [**Aus-be**]**d.** meist M. **1** †wie →[*Be*]*d.2*: *übernehmen Wir ... die Waldkulturkosten, aber ... mit dem Ausbeding in diesen Waldungen zu allen Zeiten ... Hayungen* [Hege] *oder Holzsaaten vornehmen lassen zu können* Mchn 1795 HAZZI Aufschl. III,1069f.– **2** Altenteil: °*Ausbeding* „Leibrente" Hohenpeißenbg SOG; „Daß er sich seinen *Ausbeding* weder verbriefen ließ noch siegeln" CHRIST Werke 836 (Bauern).– **3** Dienstbotenlohn, v.a. zusätzlich ausbedungene Sachleistungen, °OB, °OP vereinz.: °„Dienstboten bekommen *ein Ausbeding*: Kleidung und Wäsche an Lichtmeß" Eslarn VOH.

[**Becken**]**d.** →[*Becken-ge*]*ding*(*e*).

[**Burg**]**d.** →[*Burg-ge*]*ding*(*e*).

[**Tage**]**d.** →*Teiding*.

[**Ein**]**d.** →[*Ein-ge*]*ding*(*e*).

†[**Ver**]**d.** im voraus vereinbarter Lohn für eine Arbeitsleistung: *UNd sol einem jeden Bawherrn ... frey stehen/ sein Baw oder Werck/ vmb Taglohn oder verding ... zuverrichten lassen* Landesord.1599 371.

[**Für**]**d.** →[*Für-ge*]*ding*(*e*).

†[**Grafen**]**d.** Grafengericht: *das sy allew graffending ain redner habn sülln* Werdenfels 1431 GRIMM Weisth. III,658.

†[**Ehe-haft**]**d.** reguläre Gerichtsverhandlung, regulärer Gerichtstermin: *pis an das nechst ehaftdink zu obersten* [Dreikönigstag] Kastl NM 1438 ebd.VI,112.

SCHMELLER I,7,519; WESTENRIEDER Gloss. 117 (Echtding).

[**Frei-hand**]**d.** ohne Model geformte Glasarbeit: „Freihandarbeiten, in der Sprache der Glasmacher *Freihanddinger*" HALLER Geschundenes Glas 46.

†[**Hennen**]**d.**: „Um ... vor dem Fuchs sicher zu sein, darf man ihn nie beim Namen nennen. Der Bauer heißt ihn ... *Henading*" OP Bavaria II,304.

[**Knüttel**]**d.** großes, kräftiges Exemplar: *a Knittlding voarn Karpfm* SCHEMM Stoagaß 66.

[**Korn**]**d.** →[*Korn-ge*]*ding*(*e*).

[**Leib**]**d.** →[*Leib-ge*]*ding*(*e*).

[**Leid**]**d.** M. **1** dummer, ungeschickter Mann: °*hat ma da Hansbaua an Roa obgackat, der Loadding* Pörnbach PAF.– **2**: *a Loading* häßlicher Mann Pfreimd NAB.

[**Un**]**d.** **1** etwas, das nicht vorhanden, möglich ist od. sein kann: *ein Unding* „Unnatürliches" Passau; *u*ⁿ*diŋ* „Unmöglichkeit" nach SCHWEIZER Dießner Wb. 220.– **2** böses Wesen, Gespenst: „Dies *Unding*, die Trud ... kam immer des Nachts" KROHER Ache 474; *Das Unding* „böses Ding, das man nicht beym eigentlichen Namen nennen will" SCHMELLER I,521.– **3** Unsinn, Unangebrachtes: *ein Unding* Passau.

SCHMELLER I,521.

[**Wacht**]**d.** →[*Wacht-ge*]*ding*(*e*). A.S.H.

ding

Adj., in heutiger Mda. nur als Adv. in Komp.: *ding* „Stellvertreter jedes ... Adjectivs, Adverbs ... das Einem ... nicht gleich beyfällt" SCHMELLER I,520.

SCHMELLER I,520.

Komp.: [**gut**]**d.** Adv. **1** mindestens, (etwas) mehr als, °OB, °NB, OP vereinz.: °*fia den Doag deafst scha guaddeng a Pfund Meu nehma* Garching AÖ; *Lei zechan Johrl sanns guatding, daß ma ins nimma gseng ham* TS HuV 9 (1931) 357; *drey Mass· guətina* „wohlgemessen" SCHMELLER I,521.– **2** ziemlich, sehr, in hohem od. ausreichendem Maß, heftig, °OB, °NB vereinz.: °*derfst guadden hott fahrn* „stark nach rechts" Grafing EBE; *Da Hecht is guatding groß* BAUER gut bayer. 18; *I hab'n guetding ausgreint* [ausgeschimpft] ZAUPSER Nachl. 21.– Auch viel, vor Kompar. od. Gradadv. →*zu*: °*der Weg is guatding weida als wia da anda* Reichersbeuern TÖL; *Es* *wird mir halt do' guatding z'kalt da hinten in mein Kammerl* Christ Werke 839 (Bauern).– **3** nahezu, beinahe, °OB, NB vereinz.: °*guadding* „fast" Wasserburg; „das *Moirei* ... hat *gut-Ding* zu greinen aufgehört" Angerer Göll 119.

Schmeller I,521,964; Zaupser Nachl. 21.– WBÖ V,81.

[jäh]d., [gach]- Adv.: °*gaachding* „plötzlich, sofort" Wasserburg. A.S.H.

-ding(e)

N., M., F. (ä.Spr., in heutiger Mda. nur im Komp.), nur in: **[Ge]d. 1** †öffentliche od. gerichtliche Versammlung, Verhandlung, Gericht: *Municipale congestum ... geburlichgedinge* Aldersbach VOF 12.Jh. StSG. III,247,36f.; *Der stat geding hat man yedes iars das erst geding ze mittem merczen* Schongau 1395 OA 47 (1891/1892) 67.– **2** †Gerichtsbezirk: *die Meister und Gesellen ... der Schwertschmiede ... in den dreien Gedingen wohn- und seßhaft* Passau 1547 Zils Handwerk 89.– **3** †Fürsprache: *Patrocinium kadingi. l hilfa* Rgbg 10.Jh. StSG. II,760,33.– **4** †Klage, Berufung: *Geding gen hof* 1365 Stadtr. Mchn (Dirr) 404,20; *wann ein Vrtheil ... vngerecht ist/ so mag solches Vrtheil abgethan werden/ durch mittel der appellation, beruefung/ vnd geding für den öbern Richter* Landr.1616 174.– **5** †Bedingung, Vorbehalt: *Conditioni gidingun* Tegernsee MB 11.Jh. StSG. II,105,59; *mit semlichem gædinge/ daz daz selb Rint nimmer ersterben sol* Friedbg 1297 Corp.Urk. IV,171,29f.; *si ... ergaben sich ân alles geding auf gnad und ungnad an den kaiser* Aventin IV,1052,8-10 (Chron.).– **6** †Abmachung, Vereinbarung, Vertrag: *Extra placitum ... upardazchidingi* Rgbg 11./12.Jh. StSG. I,421,36-40; *Daz datz geding stæt beleib an chranchait* [ohne Beeinträchtigung] Törring LF 1292 Urk.Raitenhaslach 369; *Geding/ Fürwort/ Pact oder Anschlag machen* Landesord.1599 220.– **7** Altenteil, °OB, °NB vereinz.: °*s Gedinge* Lindbg REG.– **8** Dienstvertrag, Lohn.– **8a** †Dienst-, Arbeitsvertrag: „An 300 tirolische Holzarbeiter haben den Holzhau und Trift im *Geding*" TÖL Hazzi Aufschl. II,1,34; *So ain kneht dienet an gedinge vnd an vrlawe hinget* Eichstätt um 1250 Sammelbl.HV Eichstätt 64 (1971) 32; *hab ich Maister Hannsen Maler ... zalt nach dem Geding* 1498 Frsg.Dom-Custos-Rechnungen I,777.– **8b** Dienstbotenlohn, v.a. zusätzlich ausbedungene Sachleistungen, °OB, °NB, °OP vereinz.: °*das Geding* „2 Paar Schuhe, Kleidung" Limbach PA; „um welches *Geding* man früher die Ehhalten *verharrt* (gedingt) hat" Altb.Heimatp. 6 (1954) Nr.5,4.– Auch: °*Gedinge* „Einstehen, In-Dienst-Treten von Magd oder Knecht" Laaber PAR.– **8c** Gedinge, bergmannssprl., OB, °NB vereinz.: *da Obaeiⁿfahra hots Geding gmacht* Ascholding WOR; *g'dīng* [M.] „Lohnvertragsabschluß für Akkord-Arbeiten ... meist nach Wagen und Meter" Penzbg WM HuV 16 (1938) 268; *Wo man mit oder on Geding arbaiten söll* 1521 Lori Bergr. 168.– **8d**: °*Gedinge* „Lohn für die Mehrleistung in einem Betrieb" Kay LF.– **9** †Angelegenheit, Vorgang: *den wůchrær, der di armen chauflæut haime læt zů dem wehsel oder zv anderm geding* KonradvM BdN 259,20f.; *Denselben vnsern brieff haben wir in ... vbergeben ... inn sölichem geding, das sy alle dye recht nŭ haben von dem conuent* O'scherm MÜ 1433 Urk.St.Veit 214.– **10** Getue, viel Aufhebens, °OB vereinz.: °*is da dös a Getu und Geding bei der Verhandlung und is an der ganzn Sach nix dro* Rettenbach WS; *Hàst àllǝwál ǝ̃ Geding* „machst so viel Lärm darüber" M'nwd GAP Schmeller I,518.– **11** †Hoffnung, Zuversicht: *gib mir soliha gloubi, solihan gidingan zi dinero guoti* 11.Jh. SKD 183,13f. (Otlohs Gebet); *Ez heizet eteswâ gedinge, eteswâ zuoversiht, eteswâ hoffenunge ... in latîne spes* BertholdvR I,46,14f.; *so sez allen deinen gedingen nnd trost in den tot und in die marter* Ambg 14./15.Jh. VHO 65 (1915) 10.– Ahd. *gidingi* stn., *-dinga* sw/stf., mhd. *gedinge* stn., st/swm./f., Bed.11 zu ahd. *gidingo* swm., mhd. *gedinge*, *-dinc* sw/stm., Abl. von →*Ding*; WBÖ V,81f.

Schmeller I,518-520; Westenrieder Gloss. 104, 185.– WBÖ V,81f.

Komp.: **[An-ge]d., [An]- 1** Draufgeld beim Abschluß eines Dienstvertrages, °OB, °NB, °OP, °MF vereinz.: °*dem hab i s Oding gebn* Lohbg KÖZ.– **2** †wie →[*Ge*]*d*.5: *auch die Ehehalten kain angeding noch außnemen/ fürtragen* Jnstruction vnd Ordnung/ gemainer Landschafft/ des Fürstenthumbs Obern vnd Nidern Bairn, [München 1570,] Aiiij^r^.

WBÖ V,82.

[Aus-ge]d., [Aus]- meist M. **1** wie →[*Ge*]*d*.7, °OF vielf., °OB mehrf., °NB, °OP, °SCH vereinz.: °*de Oidn lem itz im Ausgeding* „notariell festgelegt: Wohnrecht, Essen, Taschengeld, Pflege" Wakkersbg TÖL; *äfn Asding gej* Arzbg WUN; *Aasding* WUN Braun Gr.Wb. 20; *nachdem ... die alten Bawrn vnd Bäwrin jre habende gerechtigkeit der Güter jren Kindern ... gegen einem bestimbten außgeding vbergeben* Landr.1616 750.–

2 Dienstbotenlohn, Draufgeld.– **2a** wie →[*Ge*]-*d.*8b, °Gesamtgeb. vereinz.: °*der Ausding* „Schuhe, Hemden, Schürzen zum Jahreslohn dazu" Arnstorf EG; „Dabei wurde ein Teil des *Ausding* in bar bezahlt, der andere Teil bestand in Naturalien" WÖLZMÜLLER Lechrainer 69.– **2b** wie →[*An-ge*]*d.*1, °OB, °NB, °OP, °MF, °SCH vereinz.: °*das Ausding* „Draufgeld" Hochdf FDB.

WBÖ V,82.

†[**Bau-ge**]**d.**, [**Bau**]- grundherrschaftliches Gericht, Versammlung der Hörigen eines Grundherrn, v.a. bzgl. Feldbau u. Leihe eines Hofguts: *darzu schůllen si alleu jar mit andern dez gotzhaus laůten in ein paudinch gen* Eichstätt 1346 MB L,327; *das jährliche Bauding (Kraft dessen die Güter jedes Jahr dem löbl. Kloster lediglichen heimgefallen ...)* Steingaden SOG 1718 LORI Lechrain 522.

SCHMELLER I,186,519; WESTENRIEDER Gloss. 40f., 104.

†[**Becken-ge**]**d.**, [**Becken**]- Zollgericht, eig. Zunftgericht der Bäcker: *dez nesten mantag noch send Michels tag zo peut der zolfranbot daz pechengeding* Rgbg vor 1361 Forschungen z.Kultur- u.Lit.gesch. 14 (1906) 133).

†[**Burg-ge**]**d.**, [**Burg**]-, **Burding, Port(ig)ung** **1** Bürgerversammlung, städtisches Gericht: *als oftt man dem maister in dem purchting sweret, so schol man dem rat auch sweren* 1320 Rgbg. Urkb. I,215; *diß wertlein Burgkhgeding ... das eigentlich nur daß Eingeding ... der Bürgerschaft bezeichnet* Plattling DEG 1577 VHN 71 (1938) 17.– **2** Stadtrecht, Stadtordnung: *kain ander gewerb t[r]eiben nach inhalt des purttings* Straubing 16.Jh. ROSENTHAL Stadtrechtsgesch. 308.– **3** befriedeter Bezirk um eine Burg, Stadt od. einen Markt: *zins in der stat oder in dem purkding* 1381 Stadtr.Ambg III,39*; *ausgenommen den Markt zu Kastl und alle, die in dem Portung sitzen* Kastl NM 2.H.16.Jh. VHO 89 (1939) 171.

SCHMELLER I,276,519; WESTENRIEDER Gloss. 68.

Mehrfachkomp.: †[**Stadt-burg-ge**]**d.** befriedeter Bezirk um eine Stadt: *durch den teich halbs in statportigung vnd halbs in aigens Rechten* Tirschenrth 1494 VHO 22 (1864) 58.

[**Ein-ge**]**d.**, [**Ein**]- **1** †wie →[*Burg-ge*]*d.*1: *daß Eingeding ... der Bürgerschaft* Plattling DEG 1577 VHN 71 (1938) 17.– **2** Dienstbotenlohn, Draufgeld.– **2a** wie →[*Ge*]*d.*8b: °*Eiding* „z.B. ein Beet Kartoffeln, ein paar Schuhe" Wassermungenau SC; „Die Magd hat ... zirka 160 Mk. Lohn, mit *Eingeding* [zusätzliches Taschengeld an Sonn- u. Feiertagen] 200 Mk." Ursensollen AM G. ERNST, Die ländlichen Arbeitsverhältnisse im rechtsrheinischen Bayern, München 1908, 42.– **2b** wie →[*An-ge*]*d.*1: °*Einding* „Handgeld beim Abschluß des Dienstvertrages" Utzenhfn NM.

†[**Für-ge**]**d.**, [**Für**]-, [**Vor-ge**]- **1** im voraus getroffene Abmachung, vereinbarter Vertrag: *mit den partheyen kainerlay fu^e rwort oder vorgeding machen* Passau 1536 WÜST Policey 256.– **2** im voraus zu leistende Gebühr, Abgabe: *wie die vier Holzmaister zum furgeding gar aufgenomen vnndt bestätt worden* 1565 Stadtarch. Rosenhm GRE 9, 117 (Kammerrechnung).– **3** im voraus vereinbarte Arbeitsleistung, Lohn dafür.– **3a** Arbeitsleistung: *Aufgab Auf allerlay fürgeding vnd Nacharbaiten* 1613 MHStA HR II, Fasz.1, fol.173r.– **3b** Lohn dafür: *Wenn sich ein werchman ... eins werch underwint ze taglon oder ze fůrding* 2.H.14.Jh. Stadtr.Mchn (DIRR) 533,13-15.

SCHMELLER I,519,745.– WBÖ V,82.

†[**Heirat(s)-ge**]**d.** Ehevertrag: *alles das, so sj jn voriger ehe von jren hauswierten durch heuratsgeding vermacht* um 1552 WÜST Policey 444.

SCHMELLER I,518.– WBÖ V,82.

†[**Hof-ge**]**d.** **1** landesherrliches Gericht: *es soll auch unsers genedigen Herrn Hofgeding allweg für sich gehn* Althm LA um 1400? HARTINGER Ordnungen I,82.– **2** Klage, Berufung an das landesherrliche Gericht: *in den ... Hofgedingen, so von den niedern Gerichten für unsers Bruders Hofgericht geappellirt und gedingt werden* Mchn 1506 BLH XV,366f.– **3** Urteil des landesherrlichen Gerichts: *auf Ir baider begerung hab ich solich hofgeding auffgeprochen* Vohburg PAF 1481 MB XVIII,579.

WESTENRIEDER Gloss. 250.– WBÖ V,82.

†[**Korn-ge**]**d.**, [**Korn**]- **1** genossenschaftlich organisiertes Bauerngericht: *bede Kornding Vnder vnd Ober sollen zu ainem gemachtt werden* 1486 MHStA Reichsstadt Regensburg Lit.316, fol.83v; „Für diejenige, welche wegen besitzender Bauernhöffe ... unter die Baumannschaft gehörig, ist ein besonderes *Korngeding* errichtet" Rgbg 1746 VHO 9 (1845) 112.– **2** durch Bed.1 befriedeter Bezirk: *rings um die Stadt ...*

so weit das Korngeding mit Säulen vermarkt ist 1486 Gemeiner Chron. III,736.

[Leib-ge]d., [Leib]-, Leibtum, Leitering 1 Leibgedinge.– **1a** †Nutzungsrecht auf Lebenszeit allg.: *predium … quod fuit suum Libgedinge* Herrenchiemsee RO 1160 MB II,333; *jren aeigen zehent … ferlassen hat … auf meinen leibp … zu rechten leibpding* Ingolstadt 1276 Corp. Urk. I,288,16-19; *wie Wir die Schloss Geltolfing* [SR] *und Lichteneck* [KÖZ] *… um ein Leibthum gekauft … haben* 1492 BLH X,548.– Auch Vertrag dafür: *wurden sie … mal ermont, den hof wider zu erzymern, des sie dann nach lawt leibtings wol schuldig wären gewesen* Indersdf DAH 1509 OA 25 (1864) 243.– **1b** Altenteil, °OB, °NB, °OP vielf., °Restgeb. vereinz.: °*der håt si bloß a kloane Leibdung ausgnumma* Frasdf RO; *dös is mei Leigading, dös is ausgmacht* Pfarrkchn; °*dej han scho in d'Läddaren ganga* Döfering WÜM; *e da lẹt … en lẹtum są̄* nach Kollmer II,191.– **1c** Unterhalt, Besitz der Ehefrau, Witwe: °*Leibgeding* „Besitz (Kuh, Kleidung), über den die Ehefrau uneingeschränkt verfügen darf" OP; „Der Braut wird … ein Austrag, *Leibthum* … nebst Zehrpfennig anverheiratet" VIT Hazzi Aufschl. IV,1,219; „Wittib-Sitz oder *Leibgeding* … jene Portion, welche die Ehe-Frau nach ihres Manns Tod von seinem hinterlassenen Vermögen Lebenslänglich zu geniessen hat" Landr.1756 40.– **2** Dienstbotenlohn, Draufgeld.– **2a** wie →[*Ge*]*d.*8b, °OB, °NB, °OP vereinz.: °*der Laikadim* „Schuhe, Stiefel, Werktagshose, zu Ostern ein Laib Brot" Passau.– **2b** wie →[*An-ge*]*d.*1, °OB, °NB vereinz.: °*Leitgeding* „Drangeld in Höhe eines Wochenlohns" Thanning WOR.– **3** Kleidung, die der Verstorbene zum Zeitpunkt seines Todes getragen hat, °OB vereinz.: °*Leibgeding* „bekommt ein naher Verwandter, der es brauchen kann" Rottach-Egern MB; „das Totenweib [hat] … die Leiche angesagt. Es erhält dafür … als *Leibgeding* … was der Tote bei seinem Verscheiden am Leibe trug" OP Alt-Bayer.Heimat 2 (1949) Nr.21,2.– Auch Sterbehemd: °*Leibgedinge* „Kleidung, die dem Verstorbenen angezogen wird, bevor er in den Sarg gelegt wird" Kay LF.– **4**: *der Leihdam ist fällig* „Pacht, die der Bauer zahlen muß" Passau.– **5** †Vermögen, Besitz: *das wir im über solich bischoffliche leibgeding unser bestetung-gepot verschufen* Aventin I,162,2f. (Bayr.Chron.).

Ltg, Formen: *laidum* oberer Bay.Wald (dazu FS, M), *laidiŋ* (PAN; AM), *-duŋ* (BOG, KÖZ; R), *-dam* (KÖZ, PA; R), *-dan* (TIR), *lẹidum* (KÖZ, VIT; CHA), *-duŋ* (VIT), *lẹtum* (BOG, DEG, KÖZ, REG, VIT), *lẹt* (BOG), *laibdum* (M; KÖZ, LA, SR, VIT; SC), *laibduŋ* (RO; GRI), ferner *laigadiŋ, laika-, laige-* u.ä. NB (dazu AÖ, MÜ), *laikadim* (PA), *laibadiŋ* (BGD; PAN; BEI), *laid(a)ren, -riŋ* (NEN, OVI, R, WÜM), *lẹt(a)ren* (CHA, OVI, WÜM), *lẹtgediŋ* (WÜM), unter schriftsprl. Einfluß *laib(ge)diŋ* u.ä., mit volksetym. Anschluß an *Leut-* (→*Leute*) *laid(ge)diŋ*.– Genus meist N., ferner M. NB (dazu AÖ, MÜ; CHA), F. (RO; BOG, KÖZ; CHA, NEN, OVI, TIR, WÜM) v.a. auf *-uŋ, -en, -iŋ*.

Schmeller I,518, 1412; Westenrieder Gloss. 325.– WBÖ V,82.

†[Wacht-ge]d., [Wacht]- Bürgerversammlung der acht Stadtteile Regensburgs: *Wir sein … ůber ain chomen alle gemainleich … in den wahttingen … gerůgt oder besagt wůrden* 1331 Rgbg.Urkb. I,346; *wie järlich In wachtung verkunt wirt* Rgbg 1514 VHO 16 (1855) 212.

Schmeller I,519, II,842. A.S.H.

†Ding(e)lach, Dinglich

N., M. **1** Hausrat, Haushaltstextilien, v.a. Weißzeug: „weil er durch Heiratsversprechen *einer diern ir gewannt und dingelach* herausgelockt" 1463 Urk.Juden Rgbg 16; *Dinglich* „weises Zeuch, als Hemden, Tischtücher, BettÜberzüge" Hässlein Nürnbg.Id. 57.

2 Menge von Gegenständen, Sachen: *die haben seiner streng* [seiner Gnaden] *ettlichs dinglich ein fart vō amrang gen lanzhut gefürt* Altenhohenau WS 1514 Cgm 697,fol.162r.

Hässlein Nürnbg.Id. 57; Schmeller I,521, 1784. A.S.H.

dingelicht, †dinglich

Adj. **1** †gerichtlich: *Forensis dinclich* Tegernsee MB 11.Jh. StSG. II,474,18.

2 †das Recht an Sachen betreffend: *bey dinglichen Klagen vor dem Gerichte* 1408 M. v. Freyberg, Gesch. der bayer. Landstände u. ihrer Verhandlungen, Bd I, Sulzbach 1828, 364.

3 †: *dingálát* „adv., gut, zweckmäßig" Ammergau Schmeller I,521.

4: *diŋalad* „peinlich genau, wählerisch, anspruchsvoll, umständlich" Kollmer II,88.

Etym.: Ahd. *dinglîh*, mhd. *dinclich, dingelich*, Abl. von →*Ding*; Kluge-Seebold 202.

Schmeller I,521. A.S.H.

dingeln

Vb.: „[Ersatzwort für ein] Tätigkeitswort, das einem im Augenblick nicht gegenwärtig ist … *I muass no schnäi dingin* … etwas tun" Helm Mda.Bgdn.Ld 54.

Schmeller I,520. A.S.H.

Tingeltángel
I N. **1** Tingeltangel, niveaulose Unterhaltungsmusik: *Tingeltangel* VALENTIN Werke II,45.– Auch (Lokal, Bühne für) niveaulose Unterhaltung: „Wolzogen ... könne ihn *mit seinem Tingel-Tangel am Arsch lecken*" M.A. KLAUS, Ludwig Thoma, München 2016, 88.
2: *Tingltangl* „geistloses Durcheinander, wirrer Vortrag" Passau.
3: °*so a Dingl-Dangl* „Werklerei" Ramsau WS.
4: *Dingl-Dangl* „Triangel" Metten DEG.
II Interj., einleitend in Spruch u. Vers.– Spruch: °*dingl dangl, wer ned danglt, hot koa Schneid* Grafing EBE.– *Dingl dangl, schlåg mi nit, Kraut und Ruabn måg i nit, Båchefischl as i gean, kos nit håbn in maina Rean. Gokrohõ, schpring davõ, o du alta Gakasmõ!* „Auszählvers" Bruck Roding.

Etym.: Onomat; KLUGE-SEEBOLD 918.

WBÖ V,83. A.S.H.

dingen
Vb. **1** dingen.– **1a** gegen Lohn in Dienst nehmen, einstellen, °Gesamtgeb. vielf.: *ea håd an nain Knecht dink* Königsdf WOR; *den homa ma dingt* Arrach KÖZ; *i hob a Moad dunga* Schwandf; *Natirle ham mir se net sejwa dinga kinna, dazua hamma zwoa Hopfamoasta ghabt* PINZL Bäuerin 154; *Vnser herre do er sine wercl̂ûte zů̊ sinem werche dincte* Spec.Eccl. 133,30; *dreschern, xotschneidern, die nit dingt sein vnd vmb das taglon arbaiten* Indersdf DAH 1493 HuV 17 (1939) 211; *wann man Knecht und Magd ietzt auf Liechtmessen dingen will* SELHAMER Tuba Rustica I,47.– **1b** gegen Bezahlung für die Erledigung einer Aufgabe verpflichten, engagieren: *es wird da Flurwächta dingt* Aubing M; *Spilleut ... wann sie gedingt vnd bestellt werden* Landr.1616 565.– **1c** mit Geld für die Ausführung eines Verbrechens gewinnen: °*da Mülla hout Iwasraita* (Hebersreuther) *Hirtn dingt, dan s sa Wai af d Saitn schåffm* Kchnthumbach ESB.
2 †(als Aufgabe, Arbeit) annehmen, übertragen.– **2a** (an sich) nehmen, übernehmen: *keinem gesellen ist erlaubt die führung eines gebäudes an sich zu dingen* 1779 Satzgn Landsbg 58.– **2b** übertragen, übergeben: *daz er an in gedingt hab umb lon* Obb.Landr.1346 84.
3 †vor Gericht.– **3a** Gericht halten: *an der urteile, da got mit uns allen dinget* Spec.Eccl. 147,7f.– **3b** verhandeln, festsetzen, streiten: *striten ł dingen* Benediktbeuern TÖL 12.Jh. StSG. I,626,28; *Ist daz der gast ... sein recht nicht volfueren mag ... daz sei mit geziugen oder mit urtail dingen* Frsg.Rechtsb. 234; *Es soll auch kein Endvrtheil/ mit gedingten worten ... gesetzt werden* Landr.1616 173.– **3c** Klage erheben, Berufung einlegen: *Swer einer urtail dinget* 1310-1312 Stadtr.Mchn (DIRR) 255,1; *APpelliern (das man in den Fürstenthumben Bayrn nennt dingen) ist ein beruefung von dem vndern Richter/ für den Obern* Landr.1616 176.
4 verhandeln, vereinbaren, zusichern.– **4a** verhandeln, unterhandeln, ä.Spr., in heutiger Mda. nur im Komp.: *Bigondun sie ... Mitímo dar do dingon* um 900 Otfrid von Weißenburg. Das 'Evangelienb.' in der Überlieferung der Freisinger Hs., hg. von K. PIVERNETZ, Göppingen 2000, Bd. I,fol.59v,2f.; *von hunger unt von getwange muosen di burgære dingen, des chuniges hulde gewinnen* Kaiserchr. 368,15891-15893; *also das Augspurg und ander vil stet mit in dingen muesten umb ir järlich zins* FÜETRER Chron. 144,1f.– **4b** vereinbaren, vertraglich festsetzen: *dingen* „festsetzen, ausmachen" Passau; *diŋa* KOLLMER Laute 82; *Pacto ... gidingotero* Tegernsee MB 11.Jh. StSG. II,643,34; *e daz diu gedingte frist vergangen ist* 1310-1312 Stadtr.Mchn (DIRR) 287,7; *Dem Maisster wollffen haben mir ... göben alß mir dan zuuor mit Jmbe gedingt* 1626 HAIDENBUCHER Geschichtb. 54.– **4c** †zusichern, zusprechen: *so ting ich im alle seine Recht, dy er durch recht haben sol* Rgbg 14.Jh. FREYBERG Slg V,56.
5 ausbedingen, fordern.– **5a** ausbedingen, vorbehalten, ä.Spr., in heutiger Mda. nur in Komp.: *Es habent auch vnser obgenante Burger ... namlich gedingt und genomen* Mchn 1354 LORI Bergr. 15.– **5b** †fordern, verlangen: *herr Johans ... dinget auf ein freie ganze samblung der christenhait* AVENTIN V,389,11-14 (Chron.).
6 †borgen, leihen: *Dingen* „einem mit einem gewissen Pakt etwas leihen" WESTENRIEDER Gloss. 105; *dingen oder borgen in daz jâr umbe daz tiurre* BERTHOLDvR I,73,30f.; *die Frücht auffm Halm zubeschlagen oder drauff zu leihen/ darumb wenig vnd viel zu dingen* Landesord.1599 211.
7 mieten, pachten: *dingen* Passau; *Dingen* WESTENRIEDER Gloss. 105; *Swer ein haws, ein stadel, ein garten oder swelcherlay aigen dingt* 1365 Stadtr.Mchn (DIRR) 355,14f.; *Dingen* „ad tempus redimere" SCHÖNSLEDER Prompt. L5r.
8 †(in die Schule) schicken, geben: *Hat vorzeiten ein Vatter seinen Sohn in die Schul gedingt* SELHAMER Tuba Rustica II,12.
9 †auf jmdn od. etwas hoffen, vertrauen: *sancte Petre ... daz er mac ginerian* [heilen] *ze imo dingenten man* Frsg um 860 SKD 103,1f.

Etym.: Ahd. *dingôn*, *dingen*, mhd. *dingen* swv., Abl. von →*Ding*; Kluge-Seebold 202.

Ltg: *diŋa*, auch *-dẹaŋ* (LF).– Part.Prät. *diŋd*, auch *diŋk* (AIC, DAH, SOG, WOR), *-dẹaŋd* (SOG), ferner *duŋa* nach den stv.

Schmeller I,517f.; Westenrieder Gloss. 104f.– WBÖ V,83f.,86.

Komp.: [**ab**]**d.** **1** abwerben, °OB, °NB, °OP vielf., °Restgeb. vereinz.: °*laß di net obdinga, bleib in deina Stej!* Pörnbach PAF; °*dea håut ma mein Knecht odunga* Dietkchn NM; *Des ho scho 'n onern Baarn verschmocht,* (beleidigt) ... *wenn da oaner 'n onern an Ejhojtn odingt hot* KÖZ, VIT BJV 1954,196; *daß kein Hamermaister dem andern kein Schmidmensch abdingen soll vor Ostern* Mchn 1464 Lori Bergr. 77; *Es solle auch ain Nachbahr dem anderen unter der Jahrszeit kheinen Ehehalten abdingen* Burgweinting R 1722 Hartinger Ordnungen II,490.– **2** auch refl., aus dem Dienstverhältnis ausscheiden, den Dienstvertrag aufkündigen, °OB, °OP, °OF vereinz.: °*ma Knecht hout heier odingt* Thiersshm WUN; *Damit ... die zweÿerleÿ herrschafften selbsten solcher abgedingten ehehalten wegen nicht in widerwillen gerathen* Rgbg 1681 Wüst Policey 142f.– **3** †auch refl., sich durch Verhandeln einigen, übereinkommen: *daz der herr oder die frawe mit dem ehalten niht abdingent* Obb. Landr.1346 75.– **4** †abdringen, abnötigen: *was ... A. ... in dem chrieg abgedingt hat, das nicht bezalt ist ... das soll zebeiderseit alles ab sein* Abensbg KEH 1383 Rechtswb. I,34.– **5**: °„der Firmpate hat den Firmling *abdunga*, ihm ein Geschenk gegeben" Reichenhall.– **6**: °*döis khou ma it* [nicht] *sou oafach odinga* „als unwichtig abtun" Garmisch.

Schmeller I,518.– WBÖ V,84.

[**an**]**d.** **1** in Dienst nehmen, geben.– **1a** wie →*d.*1a, °OB, °NB, MF vereinz.: °*i muaß ma an Schweiza oodinga* Wildenroth FFB; *andingen* „einstellen" Lentner Bavaria Almen 276; *Ein Metzgergeselle darf nur auf 2 Jahr angedingt werden* Frsg 1588 Zils Handwerk 93.– **1b** †in Dienst geben, an einen Dienstherrn vermitteln: *andingen* „an jemand verdingen" Schmeller I,517.– **2** †wie →*d.*2b: *so di messer etwaz verdinen mit tragen ... daz sullent si tailen mit einander und kainem andingen* 1460 Runtingerb. III,240; *Michaeln Furttner Kistlern ... ist die Neue Kanzl zemachen angedingt* N'aschau RO 1688 Jahn Handwerkskunst 396.– **3** bestellen.– **3a** †(im Wirtshaus) bestellen: *Mit dem Göid ... ding ö am Martinö ... bei unsan Wirth a Freibier und a Freiwurscht o* Schlicht Dorftheater 64.– **3b** (das Hochzeitsmahl) beim Wirt vorbestellen, meist in der Fügung *Hochzeit a.*, °OB, NB, °SCH vereinz.: *s Håuzadodinga* „mit kleinem Mahl für Brautpaar, Hochzeitslader und Musikanten" St.Englmar BOG; „Am Sonntag drauf wird die Hochzeit *angedingt* und dem Wirthe gesagt, wie viel Hochzeitsgäste kommen und das Mahlgeld ... bestimmt" DAH, FFB OA 35 (1875/1876) 207; *daß etliche ... angedingte Hochzeiten bey den Würthen und Gastgeben allhier gehalten* Weißenburg 1739 G.Voltz, Chron. der Stadt Weissenburg im Nordgau u. des Klosters Wülzburg, Weißenburg 1835, 245.– Auch (die Kosten dafür) mit dem Wirt vereinbaren: *s wird 1-2 Mark übers andingt Mohlgeld* [Kosten pro Person] *drübergweist* (geschenkt) Hfhegnenbg FFB.– **4** †(das Hochzeitsmahl) selbst bezahlen: „Beim *angedingten Mahle* zahlt jeder Hochzeitsgast für sich das Mahlgeld an den Wirth" OP Bavaria II,278.– **5** †vor Gericht.– **5a** (als Zeugen, Rechtsbeistand) anwerben, verpflichten: *Man sol auch den zewck aynsten andingen und im sibenstund zůsprechen* 1365 Stadtr.Mchn (Dirr) 390,7f.– **5b** vor Gericht laden: *der fürst kam vor seinen räten angedingt ins recht* Arnpeck Chron. 557,34f.– **5c** (Rechtsansprüche) vorbehalten, anmelden: *Weitter sagt bemelter Leonhart Kastell alls anwalt der huebmair in angedingten rechten* Kösching IN 1527 Grimm Weisth. III,633.– **6** †wie →*d.*4b: *was sie mit einander haben andingt* Schönsleder Prompt. L5r.– **7** †steuerlich veranlagen: *die stewrer sullen ... die andingen und bringen, alz si höchst mügen* vor 1377 Stadtr. Mchn (Dirr) 600,24-26.

Schmeller I,517f.; Westenrieder Gloss. 104.– WBÖ V,84f.

Mehrfachkomp.: [**hin-an**]**d.** refl., sich verdingen, einen Dienst annehmen: °*da Knecht hot si wieda nading* Tandern AIC.

[**auf**]**d.** **1** einstellen, in die Lehre nehmen.– **1a** wie →*d.*1a: *aufdinga* Dingen eines neuen Dienstboten Ingolstadt; *Wurden ... die Nothwendige Bauleuth auffgedinget vnd zu dem vorhabenden Werck angestehlet* Hueber Granat-apfel 224.– **1b** in die Lehre nehmen: *oin als Löiaboum afdinga* Wdsassen TIR; „Von nun an soll kein Lehrjunge *aufgedingt* werden, der nicht seinen Schul-Entlassungs-Schein von der Königl. Schulinspection beibringt" Regensburger Intelligenzbl. 1 (1811) 455; *da sie bey rödlichen maistern aufgedingt, doch under der lehrzeit zur*

hauß- oder pauernarbeit gebraucht Mchn 1668 BJV 1958,118.– **2** wie →[*ab*]*d.*2: *aufdiŋa* „in der Fischerzunft ... Dienst kündigen" nach SCHWEIZER Dießner Wb. 16.– **3** †zur Beförderung auferlegen, aufgeben: *Dingt ainer ainen fůrman wein auf umb lon* Obb.Landr.1346 149; *DIngt einer einem Fuhrman Wein auff vmb Lohn* Landr.1616 331.– **4** †bestellen, reservieren: *wan ich aufgedingen Grebnus* [d.i. Familiengrab] *bey in auserwelt han* Fürstenfeldbruck 1369 MB IX,204.

SCHMELLER I,517.– WBÖ V,85.

[**aus**]**d.** **1** wie →*d.*4b: *ąs-diŋa* „vereinbaren" KOLLMER II,44; *Dy sol er mir wezalen ǻuf liechtmezz und nur gut R., han ich âuztingt* 1400 Runtingerb. II,153.– **2** ausbedingen.– **2a** auch refl., wie →*d.*5a: °*er war so ausdüngat, daß ma nit zsamkemma san* Fischbachau MB; *D· Ursch ... hát si' aus'dingt, dás s· haəmdärf, bàl' iərə' Muədə' hintəri* [ins Wochenbett] *kimt* SCHMELLER I,517; *so hab ich mir vnd mein Nachkomen ... vorbehalten vnd ausgedingt, dy selbigen gult vnd Treid ... nemen* Schamhaupten RID 1471 MB XVII,361.– **2b** refl., sich als Altenteil ausbedingen, °OB, °NB, °OP vereinz.: °*der hod si oi Dog a Maß Muich ausdunga* Geisenfd PAF; *Host d' dir nachha aa ois's richti ausdunga, Hammaschuasta?* GRAF Werke XI, 2,22 (Kalendergesch.); *die sie zu verfridung jrer außgedingten Gründt gebrauchen* Landr.1616 750.– **2c** refl., sich als (zusätzliche Sachleistung zum) Dienstbotenlohn ausbedingen, °OB, °NB, °OP, °MF vereinz.: °*a Deanschtboot hot si auf Liachtmeß a Poor Schuah oder a Gwand ausdingt* Weilhm; *do hots fir (d') Dirn, grod wej firn Kne't a hergrichts Tou(ch)* (Leinwand) *gebn, an a(u)sdingts* KÖZ, VIT BJV 1954,197; *zwoa paar Stiefln und 6 Ell'n saubere Leinwa'd hat er si' ah no' ausdunga* S. SCHUBAUR, Mein Vermächtniß an Bayern, Leipzig 1831, 92.– **3** wie →[*ab*]*d.*1, °OB, °OP vereinz.: °*der hod ma mein Knecht ausdingt* Vilzing CHA.

SCHMELLER I,517.– WBÖ V,85.

†[**bau**]**d.** ein →[*Bau-ge*]*ding*(*e*) halten: *wenn ein Herr Siz und Pawdingen will* Rottenbuch SOG 1435 LORI Lechrain 138.

[**be**]**d.** **1** †wie →*d.*2b: „daß *die bedungene Scharwerk* nebst anderen gleich- oder mehr privilegirten Abgaben nicht bestehen möge" Landr.1756 176.– **2** †wie →*d.*4b: *Es soll auch kain endturtl* [Endurteil] *mit bedingten worten ... gesetzt werden* Passau 1536 WÜST Policey 307; *Zwischen obersagtem Liebherr und Daisenbergerin ... sind nachfolgende Heyraths Pacta ausgeredt, bedungen und beschlossen worden* 1792 SCHELLE Bauernleben 119.– **3** †wie →*d.*5a: *Hette ... ein Bestandtman* [Pächter] *jhme ... bedingt vnd vorbehalten/ daß er in keinen weg ... außzeziehen schuldig* Landr.1616 279.– **4** wie →[*aus*]*d.*2c: °*des is bedunga woan* Alfd HEB; „gegen einen gewissen *bedingten* Lohn in Dienste zu bringen" WESTENRIEDER Gloss. 105.

WESTENRIEDER Gloss. 105.– WBÖ V,85.

Mehrfachkomp.: [**aus-be**]**d.** refl. **1** wie →*d.*5a: *Do' wird si' ausbedunga, Daß zwoa Prozent Provision Er zahlt* SCHMIDT Altboarisch 64.– **2** wie →[*aus*]*d.*2b, °OB, °NB, °OP, °MF vereinz.: °*wia i an Hof übagem hob, hob a ma des ausbedunga* Reichersbeuern TÖL.– **3** wie →[*aus*]*d.*2c, °OB, °NB, °OP vereinz.: °*i hob mir d'Milli ausbedunga* Salzweg PA.

SCHMELLER I,517.

– [**un-be**]**dingt,** †**-dungen** **1** †ohne Vertrag, Vereinbarung: *weder bedungen- noch unbedungener Wittib-Sitz* Landr.1756 41.– **2**: *unbedingt* „ohne jede Einschränkung" Passau.– **3** unter allen Umständen, auf jeden Fall, OB, NB, OP vereinz.: *dös git's unbedingt niat* Stein TIR; *Ich tät unbedingt davonlaufen, wenn's irgendwo brennt* HALBINGER Jahrgang 1900 98.

[**tei**]**d.** →*teidingen.*

[**ein**]**d.** **1** †wohl in Gerichtsbezirke einteilen: *Decurio Inthingon* Frsg 9.Jh. StSG. IV,328,12.– **2** in Dienst nehmen, (sich) verdingen.– **2a** wie →*d.*1a, OB, OP, MF vereinz.: *eidinga* Fürstenfeldbruck.– **2b** †refl., wie →[*hin-an*]*d.*: *er hat sich beim beken eindingt* SCHÖNSLEDER Prompt. L5r.– **2c** †wie →[*an*]*d.*1b: *daß sie keinen ... so ... ohne einwilligung der herrschafft auß dem dienst tritt, anderer herrschafft zubringen ... oder eindingen* Rgbg 1654-1656 WÜST Policey 387.– **3** refl., wie →[*aus*]*d.*2c, °OP, °SCH vereinz.: °*do hob i mir no a Paar Schua und an Schurz eidunga* Gundelshm DON.– **4** †auferlegen, zur Pflicht machen: *'s Konsistorö, muas auf dö Arma mehr schaugn als auf dö Reicha! dös is iahm eidunga!* SCHLICHT Dorftheater 82; *daß ein jeder Benefiziat ... die Vesper solle singen helfen, so ist es ihnen den Herrn Carmelitern ... zu thun nicht eingedingt* Rgbg 1622 VHN 13 (1868) 141.– **5** †wie →*d.*3c: *daz Ir ... solch uälle von*

den die es vberfüren, vns eindinget Landshut 1426 MB V,499.– **6** †wie →*d.*4c: *Auf dis dingt der procurator den armen das recht ein* Straubing 16.Jh. ROSENTHAL Stadtrechtsgesch. 336.– **7** †in Obhut, Kost geben: *ds Kündt … durch den becl. Kündts-Vattern … der weithern erziehungs willen anderwerths eingedungen werdte* StA Mchn Hofmark Amerang Pr.18 (6.9.1753).

SCHMELLER I,93, 518; WESTENRIEDER Gloss. 122.– WBÖ V,85.

[**ver**]**d. 1** (sich) verdingen.– **1a** refl., wie →[*hinan*]*d.*, °Gesamtgeb. vereinz.: °*i stäi bei deam Bauan aus und vading mi beim Stäffibauan* Dietfurt RID; *de se auf an Bauernhof ois Knecht oder Dirn vodunga ham* PINZL Bäuerin 140; *D· Ursch hàt si' zu'n Maərbauə'n və'dingt* SCHMELLER I,517; *daß den verdingten Ehehalten … am Werchtag zu spilen oder zu kuglen/ keineswegs weiter gestatt werde* Landr.1616 697.– **1b** wie →[*an*]*d.*1b, °OB vereinz.: °*da Vadinga håd an Gnecht vadingd* Dachau; *I' hab' g'hört, daß du 's Pechlerdirndl verdinga willst* MEIER Werke I,519 (Natternkrone); *alls ich In verdingt hab vmb wein 1 fl 30 k.* 1590 GASSNER Rgbg.Vkde 39.– **2** †refl., sich verpflichten, sich rechtlich binden: *Da Baua is … Ollweil 'm Land vodingt* SCHUEGRAF Wäldler 9.– **3** †wie →*d.*2b: *daz der charrenman* [Fuhrmann] *ein ander strazz vert, dann im der chaufman verdingt zefůrn* 1299 Rgbg.Urkb. I,98; *bei dem … Orgelmacher zu Lauf in die Klosterkirchen ein neues Orgelwerk pro 250 fl. anzufrimbden* [bestellen] *und zu verdingen* Ambg 1710 VHO 64 (1912) 105.– **4** †wie →*d.*3c: *Proclamauerit … uirdingit* Tegernsee MB 10./11.Jh. StSG. II,115, 69.– **5** wie →*d.*4a: °*verdingen* „verhandeln" Straßkchn SR.– **6** †rechtmäßig übergeben: *das derselb khauffer … solch vich … wider an den stal verding* 1542 WÜST Policey 413.– **7** †wie →[*an*]*d.*3a: *NAch dem sich etliche Pfarrer in jhren Pfarrhöfen zu schencken/ auch verdingte Mahl zu halten … vnderstehn* Landr.1616 537.

SCHMELLER I,517; WESTENRIEDER Gloss. 616.– WBÖ V,85f.

Mehrfachkomp.: [**un-ver**]**dingt** wie →[*un-be*]*dingt* 1, nur in der Fügung *u.e Ehe*, °OB, °OP, °MF vereinz.: *a uvodingde Ech hom* „ohne Ehevertrag" Haimhsn DAH; „Eingegangene Ehen ohne Ehepakten … *unverdingte … Ehen*" Nürnbg Bavaria III,980.

WESTENRIEDER Gloss. 104.

†[**für**]**d.** im voraus abmachen, vereinbaren: *dem Pflastermaister … für Stain samtt Furlon und Taglon fürgedingt ist … ii Pfund vi Schilling Pfennig* 1485 DORNER Herzogin Hedwig 67.

†[**ge**]**d. 1** vor Gericht.– **1a** sich an jmdn in einer gerichtlichen Entscheidung wenden, jmdn als Richter anrufen: *Appello gidingo* Tegernsee MB 11.Jh. StSG. I,750,55.– **1b** wie →*d.*3c: *daz si gedingen umbe ir arbeite daz ewige lon zenphahenne* Spec.Eccl. 136,24f.; *mag ain yetzlich man, pfaff oder lay … an dieselben notel* [Aufzeichnung] *wol gedingen* Straubing 1322 LERCHENFELD Freibr. 11.– **2** wie →*d.*4b: *Placui gidingota* Tegernsee MB 10./11.Jh. StSG. I,684,25; *der gibt auch mir den sælben zins/ oder swi man gedinget* Mchn 1296 Corp.Urk. III,555,25f.– **3** wie →*d.*5a: *Pacisci gidingon* Tegernsee MB 11.Jh. StSG. II,669,64.– **4** günstige Bedingungen bekommen: *sô mäht er ze hove wol gedingen* Kaiserchr. 299,11947.– **5** wie →*d.*9: *di in dih glaubant iouh in dih gidingant* 11.Jh. SKD 182,2 (Otlohs Gebet).

WBÖ V,86.

[**hin**]**d. 1** (sich) verdingen.– **1a** refl., wie →[*hinan*]*d.*, °OB vereinz.: °*ea hod si hidunga* Fahlenbach PAF.– **1b** †wie →[*an*]*d.*1b: „Da mir … von dem … Stadt-Magistrat die Erlaubniß Dienstboten *hindingen* zu dürfen, ertheilt worden ist" Regensburger Wochenbl. 23 (1833) 329; *die Ehehalten in andere Dienst/ one vorwissen der vorigen Herrschafft … hindingen* Landr.1616 660.– **2** †sich mit einer Klage, Berufung an ein Gericht wenden: *wär aber yemant da dingen wolt der sol nyndert anderswo hinn dingen dann gen Aspach* 14.Jh. MHStA Kloster Asbach Amtsbücher u.Akten 1,fol.65[v].

SCHMELLER I,517, 1118.– WBÖ V,86.

[**um**]**d.** den Dienst wechseln, OB, OP vereinz.: *umdinga* Starnbg.

[**weg**]**d. 1** wie →[*ab*]*d.*1, °OB, °NB, °OP vereinz.: °*auf Weihnachtn werd ma wegdingt* Wildenroth FFB.– **2** refl., wie →[*ab*]*d.*2, °OB vereinz.: °*der hot si nomal wegdunga und s Droogöd zruckgebn* Wettstetten IN.

[**zu**]**d. 1** refl., wie →[*aus*]*d.*2c: °*der Knecht hat si a loderne Joppm zuadingt* Arzbach TÖL; *D· Ursch … hát iər ə˜ Pàr Schuəh und ə˜ hár-w-ə˜s Hemət zuə'dingt* SCHMELLER I,517.– **2** †wie →[*an*]*d.*5a: *Herr Ulrich Brobst ze Pollingen … hat begert Hansen von Vilnpachs zu Furleger* [Anwalt, Fürsprecher], *der im erlaubt ist, und*

zudingt Mchn 1433 MB X,160.– Auch refl., sich (als Zeuge, Rechtsbeistand) melden: *Also ist chomen Barbara Schåczin von Perckhofen v. hatt sich zůgedingt, als recht ist* Indersdf DAH 1455 OA 24 (1863) 344.

SCHMELLER I,517f.– WBÖ V,86. A.S.H.

Dinger(er)
M. **1** (abwertend) männliche Person, Sonderling, °OB, NB vereinz.: °*da Maxl, dös is a komischer Dinger* Bayrischzell MB; *digara* „(verächtlich f.) Mannsperson" DENZ Windisch-Eschenbach 123. **2** †Mieter, Pächter: „da man etwas um ... Lohn ... verleihet ... welcher den Gebrauch hierum hat ... *Dinger*" Landr.1756 371.

Etym.: Ahd. *dingâri*, mhd. *dingære* 'Verteidiger, Richter' stm., Abl. von →*Ding*; WBÖ V,86.

WBÖ V,86.

Komp.: †[**An**]**d.** Verdinger, Arbeitsvermittler: *soll der Werchman den andinger befürdern* Landr.1616 333.

SCHMELLER I,517.

[**Tei**]**d.** →*Teidinger.*

[**Ver**]**d. 1** †wie →[*An*]*d.*: *Wo aber die saumnus ... nicht an dem Werckmaister/ sonder an dem Verdinger were* Churfürstlicher Pfaltz Fürstenthumbs in Obern Bayern Landrecht. Anderertheil, Amberg 1606, 14.– **2** jmd, der Dienstboten anwirbt u. vermittelt, °OB, °NB vereinz.: °*Vadinga* Gartelsrd AIC.

†[**Für-ge**]**d. 1** jmd, der nach vorher geleisteter Abgabe Holz schlägt: *die vier Fürgedinger vnd Holzmaister sein ... zuthun 345 fl. ... schuldig* 1566 Stadtarch. Rosenhm GRE 10, 61 (Kammerrechnung).– **2** jmd, der eine im voraus vereinbarte Arbeitsleistung erbringt: *ermelte Fürgedinger* 1613 MHStA HR II, Fasz.1, fol.173[r].

SCHMELLER I,519.– WBÖ V,86 (Für-dinger).

†[**Kohl-ge**]**d.** wohl Köhler: *Bernhardt Haidacher, Kohlgedinger* 1861 Chron. Kiefersfdn 635.

[**Leib-ge**]**d.**, [**Leib**]-, **Leibtumer**, **-tümer 1** †Inhaber eines Nutzungsrechts auf Lebenszeit allg.: *als Gastl Plomofer das perchwisel als ein leibgedinger ... vnsern vordern dem würd. gotzhawss nachgeben* [übergeben] *hat* Indersdf DAH 1479 OA 25 (1864) 54; *weil der verheiratete Leibtümer Hans Georg Riedl obige Anna-Maria Güntherin ... eines Kindes geschwängert* 1757 EISCH Klingenbrunn-O'kreuzbg 83.– **2** Austrägler, °OB (v.a. MÜ), °NB (v.a. VIB) mehrf.: °*Leitumer* „von Nicht-Verwandten so genannt" Loitzendf BOG; *Da Schäfatoni is a alta Leihgadinga ... der in a altn, baufällign Keuchn* (Hütte) *... haust* STROBL Mittel und Bräuch 20.

[**Hin**]**d. 1** wie →[*Ver*]*d.*2: *Z'Jakobi ... fanga Bauan z'jammern o, da lafas zu die Hidinga* Kreuth MB KIEM obb. Volksl. 9; „Personen, welche herrenlosen Dienstboten Herrschaften, und den Herrschaften ... Mägde und Knechte verschaffen ... *Hindinger*" SCHMELLER I,1118.– **2** †Vermieter, Verpächter: „derjenige, welcher den Lohn empfangt ... *Hindinger*" Landr.1756 371.

SCHMELLER I,517, 1118.– WBÖ V,86. A.S.H.

Dingerich
M. **1** (abwertend) männliche Person, Sonderling, °Gesamtgeb. vereinz.: °*unsa Bauer is a olwana Dingerich* Neualbenrth TIR; *a dumma ... Dingarich!* BRAUN Gr. Wb. 94.
2 Ersatzwort für etwas od. jmdn, dessen Name nicht genannt werden kann od. soll, °OB, °OP vereinz.: °*Dingerich* „Mensch, für den einem keine andere Bezeichnung einfällt" Uffing WM; °*tou dein Dingerich weg* „Kopf, Arm, Hut etc." Tirschenrth. A.S.H.

-dingerin
F., nur in Komp.: [**Ver**]**d.** Frau, die Dienstboten anwirbt u. vermittelt, °OB, °NB vereinz.: °*die Verdingerin* „von Bauern und Dienstboten in Anspruch genommen" Vilsbiburg; *Vadingerin* HÄRING Gäuboden 190.

[**Hin**]**d.** dass.: „Nicht selten wohnen zwey bis vier brodlose Mägde bey einer sogenannten *Hindingerin*, zugleich Wohnungs- und Dienstmäklerin" Bair. National-Bl. 3 (1820) 679; *Die Hindingerin soll schweren, solchen diennst Erbarlich Zuuerrichten, die Ehehalten bey Jnen nit beherbergen* Mchn 1488 Stadtarch. Mchn, Zim. 52, fol.68[v] (Eidb.).

DELLING I,267; SCHMELLER I,517f., 1118; WESTENRIEDER Gloss. 245. A.S.H.

Dingerling
M., abwertend männliche Person, Sonderling: °*i woaß nit, wos dös füa komischer Dingerling is* Fischbachau MB.

WBÖ V,86. A.S.H.

dingern
Vb. **1** †: *dingern* „Stellvertreter jedes ... Verbums, das Einem ... nicht gleich beyfällt" SCHMELLER I,520.
2 gegen Lohn in Dienst nehmen, einstellen: *dingan* Echenzell IN.
3: °*döis kouscht it dingan* „nicht ändern, abtun" Garmisch.
SCHMELLER I,520. A.S.H.

Dinges[1], fauler Mensch, →*Dinghart(s)*.

Dinges[2], Anwesen, Zeug, →*Dings*.

Dinget(s)
N. **1** Gewand, Kleidung, OP (NEW, VOH) mehrf.: *i ho a neis Dingert kriagt* Vohenstrauß; „Ihre Kitterln waren ... zerrissen, weßhalb ihnen der Hausvater ein neues *Dingad* machen ließ" O'bernrth VOH SCHÖNWERTH Opf. II,363.– †Phras.: *Dingad* (Kleider) *und Wént várdéckn vil Jallént* [Elend] Neuenhammer VOH ders. Sprichw. 53.
2 Anwesen, Bauernhof: °*da Sepp hod a Dingats* Wildenroth FFB.
3 Altenteil, °OB, °NB vereinz.: °*Dinget* „alles, was sich ein Austragler ausgedungen hat" Perach AÖ; *Zu dem Klein Dinget muß Kauffer ds sogenante flaxäckherl pr: 20 Pifang herlassen* Reichenbach ROD 1720 StA Ambg Briefprot. Nittenau 154,fol.50v.
4 †: *Dingad* „Aussteuer der Braut an Fahrniß, bes. Kleidern, Wäsche, Hausrath" SCHÖNWERTH Sprichw. 70.
5 Dienstbotenlohn, Draufgeld.– **5a** Dienstbotenlohn, v.a. zusätzlich ausbedungene Sachleistungen, °OB, °NB, °OP, °MF vereinz.: °*auf Liachtmeß muaß ma da Baur a Dingats gebn und zwar a Gwand und a Paar Schuach* Eschenlohe GAP.– **5b** Draufgeld beim Abschluß eines Dienstvertrages: *Dinget* „Dinggeld, im voraus bezahlter Wochenlohn" Lam KÖZ.
6 Getue, viel Aufhebens, °OB, °NB vereinz.: °*macht der a Dingats um sei neus Auto* Wdkchn WOS.

Komp.: [**An**]**d. 1** wie →*D.*5a: °*Odingert* „Naturallohn" Perach AÖ.– **2** wie →*D.*5b, °OB, °NB vereinz.: °*i hob s Odingats scho ognomma, ko nimma zruck* Bayersoien SOG.

Mehrfachkomp.: [**Dar-an**]**d.** wie →*D.*5b: °*Drodingat* Drangeld bei Abschluß eines Dienstvertrages Wollomoos AIC.

[**Aus**]**d.,** [**Aus-ge**]**- 1** wie →*D.*3, °OB, °NB, °OP vereinz.: °*de Oidn lem iaz in Ausgedingaz* Ismaning M; °*der Aastragler hat sei Aasdingat* Bodenmais REG.– **2** wie →*D.*5a, °OB, °NB, °OP vereinz.: °*de Deanschdbodn ham a Aßdingats mitm Bauan aßgmacht, wiavui Mack Lo, a Gwand, a Bettzeich* Wettstetten IN.

†[**Feier-tags**]**d.** Feiertagsgewand: „die Truhen und Kästen, die das *Feyertagsdinget* beschliessen" Vohenstrauß SCHÖNWERTH Leseb. 62.

[**Tot(en)**]**d.,** [**-ö-**]**-,** [**Totel**]**-** Geschenk des Paten, der Patin, °OB, °NB, °OP vereinz.: °„*Dodldingat* von der Patin, *Deddingat* vom Paten, meist Uhr bei der Firmung, Geld bei der Taufe" Brunnen SOB; „Zweymal ... ist es Pflicht der Gevatterleute, dem kleinen *Dodn* [Patenkind] die benöthigte Kleidung zu schaffen ... *Duadndingad*" SCHÖNWERTH Opf. I,172.– Zu →*Tote*, →*Töte*, →*Totel* 'Patin, Pate, Patenkind'.

[**Ein**]**d. 1** wie →*D.*5a, °OB, °NB, °OP, MF vereinz.: °*Eindingats* „1 Paar Schuhe, Arbeitskittel, Schürzen, Hemden" Deusmauer PAR.– **2** wie →*D.*5b, °OB, °NB, °OP, MF, °SCH vereinz.: *s Ãdingads zu 2-5 Mark* Königstein SUL.

[**Goten**]**d.,** [**-ö-**]**-** wie →[*Tot(en)*]*d.*, °OB, °NB, °OP vereinz.: °*Godndinget* „Anzug, den jedes Patenkind bekommt, wenn es aus der Volksschule entlassen wird" Kay LF.– Zu →*Gote*, →*Göte* 'Patin, Pate'.

[**Leib**]**d. 1** Kleidung, die der Verstorbene zum Zeitpunkt seines Todes getragen hat, °OB, °NB, °OP vereinz.: °*as Leibdingat hot früahra d'Leichafrau gkriagt* Wildenroth FFB; „Das Seelweib ... darf alles zu sich nehmen, was der Tode bey seinem Verscheiden am Leibe trug, das *Leibdingad*" Neukchn VOH SCHÖNWERTH Opf. I,249.– **2** wie →*D.*3, °OB, °NB, °SCH vereinz.: °*Leibdingat* „erhalten die Austragsleute" Arnstorf EG. A.S.H.

Dinghart(s), Dinges, †Dinghärtel
M., widerwärtiger, fauler Mensch, °NB, °OP, °OF, °SCH vereinz.: °*Dingert* „plumper, unangenehmer Mann" Falkenbg TIR; *Sura alta Dinkets!* SINGER Arzbg.Wb. 52; *Mit dèn Dinghártl màg I nicks z·taə˜ hàbm* SCHMELLER I,520.

Etym.: Scherzh. Weiterbildung von →*Ding* in Anlehnung an PN wie →*Bernhard*, →*Leonhard*; WBÖ V,86.

DELLING I,126; SCHMELLER I,520, 1167.– WBÖ V,86. A.S.H.

dingig, -icht
Adj. **1** †: *dingig, dinget* „Stellvertreter jedes … Adjectivs … das Einem … nicht gleich beyfällt“ SCHMELLER I,520.
2: °„wenn einer aus der Feiertagsschule kam, wurde er *dingig*, berechtigt, sich zu verdingen“ Limbach PA.
3 empfindlich, feinfühlig, °OB, °NB vereinz.: °*des derfst an net sagn, er is eh so dingig* Lenggries TÖL.– Auch: °*san die mit ihran Dirndl dingig* „besorgt“ O’neukchn MÜ.
4 pedantisch, kleinlich, °OB, °NB vereinz.: °*sei net so dinge!* Tacherting TS.
5 sonderbar, eigensinnig, °OB vereinz.: °*dös is a dingiga Fratz* Kay LF.
6 emsig, fleißig: °*do griag da Küchabaur a guadi Bairin mid da Kati, ja dia is dingi* Hollenbach AIC; *dingi* „Rührig, fleißig, arbeitsam“ [Ef.] CHRISTL Aichacher Wb. 211.– Auch übereifrig, aufdringlich: *dingeg* „tüchtig, fast penetrant“ Spr.Rupertiwinkel 21.
7 schwächlich, kränklich, im Wachstum zurückgeblieben, °OB, °NB, °OP vereinz.: °*der is dingö* „von schmächtigen Kindern, kränklichen Leuten“ Neukchn a.Inn PA.
8: °*döis is gar it* [nicht] *dingad* „wichtig, von Belang“ Garmisch.
SCHMELLER I,520.– WBÖ V,87. A.S.H.

†dingigen
Vb.: *dingigen* „Stellvertreter jedes … Verbums, das Einem … nicht gleich beyfällt“ SCHMELLER I,520.
SCHMELLER I,520. A.S.H.

Dingin
F., (abwertend) weibliche Person, °OB mehrf., °NB, °OP, °MF vereinz.: *du unguate Dingin, du!* Pasing M; °*des is a gschmoche Dingen* „hübsche Frau“ Neufraunhfn VIB; *daß du an eig’ne überspannte Dingin bist, mit der man nie ans rechte Ort* [Ende] *kimmt* MEIER Werke I,58 (Elend).
SCHMELLER I,520.– WBÖ V,87. A.S.H.

Dingler
M.: *a Dingla* langweiliger Mensch Sengkfn R.
WBÖ V,83.

Komp.: [**Aus**]**d.**, [**Aus-ge**]**- 1** Austrägler, °OB, °NB, °OP, °SCH mehrf., °Restgeb. vereinz.: °*mei Vata is jez a Ausdingla woan* Wildenroth FFB.– **2**: °*Ausgedingler* „die alten Dienstboten, die 30 und mehr Jahre bei einem Bauern sind“ Kay LF. A.S.H.

Dinglich, Hausrat, Weißzeug, →*Ding(e)lach*.

Dingnis, -nus
F. **1** Bedingung, Voraussetzung, Umstand, in heutiger Mda. nur im Komp.: *diŋnus* Dinzling CHA nach BM I,240.
2 †Klage, Berufung: *Von Dingnussen … von den vnder Gerichten an die ober Gericht* Landr.1616 46.
Etym.: Mhd. *dingnisse* stf., Abl. von →*Ding*; WBÖ V,87.
WBÖ V,87.

Komp.: [**Be**]**d.** wie →*D.*1, °OB, NB vereinz.: °*grod unter derer Bedingnis, daß des a so is* Grafing EBE; *daas mit der Bedingnis koa Mensch mehr bei dem Bre-Haisl* [Haus zum Flachsbrechen] *hot vorbeigeh’n g’mögt* BIBERGER Gschichten 12; *Wenn die Ehe nicht unbedungen, sondern nur in gewisser Maaß und Bedingnuß zugesagt wird* Landr.1756 35.
WBÖ V,87. A.S.H.

Dings, Dinges(t)
N. **1** Anwesen, Bauernhof, °OB, °NB vereinz.: °*a schöis Dinges* Neukchn KÖZ; *Das Dingəs* Bay. Wald SCHMELLER I,520.
2 Menge von Gegenständen, Sachen, °OB, °NB vereinz.: °*dea hod euahand Dingas* Lohbg KÖZ.
3: °*Dinges* „Drangeld für den Dienstboten zu Lichtmeß“ Scharmassing R.
4 auch M., F., Ersatzwort für etwas od. jmdn, dessen Name nicht genannt werden kann od. soll, °OB, NB vereinz.: °*der Dings håt mas erzählt, woaßt scho, der Hias* Ismaning M; *wen ois voi Dings is* Ersatzwort für Hautkrankheit Haidmühle WOS; „Fahrschein … *da hab i den verkehrtn Dings dawischd*“ Mchn Altb.Heimatp. 57 (2005) Nr.9,25.
5 Getue, viel Aufhebens, °OB, °NB, °OP, °SCH vereinz.: °*da werdn ma lang a Dings macha!* Wiesenfdn BOG; „*Dea … vabriŋd åme … a rächts … diŋas, diŋast* … stellt sich jedesmal arg an“ nach KOLLMER II,419.
6: °*der macht wieda so a Dings zaam* „Unsinn“ Günzlhfn FFB.
Etym.: Gen.Sg. von →*Ding*; KLUGE-SEEBOLD 202.
SCHMELLER I,520.– WBÖ V,80.

Komp.: [**Ge**]**d.** wie →*D.*5, °OB, °NB, °OP, °SCH vereinz.: °*mach koa so a Gedings da wegn dem bißl regna* Hzkchn MB; °*der hot a so a Gedings* „bildet sich viel ein" Frauenbg PAR.

[**Hafen**]**d.**: *Hofadingas* Spreu beim Roggen Arrach KÖZ.

[**Mang**]**d.**: *Mangdingers mit Mangprügel und Mangscheit* Wäschemangel Warzenrd KÖZ.

A.S.H.

dings, -dingst

Adv., ä.Spr., in heutiger Mda. nur in Komp., auf Borg, Kredit, gegen Pfand: *Wuocher unde fürkouf, dingesgeben* BERTHOLDvR I,16,4; *Swaz die messer einchauffent ... daz süllen si niht dings geben* 1365 Stadtr.Mchn (DIRR) 451,1-3.

Etym.: Aus dem Gen.Sg. von →*Ding*; ²DWB VI,1100.

SCHMELLER I,519.

Komp.: [**aller**]**d. 1** †gänzlich, vollständig, insgesamt: *Mit Maister Christoffen zu Kelhaim allerdings zusamen gerechnet umb 16 Pilder* 1576 PIENDL St.Emmeram 116; *als Er mit solcher Fristen setzung allerdings zufriden ist* StA Mchn Hofmark Amerang Pr.19 (10.12.1777).– **2** zur Verstärkung einer Aussage.– **2a** durchaus, überhaupt, schlechterdings, °OP vereinz.: *der is allerdingst nasch* [närrisch] K'schwand VOH; „gar nichts ... *alladingst neks*" TIR Oberpfalz 24 (1930) 230.– **2b**: *allerdings war i dort, aber i hab eahm net troffa* „freilich, tatsächlich" Passau.– **3** dennoch, trotzdem: *i hab allerdings dran glaubt* ebd.; *allerdeans* Wb.Krün 3.

SCHMELLER I,57,521.– WBÖ V,81.

[**platter**]**d. 1** †flach, platt: „habe ihnen ... *der leidige Schauer alles Getreid platterdings in die Erden hineingeschlagen*" Mitte 18.Jh. Chron. Kiefersfdn 489.– **2** wie →[*aller*]*d.*2a: *de hat vorn platterdings nichts* „ist zaundürr" Frsg; *platterdings* SCHMELLER I,521.

SCHMELLER I,521.

†[**freier**]**d.** aus freien Stücken, freiwillig: *An disen lasset er widerum 26.f: 30 x. freyerdings nach* StA Mchn Hofmark Amerang Pr.20 (28.1.1785).

†[**leichter**]**d.** leicht, ohne weiteres: *Er kann mit dess Beclagten Ausflüchten sich so leichterdings nit abspeisen lassen* StA Mchn Hofmark Amerang Pr.18 (4.1.1755).

A.S.H.

Ding(s)da

N. **1** auch M., F., Ersatzwort für etwas od. jmdn, dessen Name nicht genannt werden kann od. soll, OB, °OP vereinz.: *des Ding(s)da* Schweitenkchn PAF; °„*ah, da Dingsda* oder *in Dingsda*, wenn einem der Personen- oder Ortsname nicht gleich einfällt" Neumarkt; *Da Dingsda, no – wia hat er sich denn g'schrieb'n – da, no der Dingsda, war aa dabei* Mchn Simplicissimus 45 (1940) 559.

2 Getue, viel Aufhebens, °OB, °NB vereinz.: °*um des brauchst koa solchas Dingsda macha* Taching LF.

Etym.: Zusammenrückung aus →*Dings* u. →*da*¹; vgl. ²DWB VI,1101.

WBÖ V,80.

A.S.H.

Dingung

F. **1** †Abmachung, Vereinbarung, Vertrag: *Pactus ... dingung* Indersdf DAH 1.H.15.Jh. Lib. ord.rer. I,254,24.

2 Anstellung, Einstellung eines Dienstboten: °*Dingung* Endlhsn WOR.

WBÖ V,87.

Komp.: †[**An**]**d. 1** Bestellung, Auftrag: „Geschäftsabschluß mit einem Handwerker ... *12 Kr. bey andingung des neuen Altars verzehrt*" Schirnding WUN 1670 SINGER Schacht 104.– **2** Vorbestellung des Hochzeitsmahls im Wirtshaus: *als ... di hochzeitten ... in gar Wenigen Persohnen bestehet, di in einem iedtweden Würthshauß ohne Vorleuffige andingung nur Zu Zöchen pflegen* MHStA HL Freising 387 (20.2.1761).

†[**Auf**]**d. 1** wie →*D.*2: „Bey *Aufdingung* der Dienstbothen ... darf die Darangabe ... in nicht mehrern, als den zwanzigsten Theile des Lohns bestehen" Wir Karl Theodor ... Dienstbothen u. Tagwerker ..., München 1781, A2r.– **2** Aufnahme als Lehrling: *Es solle auch die Aufdingung auf drey Jahr geshehen* 1779 Satzgn Landsbg 60f.

A.S.H.

Tinke → *Tinte*.

Dinkel

M. **1** Dinkel (Triticum spelta), MF, SCH vielf., OB, OP vereinz.: *Dinkl* Rothenstein WUG; „*diŋgl* ... bis 1. Weltkrieg" Bittenbrunn ND nach SBS XII,322; *Far einachorno. dinchil* Tegernsee MB 9.Jh. StSG. I,338,3; *ains haizzt rok-*

ken chorn, daz ander waitzen chorn, daz drit haizzet tinchl KONRADvM BdN 436,21f.; *umb Nassenfels* [EIH] ... *rint die Thonau ... durch fruchtbar eben veld, so auch dinkel tregt* AVENTIN IV,690,19-21 (Chron.).– †Phras.: „Der rothe Dinkel *Tyroler Dinkel* hat dünnere Spelzen ... Der weisse Dinkel ... *Rothenburger Dinkel* ... seine Körner sind kleiner" A. SCHNIZLEIN, A. FRICKHINGER, Die Vegetations-Verhältnisse der Jura- u. Keuperformation in den Flussgeb. der Wörnitz u. Altmühl, Nördlingen 1848, 264f.
2 Frucht des Dinkels: „eine jährliche ... Abgabe von *2 Vierling ⅓ Sechzehntl Dinkel*" Thalmässing HIP 1831 BJV 1954,27; *die zwo sniten ab dem dincheln ghornt vf die zwo almusen schůzzel* Pfründe Geisenfd 430; *leg darauf ain dinckhel mit ainem weissen des ayrs, so wirdt der spalt ganz vnd der gaul gesundt* Roßarznei (DEINHARDT) 53.

Etym.: Ahd. *dinkil*, mhd. *dinkel* stm., Herkunft unklar; KLUGE-SEEBOLD 202.

SCHMELLER I,525; WESTENRIEDER Gloss. 114.– WBÖ V,87.

A.S.H.

Dinkets, fauler Mensch, →*Dinghart(s)*.

dinn(en) →[*da*]*inn(en)*.

†Tinne

F., Schläfe, Stirn: *wer ûzgebrochen sî an der tinnen* BERTHOLDvR I,114,37; *Aber kunig Pipinum berürten dy tünnen in seinem mut* ANDREASvR 603,5f.

Etym.: Ahd. *tinna*, mhd. *tinne* st/swf., Herkunft unklar; vgl. Et.Wb.Ahd. II,863 (dunwengi).

SCHMELLER I,609.– WBÖ V,87f. A.S.H.

Dinnige, Schläfe, Stirn, →[*Dünn*]*wange*.

Dinsel, †Dunsel

F., Holzstange zum Anhängen des Floßes an der Anlegestelle: *Dinsl* „dünne Buchenstangen, welche die Loisachflößer statt der Ländseile hatten" (Ef.) Lenggries TÖL; *Dinssl, Dimpsl* „mit einem aus Wieden geflochtenen Ring ... an jedem Ende, welche ... zum Fassen des ... Pfahles am Ufer ... und Befestigen des Floßes an denselben dient" Isar, Loisach SCHMELLER I,526; *der den dunsel abslueg, dâ si angelent sint* Frsg. Rechtsb. 160.

SCHMELLER I,526; WESTENRIEDER Gloss. 114. A.S.H.

dinsen

Vb. **1** †ziehen, zerren: *deprimat ... dinsa* Rgbg 11.Jh. StSG. II,430,Anm.9; *der tôt ... in hin beginnet dinsen* LAMPRECHTvR 412,2375-2378.
2 Part.Prät., aufgedunsen: *a dunsns Ksicht* Ingolstadt.

Etym.: Ahd. *dinsan*, mhd. *dinsen* stv., germ. Wort idg. Herkunft; KLUGE-SEEBOLD 72 (aufgedunsen).

SCHMELLER I,526f.

Abl.: *Dinsel*.

Komp.: [**auf**]**d.** Part.Prät., wie →*d.*2, °OB, NB, OP, OF, MF vereinz.: *dear håt a aufdunsas Gsicht, den trifft amål dr Schlag* O'ammergau GAP; *afdunstana Lida* Arzbg WUN; *Afdunsener Hals* J. REITMEIER, TH. STAMMBERGER, Woyzeck, Viechtach 1996, 21.

WBÖ V,88f. A.S.H.

dint →[*da*]*unt(en)*.

Tinte, Tinke, Timpe

F., Tinte, Flüssigkeit, Gesamtgeb. vielf.: *d Henaaung mit Dintn astraicha, dan weans Kråaung* Mittich GRI; *mit Tinkn* Vohenstrauß; *Die ... Timpm ... Tinkng* SCHMELLER I,606, 610; *Bring ma'r a Tint'n und a Feda!* THOMA Werke VI,419 (Wittiber); *Atramentum idē tincta* Rgbg 9.Jh. StSG. IV,26,27; *welher schreybår sein tinten da mit* [Wermut] *sewdet* KONRADvM BdN 414,14; *es hat auch fēdern dinnggen vnnd papier darauf glēgt miessen werdten* 1609 HAIDENBUCHER Geschichtb. 5.– Phras.: *schwarz wie T.* sehr schwarz, OB vereinz.: *schwarz wie Tintn* U'menzing M.– *In der T. sitzen | hocken* u.ä. in einer unangenehmen Lage sein, °Gesamtgeb. vielf.: °*öitz hocksd schöi in da Dinka drinn!* Sulzbach-Rosenbg; °*der hot mi sauber in der Tintn sitzn lassen* Ried FDB; *wia i in der Tinten war* SAILER Lach od. stirb 206;– *sich in die T. setzen | hocken* u.ä. sich in eine unangenehme Lage bringen, °OB, °NB, °OP vereinz.: °*öitz hod a se in d'Dintn eighockt* Nabburg.– *T. gesoffen haben | ausschauen, als hätte man T. gesoffen* u.ä. dumm, ungeschickt sein, °Gesamtgeb. vielf.: °*moanst i håb Tintn gsuffa?* „ich laß mich nicht für dumm verkaufen" O'bibg WOR; °*der schaut net her, wia wenn a a Tintn gsuffa hed* Altenbuch LAN; °*ja hostn du Tinka gsufa, weilstas niat kapierst!* Schnaittenbach AM; *däa mou doch Tintn gsoffm ho(b)m* SINGER Arzbg.Wb. 237;– verrückt, närrisch sein, °OB, °NB, °OP, °MF, °SCH vereinz.: °*der hot ja*

Tintn gsuffa! Tandern AIC; *Dou meißti ja Tintn gsuffm hōm, wenni dēs machert!* Berthold Fürther Wb. 231;– besserwisserisch, rechthaberisch, prahlerisch sein, °OB, °NB, °OP, °MF vereinz.: °*dea füahrt si auf, ois wia wenn a Tintn gsuffa hiat* Fischbachau MB;– mürrisch, übellaunig sein, °OB, °NB, °OP, °MF, °SCH vereinz.: °*der Sepp schaugt aus, als wenn er Tintn gsuffa het* „so grantig schaut er drein" Koppenwall ROL;– °*da Hansei schaugt her, als wann er Tintn gsuffa hätt* „ist kleinlaut" Rosenhm;– °*der håt doch Tintn gsoffn, des nimmt überhaupt koa End mehr* „hat allzu ausführliche Bestimmungen verfasst" Rgbg;– °*der hot a Tintn gsuffa* „ist hoch verschuldet" Laaber PAR.– °*Der is net mit da Tintn großzogn wordn* „dumm" Kay LF.– Auch: *a weiße Dintn* „etwas, um das man jemanden am 1. April schickt" Wasserburg.

Etym.: Ahd. *tincta, tinte, timpte*, mhd. *tin(c)te* swf., aus mlat. *(aqua) tincta* ‘gefärbtes Wasser’; Kluge-Seebold 918.

Ltg: *dindn* u.ä., ferner *dinda, -e* (FFB, LL, SOG, WM; FDB), *dint* (LF), *diŋky* Gesamtgeb., *diŋka* OP (dazu EIH, HIP), *dimbm* (GAP).

Schmeller I,606, 610f.– WBÖ V,89f.

Komp.: [**Gall-äpfel**]**t.** Gallustinte, OB, OP vereinz.: *Goiöpfötinkn* O'audf RO.

WBÖ V,90. A.S.H.

tio, Zuruf an Zugtiere, nach rechts zu gehen, → *ti*.

Dionys(ius), Donisl

1 erster Bischof von Paris, Märtyrer, einer der 14 Nothelfer (Fest 9. Oktober), Schutzheiliger gegen Kopfschmerzen Altb.Heimatp. 51 (1999) Nr. 19, 22.
2 Vorn. *Donis* (VIB), *Donisl* (FFB, M, TÖL; PA), *Daniasl* (NAB).– Auch Stiername (TÖL).
3: „*Is dös so a Donisl?* ... schwerfälliger Mensch" Brunner Wdmünchen 396.

WBÖ V,90f. A.S.H.

Dipfel, Tasse, → *Topf*[1].

Diphterie, Diphtheritis, Gifteritis

F., Halsbräune, Diphtherie, Gesamtgeb. vielf.: *Gifteritis* Tölz; *Diftrie* Reisbach DGF; *Diftri* HuV 12 (1934) 224.

Etym.: Aus gr. *diphthéra* ‘gegerbte Haut’ mit Krankheitssuff. *-itis* od. aus frz. *diphthérie*; Kluge-Seebold 203.

WBÖ V,69. A.S.H.

Tippel[1]

M.: °*kimmt scho wieda a so a Tipl daher!* „Bettler" Autenzell SOB.

WBÖ V,1087 (Tüppel IV). A.S.H.

Tippel[2], Beule, Dummkopf, → *Düppel*.

Tippelei

F., Wanderschaft, Landstreicherei, °OB, °OP vereinz.: *i war 17 Johr auf Dippelei* „Kundensprache" Traunstein. A.S.H.

tippeln

Vb. **1** gehen, herumziehen.– **1a** (eine weite Strekke) zu Fuß gehen, wandern, °OB, °NB, °OP, °OF, °MF vereinz.: °*ejz mou e bis af Böbra dipen* Grafenrd VIT; °*am Sunnda sama drei Schdundn dibblt* O'wildenau NEW; *tippln* „zu Fuß gehen, laufen" Berthold Fürther Wb. 231.– **1b** als Handwerksbursche auf der Walz sein, °OB, °NB, °OP, °MF, °SCH vereinz.: °*des Arbeitn freut mi nima, jetzt geh i Tippen* Westerndf DAH; °*daou draß tipplt a Poar Hamburger Wanderburschn* Sulzkchn BEI; *tippln* „(früher) auf der Landstraße wandern" Berthold ebd.– **1c** bettelnd herumziehen, vagabundieren, °OB, °NB, °OP, °SCH vereinz.: °*der tippelt von Haus zu Haus* Sallach MAL; °*aufs Tippeln schickeln* „zum Betteln" Burglengenfd.– **1d** trippeln, °OB, °OP vereinz.: *er dipplt* Wangen STA; *tippl'n* Braun Gr.Wb. 657.– **1e** schwerfällig, langsam gehen, °NB, °OP vereinz.: °*der tipplt* Troschenrth ESB.– Auch: °*tippeln* „schlendern, gemächlich gehen" Pfarrkchn.
2: °*Eier dippeln* „Ostereier gegeneinanderstoßen" Schwandf.
3: °*då hob i fest tippeln möin* „bezahlen, im Wirtshaus" Burggriesbach BEI.

Etym.: Aus rotw. *tippeln*, dieses aus → *trippeln* unter Einfluß von → *tippen*; Wolf Wb.Rotw. 329.

WBÖ V,1091-1093.

Abl.: *Tippel*[1], *Tippelei*, *Tippler*.

Komp.: [**abher**]**t.** wie → *t.* 1a: °*dea hot heit sa Ströck owadibböt* Bodenmais REG. A.S.H.

tippen

Vb. **1** mit der Fingerspitze berühren, anstoßen, OB, NB vereinz.: *tippn* Mchn; *on di Stiern tippm* „das Zeichen des ‘Vogels’ ... machen, um

jmdm. anzudeuten, daß er dumm oder verrückt sei“ BERTHOLD Fürther Wb. 231.– Übertr.: *däa kann mi net dippm* unter seiner Würde halten Pfreimd NAB.
2 Ostereier gegeneinanderstoßen, Osterbrauch: *dippn* Maiersrth TIR; *Tipp'm* „vornehmlich am Gründonnerstag ... Derjenige, dessen Ei dabei schadhaft wird, hat dies an den Gegenspieler abzutreten“ BRAUN Gr.Wb. 657.
3 im Lotto wetten: *nacha hab i halt aa amoi tippt und pfeilgrad an Dreia g'habt* Altb.Heimatp. 51 (1999) Nr.39,7.

Etym.: Aus onomat. nd., md. *tippen*; PFEIFER Et.Wb. 1433.– Bed.3 aus engl. *to tip* 'leicht berühren, einen Hinweis geben', gleicher onomat. Herkunft; ebd.

A.S.H.

Tippler
M. **1** Handwerksbursche auf der Walz, °OB, °NB, °OP, °MF vereinz.: °*Tippler* Gögging KEH.
2 Landstreicher, °OB, °NB, °OP, °MF vereinz.: °*paß auf, a Dippla kimmt* Lenggries TÖL.

WBÖ V,1095f. A.S.H.

tipptopp
Adj., tadellos, ausgezeichnet, Gesamtgeb. vielf., ugs.: *dös geht tiptop* Galgweis VOF; *der kummt tiptop daher* Allersbg HIP; *tipptopp* „einwandfrei ... in Ordnung“ BERTHOLD Fürther Wb. 232.

Etym.: Aus engl. *tiptop* 'höchster Punkt'; KLUGE-SEEBOLD 918. A.S.H.

†Tips
M.: *Dips* „Rausch ... Räuschchen“ DELLING I,127.

Etym.: Nebenf. von → *Teps* 'Geistesgestörter, mißlungener Brotlaib'; WBÖ V,91.

DELLING I,127.– WBÖ V,91. A.S.H.

†Diptam
M., Diptam (Dictamnus albus): „*Diptam / Encian* ... welche gekaut wurden, und so die eingeatmete, vergiftete Lufft unschädlich machen sollten“ Straubing 1533 JberHVS 12 (1909) 27; *Nimm ... .1.loth, weissen dibtam* BIHLER tierärztliche Rezepte Straubing 63.

Etym.: Mhd. *diptam, dictam* stm., *dit(t)amme* swm./f.(?), aus lat. *dictamnus, -num*, gr. Herkunft; ²DWB VI,1114. A.S.H.

dir¹ → *du*.

dir² → *ihr*.

Dirdendei, Dirmen-, †Dire(n)-, -deil, Dirumdei
M., N. **1** †Mischgewebe aus Wolle u. Leinen: *ich gab dem Ventzela Lech 10 ellen direndails* 1401 Runtingerb. II,187; *ain Paar Hosen aus Düeretey* Beyharting AIB 1628 Dt.Gaue 42 (1950) 37.
2 Gemisch von versch. Getreidesorten (u. Hülsenfrüchten): *a Diamadai* „Sommerkorn mit Gerste oder Frühhabern, auch Gerste mit Habern, für Körnerfutter angebaut“ Fürnrd SUL; *Dirmedey* „Gerste, Haber, Wiken, Linsen und Erbsen, untereinander gebaut ... Bach-Getraid“ HÄSSLEIN Nürnbg.Id. 57.
3 Gemisch, Durcheinander: *Dirmadei* Etzenricht NEW; *Is kaə˜ Jungfrau, is kaə˜ Wei', is ə˜ rèchtə' Dirədei* SCHMELLER ebd.

Etym.: Wohl über mnl. *tireteine* aus afrz. *tiretaine*; ²DWB VI,1115.– Zur Entwicklung von Bed.1 vgl. Runtingerb. III,239.

HÄSSLEIN Nürnbg.Id. 57; SCHMELLER I,537f.– WBÖ V,91f.

A.S.H.

dirèkt, dírekt
Adj. **1** ohne Umweg, Zwischenhalt.– **1a** ohne Umweg, gerade auf ein Ziel zuführend, nur in Phras.: °*warum denn direkt, wenns umständlich auch geht* „wenn einer kompliziert an etwas herangeht, ironisch“ Erding.– **1b** ohne Zwischenhalt, OB, NB vereinz.: *dees is a dreggda Wong, do loßns di net außer* Staudach (Achental) TS.
2 in unmittelbarer Nähe: *Direkt unter da Latern am Buachhauser Eck* MAIER Was mir begegnet ist 63.
3 unverzüglich, sofort: *dea is ... bain Reχtsånwåit gwen då håt a dírękt åiwe oan ąf da Saitn ghåbt* nach STRÖBL Malching 74.
4 unmißverständlich, unverblümt, NB vereinz.: *der hats eam direkt as Gsicht gsagt* Osterhfn VOF.
5 geradezu, regelrecht, richtiggehend, °OB, NB, OP, MF vereinz.: °*do gibds scho aa direggde Schbezialisdn beim Hoizaufzoana* [Holzstapeln] Reichenhall; *direkt zamgfault* Irlahüll EIH; *Daou moue öitza direkt lachn* SINGER Arzbg.Wb. 52.

Etym.: Aus lat. *directus* 'geradegerichtet, in gerader Richtung'; ²Fremdwb. IV,616.

WBÖ V,92. A.S.H.

Direktor, Rex
M., Direktor, Leiter einer Schule od. eines Unternehmens, °OB, °NB vereinz.: °*unsa Rex woa a gscheida Mo* „Schülersprache“ Straubing; *da*

alt Direkta vo da Porzlan [Porzellanfabrik] HEINRICH Stiftlanda Gschichtla u. Gedichtla 19.

Etym.: Aus spätlat. *director* 'Leiter, Lenker'; [2]Fremdwb. IV,623.

WBÖ V,92. A.S.H.

tireln, närrisch herumspringen, sich ankündigen, →*türeln*.

Diridari, Duri-, Diri(daria)

M., vereinz. N. **1** Geld, °Gesamtgeb. vielf.: °*hodda da Diridari ned glångd?* Ebersbg; °*für den Umbau fehlt mas Diridaria* Weiden; *weil ma alleweil z'weng Diridari in da Kassn ham* Oberpfalz 3 (1909) 148.– Phras.: „Zur Rentenauszahlung machen die Alten *a Wallfahrt zum heiligen Diridari*" ILMBERGER Fibel 46.

2 Rausch, °OF mehrf., °OB, °NB, °OP vereinz.: °*der håt an sauwan Diridari beinand* Marktl AÖ; *einen Duridāri haben* VOGT Sechsämter 39.

3 Schwindel, Unsinn, Geschwätz, °NB, °OP mehrf., °Restgeb. vereinz.: °*der redt an Diridari daher* Ramsau WS; °*i lou ma koan Dirödare voamocha* Bodenmais REG.– Auch: °*der hat allerhand Diridari* „Illusionen" Maushm PAR.

4: °*Diridari* „Tauschhandel" Ruhmannsdf WEG.

Etym.: Herkunft unklar. Onomat.; vgl. WBÖ V,1145? Od. nach KUEN Bair. 63 aus it. *dare denari* 'Geld geben'. Nach HIETSCH Bavarian I,49 gleicher Herkunft wie →*Dirdendei* 'Wollstoff, Gemisch'.

WBÖ V,1144f. A.S.H.

Dirlitze

F., Kornelkirsche (Cornus mas), °OB (v.a. W), °SCH mehrf., °NB, °MF vereinz.: °*Dillitzn* Hütting ND; *Dirlizen* Eichstätt JIRASEK Beitr. 12.

Etym.: Wohl gleicher Herkunft wie →*Dirnlein*; WBÖ V,93.

SCHMELLER I,541.– WBÖ V,93. A.S.H.

dirm(al), manchmal, →[*et-je*]*mal*.

Dirmendei, Gemisch aus Getreide, →*Dirdendei*.

Tirmentill →*Tormentill*.

Dirming, Mitesser, →[*Dürr*]*made*.

tirmisch, schwindlig, →*türmisch*.

Dirne

F. **1** (junge) weibliche Person.– **1a** meist Dim., Mädchen, junge, unverheiratete Frau, °OB (außer W), °NB, °südl.OP vielf.: *Letzan* (Lippen) *håt s Dianai wia Keasch so schee rout* Glonn EBE; *dear ööd Ding härad no a söchas jungs Deandl* St. Englmar BOG; *Wians nau Dialan … gwen san, sans a Langamosn nauganga a Danzmuse* Langenmosen SOB BÖCK Sagen Neuburg-Schrobenhsn 104; *er … hat amal an großn winninga* [tollwütiger] *Hund, der a Dirn umgrennt hat … bei'n Kragn packt* KOBELL Werke 133 (Brandner Kaspar); *Sageta erdo liobon Fon den zehan diarnon* um 900 Otfrid von Weißenburg. Das 'Evangelienb.' in der Überlieferung der Freisinger Hs., hg. von K. PIVERNETZ, Göppingen 2000, Bd. I, fol. 77ᵛ,19; *daz ein diernelîn mit einem sî hin wec geloufen, daz ist niuwer* [nur] *aht jâr alt* BERTHOLDvR I,470,3f.; *von kleinen Knaben und Diendlen* SELHAMER Tuba Rustica I,62.– Phras.: *Dirnlein drehen* best. Tanzfigur: °*Dirndldrahn* Reichenhall; *Dirndldrāhn* „Drehen der *Dirndl* zum Schuhplattler … Begriff in den 30er Jahren eingeführt" RASP Bgdn. Mda. 44.– *Stolze Dirndln – schlampate Weiba* BEKH Spruchweish. 64.– °*De Dirndln und d'Roos wern jed's Jahr weniga wert* Tittmoning LF.– *A Diandl trogt ois hoam, a Bub trogts furt!* [von Schwangerschaften] Dorfschreiberb. 63.– Spruch: *Frühers hot s ghoissn: „Deandl hüat di, da Bua kriagt di!" Heut hoißt s: „Bua hüat di, s Deandl kriagt di!"* HALLER Waldlersprüch 14.– Reime u. Scherzv.: *A jeds Dirndl auf Erdn mag a Weiberts gern werdn* BEKH Spruchweish. 55.– „Wiegenreime … *Hutschi, hutschi hei! 's Dirndl is fei* (faul)*! 's Kaibal kriagt a Bäuscherl Heu und 's Dirndl a Suzal a's Mäu!*" BEKH Reserl 28-35.– °*Deandl vo da Wurz, ned z'lang und ned z'kurz* „scherzhaft vom Burschen zum Dirndl" Ebersbg.– *Wenn d'Derndln pfeifan und d'Henna krah'n, mou' ma' eah glei'n' Grog'n umdrah'n* SIEBZEHNRIEBL Grenzwaldheimat 299.– Schnaderhüpfel: *Owa allawal allawal Geht's a so zua; Ja wou schene Deandl san, Do is koa Ruah!* Nittenau ROD Oberpfalz 51 (1963) 122.– *I woas scho, wos mi frait, wos ål mai Fraid is, a schwoatsaugats Deanal, wo rotbåkat is* Bruck ROD.– *Du flachshaarats Dirndl und i hab dö so gern, daß i kunt zweng dein Flachshaar a Spinnradl wern* Passau.– °*Owa s Deandl von Wold hot an Oasch wäi a Kolb, hot a Brust wäi a Kouh und um des Deandl gäihts zou* Brennbg R.– *S Dirndl hat a Warz am Wang, an Kropf hat's am Hals, an Kiahfuaß soll's a no habn, nachher hat's alls* OB.– °*I woaß a schöns Dirnal, des hot an schön*

Gang, mit oan Fuaß tuats Gras mahn, mit'm andan heigts zam Lalling DEG, ähnlich °EBE.– *S Deandl håt an gstinkatn Mund, i fürcht, sie is an Herz net gsund* Erding.– °*Leit, gehts a bissl af d'Seitn, Leit, gehts a weng weg, jetzt kommt a jungs Deandl und de is halt no gschreckt* Hellring ROL.– °*Owa Deandl sei gscheit, nimm an Buam, dea di gfreit, owa nimm an Buam mit aran Göid, host a Freid auf da Wöit* Brennbg R, ähnlich DGF.– *Deandl, hopsa, Deandl hopsa, Deandl, host oan drina? Hebn Fuas af, hebn Fuas af, lousn asi schpringa* Bruck ROD.– °*Owa lusti, frischauf, owa Deandl, mach ma auf, owa Deandl mach ma net zou, ja i kräig aa net gnou* Brennbg R.– *I how scho oft gokat, i how scho oft gmad, i how scho oft a sches Diandl an Bon einedrad* Erding.– *Gell Dernal mi megst liabn, i wå net falsch, net falsch, i hätt a treus Herz und sagata ois* Neustadt KEH.– *Ålaläists Deandl, wäi häist das den gean? Sol i lusticha sai oda trauriga wean?* Bruck ROD.– *'s Dirnei is harb auf mi', Han ihr nix 'tan; Hätt' ihr a Busserl 'geb'n Nimmt mir's net an* MEIER Werke I,559 (Natternkrone).– *Und s Deandl hots krenkt, wails ma a Bussal hot gschenkt, is ma goa niks dro glegn, how-ias glai wida gebn* Bruck ROD.– *Derndl hat d'Liab aufgsagt hinta da Stiagn, i sollt mi um a Gvattren schaun und um a Wiagn* Neustadt KEH.– *S Deandl is hoch im Sin, hot niks in Brustflek drin, ejts duar-ia wos ai, nåcha gheats mai* Bruck ROD.– °*Ja owa s Deandl hob i links einadraaht, heint, sagts, wird nix mehr gmaaht, laß mas fir a Groamat schtöi, wachst scho recht schöi* Wenzenbach R.– *S Diandl håd sö links umödrad und da Bua rechts, s Diandl håd da Daifö ghojd und an Buam d'Hex* Reisbach DGF.– °*Zweng oan Deandl trauan, zweng oan Deandl woan, zweng oan Deandl gehn ö net furt und net hoam* Lalling DEG.– °*Ös* [ihr] *liabts dö schön Deandln, doats narrisch dabei, mir is zweng an Deandl schier ganz oanerlei* WÜM.– *Daß du dös Diandl mogst, dös hot mi gwunascht, neuaneuzg hots scho ghab, du bist da Hunascht* O'audf RO.– Auch Kuhname OB, NB vereinz.– **1b** Dim., Tochter, °OB, °NB, °OP vereinz.: *s Deal vo da Dande* Base Weichs DAH; °*de ham a Diandl griagd* Neufraunhfn VIB; *Wenn di mein Dienl gern hat, kannst du 's heirathen* DELLING I,125; „Schwiegersohn ... *an dẽandl sąĩ mõ*" Wiesenfdn BOG nach SNiB II,240.– Sprüche im Wortspiel mit Bed.1a, wenn das erstgeborene Kind ein Mädchen ist: *Buben laufen / reisen den Dirnlein nach* °OB, °NB, °SCH vereinz.: °*Buam roasn dö Dirnl na* Osterhfn VOF.– °*De Dirndln bringan de Buam zuawa* Mettenham TS.– °*Das Deandl geht voraus* Attenhfn MAI.– °*Host a Dirndl, kimmt da Bua vo selber* Poxau DGF, ähnlich °OB vereinz.– Auch Enkelin, OB vereinz.: *s Dirndl* Rechtmehring WS.– **1c** Dim., Geliebte, Verlobte, °OB, °NB, °OP vereinz.: „Ostergeschenk: *s Deandl gibt ihrem Buam 1 Sacktüchel und 3, 5 oder 7 rote Oar*" Bichel TÖL; *habt's* [ihr] *gmoant, ös kinnt's bei mein Deandel fensterln wia 's megt's* FABIAN Homer 50; *Dienle jetzt pfieti Gott, wane i mues raisen fort* um Mammendf FFB WESTENRIEDER Beytr. IV,410.– Schnaderhüpfel: *mei Deandl is sauwa vom Fuas bis zum Khopf, awa am Hois hats an Binkl, des hoaßt ma an Kropf* Tegernsee MB, ähnlich ROD.– *Owa mei Derndl gfreut me, Alle Leit san ma neide, Eitz gfreit's me erst rächt, Weils a andana Bua mächt!* Nittenau ROD Oberpfalz 51 (1963) 122.– **1d** Dim., ältere unverheiratete Frau, OB, NB vereinz.: *Diandl* „unverheiratete weibliche Person, bis sie stirbt" Berchtesgaden.– **1e** Magd.– **1eα** Magd, Dienerin, °OB, °NB, °südl.OP, °SCH vielf., °MF vereinz.: *mia macht mei Basl de Dirn* südl.OB; *wenn's nå gang, i schteöat ma hoöa goa koa Dian a* Bischofsmais REG; *A Dirn hot vorn erschtn Krejg 150 Mark ghot 's Joahr* KÖZ, VIT BJV 1954,197; *Dulia ... diêrna* Aldersbach VOF 12.Jh. StSG. III,136,36; *Swer einen kneht/ oder ein dirne in sinem brot hat* Passau 1299 Corp.Urk. IV,541,9f.; *Widerbillen zwischen dem Pader, seinen Knechten, Diern oder denen, so in das Pad geen* Reichenbach ROD 1522 HARTINGER Ordnungen II,805.– Phras.: *große D.* Großmagd, °NB (v.a. Bay.Wald) vielf., °OB, °OP, MF vereinz.: „im Markt (Wegscheid) tragen die *greoßn Diarn* die Speisen zum Weihen" Meßnerschlag WEG; °*de grauß Dian mochd n Kouhschdoll und s Melcha* Rötz WÜM; „Die *große Dirn* (erste Magd) war es heute noch nicht müde, von dem *ferdigen* (vorjährigen) zu erzählen" MEIER Werke I,105;– Schnaderhüpfel: *unser Dirn, di gråuß, tuat an Schoaß, daß s båußt* [laut tönt], *und unser Dirn, di kloa, ka koan söchern toa* Passau;– *erste D.* °OB, °NB, °OP vereinz.: °*de is, kam daß hikemma is, erschde Dirn wordn* O'neukchn MÜ; „Rangstufen ... *Erste Dirn*, *Mitterdirn*, *Drittlerin*, dazu *Stallmensch*, *Kuchlmensch* und *Saumensch*" Rottal SHmt 42 (1953) 26;– *Die vöder Dirn ... Im Kuahstall is's Luader dahoam* Mchn QUERI Kraftbayr. 6.– *Kleine D.* rangniedrige Magd, °NB vielf., °OP (v.a. S) mehrf., °OB vereinz.: °„die *kloanö Dirn* hilft der *grausn Dirn* beim Melken, Futterherrichten, Ausmisten und Einstreuen" Lohbg KÖZ; *'s Deanal is winzökloa, Kann scho allö Ar-*

bat toa: Holz eitragn, Stubn auskirn Wia dö kloa Dirn Greising DEG HUBER-SIMBECK Ndb.Liederb. 81;– Schnaderhüpfel: *Hirangang! Hirangang! Singt unsa kloanö Diarn … Hat an kloan Hirangang-Herangang Drinn ön da Wieagn!* Bayerwald 22 (1924) 75, ähnlich °NB vereinz.;– *geringe / schlechte D.* °OB, °NB, °OP vereinz.: °*gringe Dirn* „mit Hausarbeiten beschäftigt" Gangkfn EG; *Einer schlechten Dirn/ biß 3 fl. Häfftlgelt/ 15. kr. I. bar schuech* Ordnung/ Wie es mit Ding- vnd Belohnung der Ehehalten/ sowol in Stätt- vnd Märckten/ als auch auff dem Landt dises RenntAmbts München … solle gehalten werden, München 1654.– *Da is d'Diarn eigschloffa* „das Brot hat unter der Rinde große Luftblasen" Pfarrkchn.– *A Diarn, dö guat Broud båcha ka, is wert, daß as Bett tragn wird auf d'Nåcht* Pfarrkchn.– *A guati Dirn und a guata Knödl stehnga vo selba auf!* KIEM Kreuther Tal 134.– *A guati Dirn geht nia laar ins Haus; entweder tragts a Schaffi Wasser oda an Arm voll Holz nei!* ebd.– °*An Bloz* [Dienstbotenstelle], *wo koa Dirn ned is, bleibt koa Knecht* Grafing EBE.– Scherzv.: °*s Deandl vom Hafa, wenn gschriern werd, muaß lafa* „muß alles erledigen" Viechtach, ähnlich DGF.– Schnaderhüpfel: °*amoi bin e holt ausseganga zu da Gschröißbauan Dirn; hots ganz Bett volla Fransn, ko ma d'Haxn net rian* Stadlhf ROD.– °*Da Baua mid da Bäuarin, da Knecht mid da Dirn, da Hirtabua midn Hausdirndl mecht's a scho probiern* O'neukchn MÜ, ähnlich TS KIEM obb.Volksl. 325.– *I heirad de und bist a bloß a Dirn, eh zeitign de Fraubirn* [um den 15. August reifende Birnensorte], *zum Kindlmoi* (Taufschmaus) *gehns rauf, drum auf, mach auf!* „Gesang am Kammerfenster" Rechtmehring WS.– **1eβ** Großmagd, °OB, °NB (v.a. W) mehrf., °OP, SCH vereinz.: °*de Dian* „zuständig für Melken, Füttern, Mähen, Säen, Großreinemachen vor Festtagen, Brotbacken" Tandern AIC; *Von de Weiberleut … is d' Dirn die erst' gwen … hat übern Kuahstall regiert* HALLER Dismas 72; „Rangfolge … *die Dirn, Anderdirn, Dritteldirn, das Kindsmädel*" SCHLICHT Bayer.Ld 53.– **1eγ** Dim., junge, rangniedrigste Magd, °OB, °NB, OP vereinz.: *Dian, Middadian, Diandl* Wassing VIB; „Auf einem … gut gestellten Bauernhofe … sind … eine *Dirn*, eine *Mitterdirn* und *'s Dirndl*" LA BRONNER Bayer.Land 245f.– **1f** weibliche Person, die sich ausnutzen läßt, OB, °NB vereinz.: °*dö mou ea de Dian mocha* Rattenbg BOG.– **1g** dumme, ungeschickte Frau: *Dian* AMAN Schimpfwb. 45.– **1h** leichtlebige weibliche Person, Flittchen: °*a Dirn* „Mädchen, das sich mit jedem Mann abgibt" Eschenbach.– †Phras. *gute D.* Prostituierte: *verkauftens einer gueten dirn im her … umb siben Regenspurger* AVENTIN V,520,29f. (Chron.).
2 Dim., Dirndlkleid, °Gesamtgeb. vereinz.: °*mit an Dirndl bist oiwei guat ozong* Laufen; „man braucht nur … ein *Dirndl* anzuziehen" KRAUT-WÜRSTL Frauentürme 36.
3 Schlafmohn (Papaver somniferum), nur in Phras.: „gefüllte Varietät des Gartenmohns … mit zerschlitzten Blumenblättern … *zottade … Deandeln*" Mallersdf BzbV 1 (1912) 13.

Etym.: Ahd. *diorna*, mhd. *dierne* sw/stf., germ. Bildung zur selben Wz. wie →*dienen*; Et.Wb.Ahd. II,682.

Ltg: *dian, dirn* OB, NB, südl.OP, SCH (dazu EIH, HIP, WUG), ferner *diara* u.ä. (FFB, LL, SOG, WM; FDB).– Dim. *diandl* OB (v.a. S), NB (v.a. S, SO) (dazu R, RID), *dian(d)al* (WS; PA), *dian(d)e, -ę* (MÜ, RO, WOR; PA), *dian(d)ai* (BGD, EBE, TS, WS; PA, WEG), *diala* (SOB; ND), *dęan(d)l, dẽal* u.ä. OB (v.a. N, NO), NB (v.a. N), südl.OP (dazu ND), *dęan(d)al* (DAH, IN; BOG, KÖZ, REG; CHA, R, ROD), *dęan(d)la, dẽadla* (GRA, KÖZ, REG; CHA, R, ROD), *dęanai* (EBE; KÖZ, REG), zu *-ęa-* vgl. WBÖ V,58. In Bed.2 immer *-ia-*.

DELLING I,125; SCHMELLER I,513, 541f.; WESTENRIEDER Gloss. 103; ZAUPSER 21.– WBÖ V,57-61.

Abl.: *-dirneln, -dirnen, -dirnern.*

Komp.: **[Alm]d.**, †**[Alben]-** Sennerin: *Almdirndln … und Jagersbuam* Altb.Heimatp. 6 (1954) Nr.3,3.– Schnaderhüpfel: *ə˜ lébfrischə' Buə'gêt'n `Albmdeənál zuə, ə˜ langwáligə' Knê'd is fü's Haəmdeənál grêd* OB SCHMELLER I,1107.– Auch junge, untergeordnete Magd auf der Alm: „Sennerin und *Almdirndln*" SILBERNAGL Almsommer 162.

SCHMELLER I,1107.– WBÖ V,61.

[Ander]d. untergeordnete zweite Magd, °NB mehrf., °OB, °OP, °SCH vereinz.: „die Bäuerin schenkte gefärbte Ostereier am Gründonnerstag der *ersten Dirn*, am Karfreitag der *Anderdirn*, am Karsamstag der Hausmagd" Dingolfing; *Anderdirn – gedungen um 9. fl.* Ludenhsn LL 1.H.19.Jh. Bayerld 22 (1911) 46; *Die Anderdirn hat der Saustall onganga* HALLER Dismas 72; *Der Anderdirn Jahrlohn 7 fl.* O'alteich BOG 1754 JberHVS 36 (1933) 51.

[Bäcker]d. **1** Dim., Bäckerstochter, OB, NB vereinz.: *Böckadiandl* Aicha PA.– **2** Bäckermagd, OB, SCH vereinz.: *Beekerdirn* Derching FDB.

†**[Bad]d.** Magd in einem öffentlichen Bad, Gehilfin des Baders: *hat ener der paddinrnn* [sic!]

sein gewanndt zu behalltenn gebnn 1328 G.L. v.MAURER, Das Stadt u. das Landrechtsb. Ruprechts von Freysing, Stuttgart u.a. 1839, 281; *es woll ... ain Man oder Frau ... ainem Knecht oder Padtdirn ain Haller ... damit ... ir Gewandt ... gewart wurde, geben* Reichenbach ROD 1522 HARTINGER Ordnungen II,805.

WBÖ V,62.

[**Bau**]**d. 1** wie →*D.*1eβ, °OB vereinz.: °*die Baudirn* „erste Dirn" Türkenfd FFB; „die *Baudirn*, d. i. die Oberdirn" Berchtesgaden KOBELL Schnadahüpfln 156.– **2** für die Feldarbeit zuständige Magd, °OB, °NB vereinz.: °*die Baudirn* „geht beim Säen mit" Pfaffenbg MAL; *Paudirn* Weilhm 1744 J. HEBERLEIN, Was ihr dem geringsten meiner Brüder getan habt ..., München 2010, 113.

SCHMELLER I,541.– WBÖ V,62.

[**Bauern**]**d. 1** Dim., Bauernmädchen, °OB, °NB, OP vereinz.: *Bauandiandl* „Mädchen vom Lande" Tittling PA; *es geht mir all'weil besser als den ander'n Bauerndirndl'n* MEIER Werke I,66 (Elend).– **2** Bauernmagd, °OB, °NB mehrf., °OP, MF, SCH vereinz.: *a Bauandiarn, dö nöt guat Broud bâcha ka, taugt nix zon heirötn* Pfarrkchn; *Liawa mache a Bauandirn ais das e oan sein Schdrausog mach* „das Eheleben ist nichts für mich" Badanhsn EIH; *Bauandian* Spr.Rupertiwinkel 21; *Elspeth Veichtnerin, ain ledig paurndiern* Vilsbiburg 1607 HELM Obrigkeit 86.– Phras.: *der ziert se wöi a Bauerndirn* sich dumm anstellen, übermäßig schüchtern, verlegen sein Bruck ROD.– **3** wie →*D.*1g: *Aa ganz aa ... dodschade Bauandian is', sunst nix!* BINDER Saggradi 41.

WBÖ V,62f.

†[**Becken**]**d.** wie →[*Bäcker*]*d.*2: *von der peckendirnen, so des brots hůeten* 1513 Urk.Juden Rgbg 279.

WBÖ V,63.

[**Bettel**]**d.** Dim., Bettelmädchen, OB, NB vereinz.: *Beldeandl* Ingolstadt; *Gibst sovui schöne Deandln bon uns da ... sand ah koa Bedl-Deandl nöt* HALLER Dismas 120; *Maria N. Betteldirnl 15 Jahre* Straubing 1699 JberHVS 70 (1967) 104.

[**Prangen**]**d.** Dim., festlich gekleidetes Mädchen, das an der Fronleichnamsprozession teilnimmt: „Zu einem richtigen *Prangerdeandl* gehörte auch ein Blumenstrauß" WANDTNER Apfelbaum 66.– Übertr.: °*Prangerdirndl* „Mädchen, das einen Kranz im Haar trägt wie zur Fronleichnamsprozession" Ramsau BGD.

[**Brot**]**d. 1** †Dienstmagd, Hausangestellte: *Barbara, Peffenhaůsers protdiern* 1513 Urk.Juden Rgbg 279.– **2** Mädchen, das die Brotzeit aufs Feld bringt: *Brotderndl* Kammerbg FS.

WBÖ V,63.

[**Buben**]**d.** Dim., Mädchen, das gern mit Buben spielt od. bubenhaft ist, °OB, °NB, °OP vereinz.: °*wos laafst denn oiwei de Buama noch, du bist a richtes Buamadeandl* Pörnbach PAF; °*des is a rechts Buamadeandl, de kann nix wia raffa* Rgbg; „in den Verruf kommen, ein *Buamadirndl* zu sein" Wdkchn WOS Altb.Heimatp. 46 (1994) Nr.12,8.

WBÖ V,63.

[**Christ**]**d.** wohl PN, nur in Phras.: *bist wias Christdiandl vo Rögn* „Spruch über einen, der viele Ringe an seinen Fingern trägt" Haidmühle WOS.

[**Dien**]**d.** wie →*D.*1eα: °*Deadirndl* Bruckhf EBE.

[**Dienst**]**d.** dass., NB, °OP vereinz.: *s Deastdiandl kans a* Hengersbg DEG; *der enntleibung halb, so er an seiner diennst diern mit ainem leychter begangen* Neumarkt-St.Veit MÜ 1550 HELM Obrigkeit 87.

WBÖ V,63.

[**Drittel(s)**]**d.**, [**Dritt(l)er**]**-**, [**Dritt**]**-** untergeordnete dritte Magd, °NB vielf., °OB, °SCH mehrf., °OP vereinz.: °*Dritterdirndl* „niedrigste Arbeiten: Schweine, Hennen füttern, kehren, putzen" Albaching WS; °*Dian, Mittadian, Drittldian* Ergolding LA; °*Drittdirn* „Mädchen für alles, Lehrling auf dem Hof" Ried FDB; „der Gäu-Brauch, daß der *Knet* der *Dirn*, der *Anderknecht* der *Anderdirn*, der *Drittler* der *Drittldirn* ... die *Sast* [Sense] *dengelte* und *wetzte*" HÄRING Gäuboden 31; *die Dritteldiern* „unverheiratete Person, die ... als dritte Dirne ... nach der *Ober*- und der *Mitterdirn*, in einer Bauernwirthschaft dienet" SCHMELLER I,564; „Im Dachauischen bekömmt ... die *Drittldirn* 8 – 10 fl. 10 Ellen Leinwand" WESTENRIEDER Beytr. IV,402f.

SCHMELLER I,541,564.

[**Ernte**]**d.** Erntearbeiterin, OB, °NB vereinz.: *Andian, Anknecht* fremde Arbeiter, die nur zur

Ernte kommen Teising MÜ; „der Bauer hat sich auf dem *Dingmarkt* … um eine feste *Arntdirn* geschaut" LETTL Brauch 101.

[**Vater**]**d.** Dim., Lieblingstochter des Vaters, NB vereinz.: *s Vodadöanall* Zandt KÖZ.

WBÖ V,64.

[**Feld**]**d.** wie →[*Bau*]*d.*2, °OB, °NB vereinz.: *Fejddian* Haimhsn DAH; *da hat die Felddirn hinein gemußt ins Haus und alles waschen und wenden* O. KERSCHER, Brauchtum u. Leben in der Bauernstubn, Grafenau 1981, 42.

WBÖ V,64.

[**Vieh**]**d.** Stallmagd, OB vereinz.: *Viechdirn* Vogtarth RO; „gut einstreuen mußte ein *Rosser* oder eine *Viehdirn* können … vorher sauber misten" Viehhsn PA G. LOHMEIER, Wer Knecht ist, soll Knecht bleiben!, München 2000, 41; *Einer viech- oder haußdiern, die … zů der arbait taugennlich vnnd geschickht ist* 1516 Landesord. 1516/1520 114.

WBÖ V,64.

[**Gans**]**d.,** [**Gänse**]**-,** [**Gänselein**]**-** Gänsemagd, °NB mehrf., °OB, °OP vereinz.: °*kloaner Knecht, kloane Dirn, Hutzerldirn und Ganserldirn* „die jüngsten am Hof" Nandlstadt FS; *s Genzdiandl* Mittich GRI; „alsdann verdingte man den Balg, den fremden, zu einem Bauern als *Gänsdirndl*" CHRIST Werke 387 (Mathias Bichler).

WBÖ V,64.

[**Gassen**]**d.** Dim., sich viel auf der Straße herumtreibendes Mädchen, °OB, NB vereinz.: °*a Gassndeandl* Hirnsbg RO; „Ich war ein richtiges *Gassendirndl* … am liebsten zog ich mit den Buben herum" Reisbach DGF R. GRUBER, Wunderbare Kindertage, Rosenheim 2007, 170.

†[**Gelten**]**d.** wohl Magd, die Geschirr spült: *2 Geltendirnen im Spital* 1700 A. HUHN, Gesch. des Spitales, der Kirche u. der Pfarrei z. hl. Geiste in München, München 1893, 109.

[**Gras**]**d.** junge Magd, die Futtergras schneidet u. sammelt: „Die *Grasderndl* kann man von den älteren *Grasweibern* … unterscheiden, gehen gern barhäuptig" SIEBZEHNRIEBL Grenzwaldheimat 42.

[**Groß**]**d.** wie →*D.*1eβ, °OB, °NB, °OP (v.a. S) mehrf., °MF, °SCH vereinz.: °*da Groußknecht hat voraus garwat wie a de Groußdirn vorn dro war* Wackersbg TÖL; °*mai Großmutter woa nu a Groußdirn in Ammersricht* Ambg; „der Bauer … betet vor … wo die Dienstboten für sich essen, tut es die *Großdirn*" O. KERSCHER, Brauchtum u. Leben in der Bauernstubn, Grafenau 1981, 47.

WBÖ V,64.

[**Haus**]**d.,** [**Häuslein**]**-** Hausmagd, °OB, °NB, °OP, °SCH vereinz.: °*Hausdirn* „Hilfe für die Bäuerin beim Brotbacken, der Wäsche" Griesbach; *Als Ha(u)sdeandl … hon i scho dreschn mejßn* KÖZ, VIT BJV 1954,200; *an Pfintztag vor Penthecostes der Hausdirn geben an irem lon Lx* [*Pfg.*] Ingolstadt 1392 FREYBERG Slg II,151; *darinn hat sie den Siechen als ein Vih-Dirn als ein Hauß-Dirn/ als ein Kuchel-Dirn 10. Jahr lang … gedient* SELHAMER Tuba Rustica I,357.– Übertr.: *Hausdiandl* „Knaben, die Holztragen, Einkaufen und andere häusliche Hilfsarbeiten verrichten müssen" Griesstätt WS.

WBÖ V,64.

[**Häuter**]**d.**: °*Heiddadianei* „armes, bemitleidenswertes Mädchen" Reit i.W. TS.– Zu →*Häuter* 'altes, abgemagertes Pferd'.

[**Heim**]**d.** Magd, die im Tal bleibt: *D'Hoamdirn is a alt's Leut* M. SCHMIDT, H. NEUERT, Der Georgi-Thaler, o.O. [um 1855], 2.– Schnaderhüpfel: *Für an loadigen Knecht Is a Hoamdirndl g'recht, Aber a schneidiga Bua Steigt da Almhütt'n zua* südl.OB Bayer. Heimat 9 (1927) 13.

SCHMELLER I,1107.– WBÖ V,64.

[**Hennen**]**d.** Hühnermagd, °OB, °NB vereinz.: *s Henadiandl* „jüngste Magd" O'audf RO; °*da Großknecht hots Essn aso owegschlundn, daß d Mitter- und Hennadirn net satt worn san* „weil er Anfang und Ende der Mahlzeit bestimmt hat" Pilsting LAN; *Hennâ:dean* „Magd, die die Hühner versorgt (Futter, Nachzucht, Eier)" CHRISTL Aichacher Wb. 139; *Hennendienl* Prüfening R 1683 VHO 59 (1908) 148.– Übertr.: °*Henerdeandl* „verächtlich für Mädchen" Taufkchn EG.

WBÖ V,65.

[**Hüt**]**d.** Dim., jünge Viehhüterin, °NB vereinz.: °*s Hejtdeandl* M'rfels BOG; *(D') Hejtdeandln aa* KÖZ, VIT BJV 1954,206.

[**Hüter**]**d.** Dim., dass., °OB, NB vereinz.: °*s Hiatadiandl* Parsbg MB; *a Hiatadeand'l rennt An 'n Pfoarrer onni* LAUTENBACHER Ged. 29.

WBÖ V,65.

†[**Keller**]**d.** Haushälterin, für die Vorratshaltung zuständige Magd: „Die Bediensteten der Schwaige Heselohe … der *Schwaiger* und die *Schwaigerin*, der *Kuhfütterer* und die *Kellerdirn*“ 1700 A. Huhn, Gesch. des Spitales, der Kirche u. der Pfarrei z. hl. Geiste in München, München 1893, 86.

[**Kinds**]**d.**, [**Kinder**]-, †[**Kind**]- **1** Kindermädchen, °OB, °NB, °SCH vielf., °OP vereinz.: °*a große Bäuerin hod frühras a Kindsdirndl ghabt* Halfing RO; °*das Kindsdeandl* „schulpflichtiges Mädchen mit erstem Dienstplatz“ Straßkchn SR; *Ba an Wei … is amoi a Kinsdiala … gwen, dera hod dea Bloz gor ed* [nicht] *gfoin* Karlshuld ND Böck Sagen Neuburg-Schrobenhsn 89; *von einer kintdyrn* 1433 Urk.Heiliggeistsp.Mchn 442.– **2** jmd, der die Kinder hütet, meist in der Fügung *K. machen*, °OB, °NB, °SCH mehrf., °OP vereinz.: *muaßt Kindsdiera maha* „spöttisch zum Ehemann, der die Kinder beaufsichtigt“ Hohenpeißenbg SOG; *Der Kuckuck sagt, zum Kindsdirn sei'hat unseroans koa Zeit* Altb. Heimatp. 8 (1956) Nr.23,4.– **3** jmd, der sich ausnutzen läßt, OB, NB vereinz.: *dia weari Kindsdian mocha!* „dich werde ich auch noch bedienen!“ Mengkfn DGF.

WBÖ V,65.

[**Klein**]**d.** rangniedrige Magd, °OB, °NB, °OP vereinz.: °*nach der 7. Klass is mei Muadda Gloadirn worn* Michelsneukchn ROD; „am frühen Morgen ging der Ameisbauer mit seiner *Kleindirn* hinüber ins Nachbartal“ P. Friedl, Der Wald singt sein ewiges Lied, Rosenheim [5]2003, 137.

WBÖ V,65.

[**Kuchel**]**d.** Küchenmagd, °OB, °NB, °OP vereinz.: °„als *Kuchedeandl* fangen die Mädchen bei den Bauern an“ Neufahrn FS; *Derweil ham d' Kucheldirna As Gretei gfoppt* Gumppenberg Bergamseln 87; *durch mein Khuchel Diern Catharina Weickhlin 100 Turchsichtig Tallerscheiben yberschickht* 1696 Poschinger Glashüttengut Frauenau 84.

WBÖ V,65.

[**Kuh**]**d.**, [**Kühe**]- Kuhmagd, °OB, °NB mehrf., °OP vereinz.: °*Kuahdian* „dritte Magd, die in Stall und Küche helfen muß“ Neufraunhfn VIB; „Im *Kammerl* lagen für die *Almerin* und das *Küahdirndl* Strohsäcke“ Silbernagl Almsommer 162.

WBÖ V,65.

[**Lauf**]**d.** Dim. **1**: *as Laufdirnei* Laufmädchen Staudach (Achental) TS.– **2** wie →[*Brot*]*d.*2, °OB, NB vereinz.: *Laufdeandl* Ruhmannsfdn VIT.

[**Laus**]**d.** Dim. **1** verlaustes Mädchen, OB, NB vereinz.: *da wiad iaza amai zamgrecht* [gekämmt], *da dråbm, du Lausdeandl* Schwaibach PAN; *Lausdeandl* Judenmann Opf.Wb. 102.– **2** freches, ungezogenes Mädchen, °OB (außer W), °NB vielf., °OP vereinz.: °*des Lausdeandl håt heit d'Schui gschwanzt* Wasserburg; °*dös Laasdeandl is alle Bind* [immer wieder] *zon Nachbarn umögrennt* Blaibach KÖZ; *Konnst as du net dawarten, Lausdeandl, mistig's!* Sommer Blasius III,30.

WBÖ V,65f.

[**Lehr**]**d.** Lehrmädchen, °OB, °NB vereinz.: *da Nådarön ira Löardöandl* Zandt KÖZ; *Gott sei Dank hams fian Kramerlodn … a Lehrdirndl kapt* Dorfen ED Intelligenzbl. Dorfen 19.12.2018, 18; *Swer webaermaister oder maisterinne ist, der sol haben … einen lernchneht und ein lerdierne* 1310-1312 Stadtr.Mchn (Dirr) 275,5f.

†[**Meier**]**d.** wie →*D.* 1eβ: „Die vornehmste [Bauernmagd] ist die *Obər…diə'n*, hie und da auch *Baudiə'n* oder *Maərdiə'n* genannt“ Schmeller I,541.

Schmeller I,541.– WBÖ V,66.

†[**Meister**]**d.** dass.: „Die vornehmste [Bauernmagd] ist die *Obər-* oder *Maəstə'diə'n*“ Schmeller ebd.

Schmeller I,541, 1552.

[**Mist**]**d. 1** †wie →[*Vieh*]*d.*: *Baurenweiber und Mistdirnen* Bucher Werke III, 1. Abtheilung, 58.– **2** Dim., wie →[*Laus*]*d.*2, NB, OP vereinz.: *Miistdeandl* „Schimpfwort“ Herrnthann R; *Du frεchs Mistdẽandl, du frεchs!* Aman Schimpfwb. 100.

WBÖ V,66.

[**Mittel**]**d.** wie →[*Ander*]*d.*, °OB, °NB, °OP, MF, °SCH vereinz.: °*Mitteldirn* „zweite Magd, zuständig für Melken, Stallarbeiten, Viehputzen“ Rohrenfels ND; „Auf einem Bauernhof … genau geregelte Hierarchie … *Oberdirn*, *Mitteldirn* und Hausmädchen“ Aichacher Nachrichten 20.4.2017, 2; „Im Dachauischen bekömmt … die *Mitteldirn* 10 – 13 fl., 12 Ellen Leinwand“ Westenrieder Beytr. IV,402f.

[Mitter]d. dass., °OB, °NB, °SCH vielf., °OP, °MF vereinz.: °*d Mittadirn hot de Oar am Ostermontag kriagt* Schönbichl FS; *Dirn, Mittadirn, Dreierin, Madl* Egenburg FDB; *Enka Mittadirn is do so sauber und so richti!* CHRIST Werke 552 (Rumplhanni); *Der Oberknecht aus dem löblichen Pfarhof laßt unsern Herrn fahlen für seine liebe Rosl die Mitterdirn* BUCHER Jagdlust 76.

SCHMELLER I,541.– WBÖ V,66.

[Mutter(n)]d. Dim., Lieblingstochter der Mutter, OB, NB vereinz.: *s Muattandirndl* Hengersbg DEG.

WBÖ V,66.

[Nachbars]d., [Nachbar(n)]- 1 Dim., Tochter des Nachbarn, OB, NB, OP vereinz.: *Nåhbasdeandln* Ingolstadt; *mid'm Nachbarsdeandl war I ois Gloana ab und zua undawegs* FS E. HARTL-GROETSCH, Eine Familie macht Geschichte(n), Norderstedt 2014, 206.– **2** Magd des Nachbarn, OB, NB, OP, SCH vereinz.: *d'Nåchpandian kha nöt åmåi Braud båcha* Mittich GRI; *D'Bäuerin und d'Nachbardirn* AÖ Katholisches Sonntagsbl. 6 (1854) 224.– Schnaderhüpfel: *mia is no grod Zeit so lang, um de schwarz Ofabank, um de sche Nachbasdian, i woaß mas net zkriang* Erding.

[Ober]d. wie →*D.*1eβ, °OB, °NB, °SCH vielf., °OP, °MF vereinz.: *d'Oberdirn muaß d'Küah füttern und zeiln* „melken" Marktl AÖ; *Owadian, Untadian, Haufamensch* Dommelstadl PA; „Zu Ostern ... bekommt die *Oberdirn* die Eier vom Sonntag, die *Anderdirn* jene vom Montag, die *Hausdirn* ... die vom Dienstag" Greißing MAL Bayerld 18 (1907) 401; *eine Oberdirn gibt* [dem Bader] *auf die drei Zeiten 4 R dn = 12 dn = 3 Kr* N'traubling R 1584 HARTINGER Ordnungen II,748.

SCHMELLER I,541.– WBÖ V,66.

[Rotz]d. Dim. **1** Mädchen, dem die Nase läuft, °OB, °NB vereinz.: °*putz da d'Nåsn, sunst bist a Rotzdirndl* Pittenhart TS.– **2** wie →[*Laus*]*d.*2, °NB vielf., °OB mehrf., °OP vereinz.: °*des Rotzdeandl is einfach davoglaufa* O'stimm IN; *Rozdeandl frechs! Wås foit-da denn ey?* ENDE Goggolori 61.

WBÖ V,66.

[Sau]d. 1 Schweinemagd, °OB, °NB, SCH vielf., °südl.OP mehrf., °MF vereinz.: *Saudirn* „3. Magd, die Schweine und Kleinvieh versorgt" St.Leonhard LF; *d'Sadirn* Kchbg REG; *Mei Dirndl ... Braucht koan alte Saudirn it* [nicht] *bleib'n* THOMA Werke VI,358 (Wittiber); *die Roßbuben ... Henner- und Saudiendln* BUCHER Kinderlehre 17.– **2** wie →[*Laus*]*d.*2, °OB, °NB vereinz.: °*des Saudeandl hat des angstellt* Nandlstadt FS; *Saudeandl* STA 1861 OA 121 (1997) 147.

WBÖ V,66.

[Schoß]d. 1 Dim., kleines Mädchen, das bes. verwöhnt wird, °OB, °NB, °SCH vereinz.: °*Schossdirndl* Simbach PAN.– **2** Gehilfin, Magd.– **2a** Gehilfin des Melkers: *d'Schoßdirn ... geht aufn Melcha wia Katz aufra Maus* Reit i.W. TS KIEM obb.Volksl. 23.– **2b** wie →[*Kinds*]*d.*1, °OB, °NB, °OP vereinz.: °*Schoßdirn* „Kindermädchen" Stamsrd ROD.– **2c** bevorzugte Magd, °OB vereinz.: °*Schoßdirn* Kay LF.– **3** wie →*D.*1h, °OB vereinz.: °*Schoßdirn* Lenggries TÖL.

SCHMELLER II,478.– WBÖ V,66.

[Schul(er)]d. Dim., Schulmädchen, °OB, °NB, OP vereinz.: °*Schuidiandl* Piding BGD; *Du möch'st am End' gar unserm Schulerdirndl scho' Flaus'n in Kopf setz'n?* MEIER Werke I,471 (Natternkrone).

WBÖ V,66.

[Schwieger]d. Dim., Schwiegertochter: *Schwiegadeandl* Kollnburg VIT; *Schwiegadeandl* Barbing R DWA VI,8.

†**[Spitz]d.** Spitzbübin: *Schaugts mə' no˜ dés Spitzdeənl à˜, wie ·s so gscheid rè'n kà˜* Passau SCHMELLER II,693.

SCHMELLER II,693.– WBÖ V,66.

[Stall]d. wie →[*Vieh*]*d.*, °OB, °SCH vielf., °NB mehrf., °OP vereinz.: *a Ståidian aistoin* Mittich GRI; *do hot ... d'Schtoidirn glei d'Schtoitüa aufgmacht* HÖSCHL Himmel 16; *bey disem grossen Panget der himmlischen Freud ... setzt sich zur Tafel ... eben so wol ein Stalldirn/ als ein Gräfin* SELHAMER Tuba Rustica I,237.– Phras.: *a maskieatö Schtoidian* Mensch, der auffallende Kleidung trägt Hengersbg DEG.– Klöpfelsprüche: *Wir wünschen der Stalldirn, a recht a gut's Glück, daß ihr der Melchstuhl am Arsch net o'bickt* Chron.Kiefersfdn 540.– *Wir wünschn der Stalldirn viel tausendmal Glück, Daß ihr die Blaßl viel Milli hergibt* Chiemgau Volk u. Heimat 13 (1937) 351.

WBÖ V,67.

[Stief]d. Stieftochter: *Schtiafdiandl* Miltach KÖZ.
WBÖ V,67.

[Stuben]d. wie →*[Haus]d.*, °NB, °OP vereinz.: °*Stubndirndl* Limbach PA.

[Unter]d., [Ünter]- untergeordnete zweite od. dritte Magd, °OB vielf., °NB, °SCH mehrf., °OP vereinz.: *Obadian, Mittadian, Untadian, Deandl* Hsham MB; *Obadian, Intadian, Hausmensch* Schöfweg GRA; *D' Unterdirn kimmt a so auf Lichtmeßn weg* GERAUER Bauerntisch 68; *eine Unterdirn* [gibt dem Bader] *3 R Pf = 9 Pf* N'traubling R 1584 HARTINGER Ordnungen II,748; *auf lichtmeß gibt man der ober und unterdiern ein vierling gelben oder weißen waxstockh* Ludenhsn LL 1740 Bayerld 22 (1911) 46.
WBÖ V,67.

†**[Wachter]d.** wohl Krankenwärterin: *4 Wachterdirnen* 1700 A. HUHN, Gesch. des Spitales, der Kirche u. der Pfarrei z. hl. Geiste in München, München 1893,87.

[Wirts]d. 1: *wiatsdeandl* „Tochter eines Gastwirts" KILGERT Gloss.Ratisbonense 59.– **2** Magd des Gastwirts: °*Wirtsdirn hat si heut aber machti zamgricht* Ldsham EBE; *wenn d' Wirtsdirn a Kaibi waar, dö kaffat i glei* Marzling FS R. GOERGE, Marzling, Bd 1, Marzling 2004, 135.

[Zieh]d. Ziehtochter, Pflegetochter: *Ziachdiandl* Schliersee MB. A.S.H.

-dirneln
Vb., nur im Komp.: **[kinds]d.** Kinder hüten, °OB, °NB, °OP vereinz.: *kindsdiandln* Viechtach; °*du moust heint kindsdirnln* Fronau ROD. A.S.H.

-dirnen, -dienen
Vb., nur im Komp.: **[kinds]d.** (Kinder) hüten, °NB vielf., °OB mehrf., °OP, °SCH vereinz.: °*moanst, i mog oiwei kindsdeana?* U'föhring M; °*heut muaß i dahoam kindsdirna, weil d'Muatta auf a Leich hot müassn* Fürstenstein PA; „wo er als der Älteste ... seine kleinen Geschwister *kindsdianà* mußte" Heimat Sonnen 115.
WBÖ V,67. A.S.H.

-dirnern
Vb., nur im Komp.: **[kinds]d.** Kinder hüten: °*d'Muada is ganz firtö woarn beim Kindsdirnan mit de vejn Kinder* Attenhsn LA. A.S.H.

Dirnlein
N., Kornelkirsche (Cornus mas), OB, °NB vereinz.: *Diandln* Fürstenfeldbruck; *Diə'nl, Diə'l* SCHMELLER I,541.
Etym.: Dim. zu mhd. *tirn*, wohl slaw. Herkunft; WBÖ V,92.
SCHMELLER I,541.– WBÖ V,92. A.S.H.

Tirol
N. **1** Tirol, °OB, NB vereinz.: *ausn Diroö* Aicha PA; *Er därf si ins Tirol neitrau'n* STEMPLINGER Horaz 19; *Wir Ludowig von gots gnaden ... graf ze Tyrol* Mchn 1344 Stadtr.Mchn (DIRR) 158,22-25; *banst du einmal in das dieroll hinnein komst* Ried (Samerbg) RO 1784.– „Neckreime ... *An Tirol drin is a Mo drin, hat a Kraxn mit vier Haxn, is a Hos drin, wenn ma ei'schaut, is a no drin, wenn ma'n aussaduat, is a nimma drin*" BEKH Reserl 23.
2 †: *Das Tirol* „heißt dem b[ayerischen] Flachländer ... das daran grenzende bayrische ... Land vor dem Gebirg" SCHMELLER I,618.
Etym.: Mhd. *tirol*, gleicher unklarer vorrömischer Herkunft wie der ON *Zirl*; Altdt. Namenb., Wien 1999-2014, 249.
SCHMELLER I,618.– WBÖ V,93.

Abl.: *Tiroler*[1], *Tiroler*[2], *tirolerisch*, *tirolern*.

Komp.: **[Klein]t.** Samerberg: *glǭatiroe* nach BRÜNNER Samerbg 40.

[Welsch]t. Welschtirol, Trentino, nur in Phras.: °*der is von Welschtirol* „spricht unverständlich" Pittenhart TS. A.S.H.

Tiroler[1]**, Troller, Truller**
M. **1** Bewohner von Tirol, °OB vereinz.: *Trulla* Grainau GAP; *Troler* M'nwd GAP SCHMELLER I,618.– Phras.: *schnarchen wie ein Haufen T.* stark schnarchen, OB vereinz.: *der schnarcht wiara Hafa Tirola* Aufkchn STA.– *Kropfada Türoia* „spottet man über einen Bewohner von Tirol" Marschall MB.– „Im spanischen Erbfolgekrieg unternahmen die Tiroler (1703 und 1704) ... Raubzüge ins bayrische Nachbarland: lange ... blieb ihnen der Name *g'stohlne Tiroler*" STEMPLINGER Altbayern 146.– Spottreime: *Ti-*

roija und a Schwåb is Spitzbua bis ans Gråb Waakchn MB.– †: *Tiroler, Küəholer, és* [ihr] *Glábmstreiter, és Posthausráber, és Hungə'leidə'* „Reime … die sich noch auf die … 1809 … verübten Plünderungen beziehen" M'nwd GAP Schmeller ebd.– Ortsneckerei: „Lamer Winkel [KÖZ]: *Tiroler, Schweinstiroler*" Oberpfalz 70 (1982) 66.
2 übertr. von Menschen.– **2a** Mensch mit Kropf: °*a kropferter Tiroler* Parsbg MB.– **2b**: *Troler* Hausierer Schwabniederhfn SOG.
3 Kropf: °*Herrgod, hot der an Tiroler dran* Haselmühl AM.
4 best. Peitsche, MF vereinz.: *Tiroller* „für Gäule" Enkering EIH.
5 Eisscholle auf dem Inn, °OB vereinz.: °*Diroja* Wasserburg.
6: *Tiroler* „schwarzer Kaffee" Bayerwald 25 (1927) 159.
7 Steckrübe (Brassica Napus Napobrassica): *Dotschn, Diroa* Mittbach WS.

Schmeller I,618.– WBÖ V,93f.

Komp.: [**Krahen-hügel**]**t.** Flachlandtiroler: *grǭu̯ahīgldirōla* „scherzh. … männliche Person, die in alpenländischer Tracht durch die Gegend geht" nach Denz Windisch-Eschenbach 184.– Zu einem Fln.; ebd. 171.

[**Flach-land**]**t.** **1** dass.: „Kurze Lederhosen … und ein kariertes Hemd … was für ein *Flachlandtiroler*" Markt Schwaben EBE SZ Ebersberg 55 (1999) Nr.90,2.– **2**: *zaundürrer Flachlandtiroler* „magerer Mensch" Lenggries TÖL.

[**Salon**]**t.** wie →[*Krahen-hügel*]*t.*: *Do schau her, insa … Salontirola mecht 's Schuahplattln … learna* Binder Saggradi 183. A.S.H.

Tiroler², **Truller**

Adj., unflekt., aus Tirol stammend, nach Art der Tiroler, OB vereinz.: *Tirolar Oararing* O'ammergau GAP; „*Kelheimer* oder *Tiroler Plätte*" Altb.Heimatp. 59 (2007) Nr.2,7; *Der Tyroller Hannes … ein Schuhmacher von Jnspruck gebürtig* Landstreicherord. 20. A.S.H.

tirolerisch

Adj., nach Art der Tiroler, in Tirol üblich: *Rindfleisch auf Tyrolerisch* Huberinn Kochb. 53; *hat ein außländisch und Tyrolerische grobe Außsprach* Landstreicherord. 20.

WBÖ V,94. A.S.H.

tirolern

Vb., nach Art der Tiroler sprechen: °*er tirolert* Marquartstein TS.

WBÖ V,94. A.S.H.

dirr →*dies*.

dirz, ihr, →*es*².

dis

Interj., Lockruf für Geflügel, in Wiederholung u. Abwandlungen, °OB mehrf., °OP, SCH vereinz.: *disi disi* Wasserburg; *dis dis disela* Kchnthumbach ESB; *Diesala – Diesala* „Lockruf für Entlein" Konrad nördl.Opf. 55.

Etym.: Onomat.; WBÖ V,94.

Schmeller I,547.– WBÖ V,94.

Abl.: *Diselein, Diserer*. M.S.

Tisch

M. **1** Tisch, Möbelstück, °OB, °NB vielf., °MF, °OF mehrf., °Restgeb. vereinz.: *kommts, s Essn steht aufm Disch!* Wasserburg; *a runda Diesch* Vilstal; °*verschdeck di undan Diesch!* Regelsbach SC; *ein Tischerl vors Bett gerückt* Diess Stegreif 190; *Mensis tiscin* Rgbg 9./10.Jh. StSG. II,346,37; *er hat lassen ain … truhen … und ain gevalten tischs und ain schaiblachen* [runden] *tischs* 1361 Rgbg.Urkb. II,208; *3 Tisch, ainer mit Schublad* Wildenau NEW 1593 Oberpfalz 77 (1989) 230 (Inv.).– Phras.: *auf dem beinenen T.* u.ä. auf den Knien (als Ablagefläche), OB, NB vereinz.: *aufm boanan Tisch össn* Mittich GRI.– „An der *Kirwa* wird aufgetragen, *daaß se d Tiisch böigt* [reichlich]" Singer Arzbg.Wb. 237.– *Sich unter / hinter den T. verkriechen* u.ä. sich fürchten, eingeschüchtert sein, °OB, °NB, °OP, °SCH vielf., °Restgeb. vereinz.: °*der muaß untan Tisch eini* „von einem Ehemann, der unter dem Pantoffel steht" Erding; °*dai Ålte deaf jå nea as Mail aafmåchn, nau vakröichst de du scho untan Tisch* Sulzbach-Rosenbg;– °*du musst eh untern Tisch aussaschaun* „von einem Mann, dessen Frau das Sagen hat" Lindbg REG, ähnlich °OB vereinz.;– °*dea muaß as Fuchsgerl unterm Tisch suachn* furchtsam sein Eschenlohe GAP.– *Sich unter / hinter den T. verkriechen* u.ä. Scham empfinden, °OB, °NB, °OP vereinz.: °*der därf si untern Tisch verkriacha* „sollte sich schämen"

Schönbichl FS.– °*Untern Tisch neihaun* zurückweisen, ausschelten Perach WS.– *Auf den T. schlagen / hauen* u.ä. deutlich seine Meinung sagen, ein Machtwort sprechen, °Gesamtgeb. vielf.: °*låß dir nix gfoin vo deina Oidn, hau hoit a amoi aufn Disch!* Pörnbach PAF; °*do hob i am Tisch gschlong und stad sans gwen* O'viechtach; *am Diesch hauer* „für Ordnung sorgen" Maas Nürnbg.Wb. 100;– prahlen, großtun, °Gesamtgeb. vereinz.: °*hau net gar so in Tisch nein!* gib nicht so an! Rehling AIC; °*der schlogt awa heid wida aufn Disch!* Hohenthann ROL.– *Über den T. blasen / spielen* u.ä. während des Hochzeitsmahls von den Gästen einen Beitrag für die Blasmusik einsammeln, °OB mehrf., °Restgeb. vereinz.: °*d Musi blost übern Tisch* Tandern AIC; °*übern Tisch spuin* „die Musikanten gehen von Tisch zu Tisch, blasen ein Stück und bekommen dafür Geld" Wiesenfdn BOG; „die Musiker *blasen über den Tisch* und legen einen Teller auf" LF Lentner Bavaria Voralpenld 24.– *Über den T. schenken* u.ä. dem Brautpaar Geld schenken, °OP vereinz.: °*üwan Tisch schenkn* Sulzkchn BEI; „*Über'm Tisch schenkte* man, indem man in eine Schüssel, die mitten auf dem Tisch stand und mit einem Tuch zugedeckt war, Geld legte" Mimbach u. Mausdf 144.– *jmdn über den T[isch] ziehen* „übervorteilen, übertölpeln" [4]Zehetner Bair.Dt. 347.– *Von T. und Bett getrennt sein* u.ä. nicht mehr in ehelicher Gemeinschaft leben, geschieden sein, OB, NB vereinz.: *die sand vo Tisch und Bett trennt* Haag WS; *Werden aber zwey rechte Eheleut … zu Tisch vnd Beth gescheyden* Landr.1616 204;– *die kemma scho no vo Diesch und Bett* „von einem unfriedlichen Ehepaar" Staudach (Achental) TS.– *'gess'n wird, wos aam Tisch kummt!* nördl.OP Oberpfalz 80 (1992) 142.– *T. rucken* u.ä. die Hochzeit nachfeiern, °NB, °OP vereinz.: *Düschruggn* „es wird der Eßtisch im Zimmer herumgerückt, wobei Teller und Krüge zu Bruch gehen" Michelfd ESB; *Den Tisch rucken* „acht Tage nach der Hochzeit" OP Schmeller I,628; *N' Tisch ruckn* OP Zaupser 77;– °*Tisch rucken* „am Abend vor der Hochzeit den Polterabend feiern" Berching BEI;– „nach dem Umzug in eine andere Wohnung gute Bekannte einladen und bewirten … *Mir kumma scha a wäng zan Tischlruckn*" Singer Arzbg.Wb. 237;– eine best. spiritistische Sitzung abhalten, °OB, °NB, °OP vereinz.: °*Tischrucka* „Geisterspiel" Eggenfdn; „Auch das *Tischlrücken* … hat man getrieben" nördl. OP Steinwald-Kurier 6.5.1989, 7.– *Drah liaba n Diesch ganz ummi, daß d Haxn obnat sann!* „was für ein Unsinn!" Staudach (Achental) TS.– °*Der Tisch hat sein Recht* „eine ausgespielte Karte darf nicht zurückgenommen werden" Hahnbach AM.– *Da vierte Spieler ghört untern Tisch* „der Zuschauer soll sich nicht ins Kartenspiel einmischen" Regen, ähnlich °OB, °OP vereinz.– †*Kost über T. genießen* im Austrag am Tisch der Erben essen: „es ist ihnen … das vorhandene *Stübel* zur Wohnung einzuräumen und die *Kost über Tisch geniesen* zu lassen" Langengeisling ED 1801 Die Pflugschar 1 (1975)10.

2 Tischgesellschaft: „Kirchweih … Früher war es allgemein üblich *nach Tischen* zu zechen und zu tanzen, d. h. es bildeten sich Gruppen von Verwandten und Befreundeten, welche den Wirth und die Spielleute aus gemeinsamer Kasse bezahlten" OB Bavaria I,382; *Derwei is in Ofatisch dål* [da] *a Tisch vojj borananer gwen* Haller Bodenmaiser Sagen 82.– †Phras.: „Öffentliche Feste u. Gebräuche … *das Tischzechen* von 20-30 Personen" OB Lentner Bavaria Voralpenld 50.

3 Anzahl von Sitzplätzen, Teilnehmern, v.a. bei einer Hochzeit.– **3a** Sitzplätze u. Verköstigung für (ungefähr) zehn Personen, °OB, °NB, °MF vereinz.: °*für d Houzat brauch ma siebn Tisch* Edelshsn SOB; *séchs Tisch ei˜dingə˜* „ein Hochzeitmahl zu … 60 Personen bestellen" Schmeller I,628.– **3b** (ungefähr) zehn an der Feier teilnehmende Personen, °OB, °NB vereinz.: °*wüiviel Tisch hant denn gwen a dera Houzat? – Zöha Tisch* „hundert Personen" Eging VOF; „Ein *Tisch* zählt zwölf Personen. Die Größe der Hochzeit wird nach *Tischen* berechnet" Kriss Sitte 137; *indem er auf seiner Hochzeit vier Tisch gehabt* Haselbach BUL 1581 Oberpfalz 94 (2006) 78.

4 Mahlzeit, Kost.– **4a** Mahlzeit, Essen, in präp. Fügungen: *gon Disch geh* „zum Essen" Valley MB; *Diser kaiser verschied iämerlich … ob ainem tisch* [während einer Mahlzeit] Füetrer Chron. 153,8f.– **4b** †freie Kost: *Andr. Strobl … Hat den Tisch beim Kanoniker Strauß* Laufen 1673 BJV 1953,157.– Phras. *zu Gottes T. gehen* u.ä. die Hl. Kommunion empfangen: *ein iklichs mensch das zu gots tisch gangen ist* Geisenfd PAF 14./15.Jh. Grimm Weisth. VI,191; *welche … Gottes Tisch besuecht haben* 1754 Schrobenhsn. Stadtrechtsb. 71.

5 †Verkaufsstand: *von einem tisch der in der wochen zu marcht stet, der gibt 1 hallar an der tult* Geisenfd PAF 14./15.Jh. Grimm ebd. 185.

6 Platte an der Dreschmaschine zum Einlegen des Getreides: *da Diesch* Vohenstrauß; „Vor dem schrägen *Tisch* hat der Garbenaufschneider seinen Platz" NB Wiethaler Bauern Brot 51.

Etym.: Ahd. *tisc*, mhd. *tisch* stm., aus lat. *discus* ‘Scheibe, Platte, Schüssel’; KLUGE-SEEBOLD 918.

SCHMELLER I,628; ZAUPSER 77.– WBÖ V,94-97.

Abl.: *tischeln, -tischen, Tischler, Tischlerei, tischlern.*

Komp.: [**Arbeits**]**t.** Arbeitstisch, OB, NB vereinz.: *Orwettsdiesch* Staudach (Achental) TS.

WBÖ V,97.

[**Bäcker**]**t.**: *Böckatischl* „Eisenplatte vor dem Wohnstubenfenster, von der aus die Bäcker Brot verkaufen“ Straubing.

[**Bank**]**t.**, [**Bänk**(**e**)**lein**]- **1** Tisch mit Fußbrettern, °OB, °NB, °OP vereinz.: °*Bangeidisch* Moosach EBE.– **2** Tisch mit (fest verbundener) Sitzbank, °OB, °NB, °OP vereinz.: °*Bankltisch* „neben der Ofenbank“ Thanning WOR; °*Bankltisch* „im Eck der Wirtsstube“ Hexenagger RID.

[**Bänkel**]**t.** Tisch im Wirtshaus, an dem das Kartenspiel →*bänkeln*[2] gespielt wird, °OP vereinz.: °*Bankltisch* Sulzkchn BEI.

[**Bauern**]**t.** Tisch nach bäuerlicher Art, °OB, °NB, °OP vereinz.: °*da Bauantisch in da Herrgottseckn* Wildenroth FFB.

[**Beiner**]**t.**: *Boanatisch* „die Knie“ Tegernsee MB.

[**Pfeifer**]**t.**: °*Pfeifertischl* „Nebentisch, an dem die Kinder essen“ Steinhögl BGD.

[**Bier**]**t.** Wirtshaustisch, OB, °NB vereinz.: *am Biadisch dezein* Mittich GRI; *vom Bierdisch hoamganga* Seiboldsdf ND BÖCK Sagen Neuburg-Schrobenhsn 162.

WBÖ V,97.

[**Bögel**]**t.**, [**Bügel**]- Tisch zum Bügeln, OB, NB, OP, SCH vereinz.: *Beegldisch* Derching FDB; *Aufm Bigldisch hot a Biglkissn und a Krongklotz auf de tägliche Vowendung gwart* PINZL Bäuerin 165.

WBÖ V,97.

[**Braut**]**t.**, [**Bräute**]- Tisch der Braut beim Hochzeitsmahl, °OB, NB, OP, SCH vereinz.: *Breidtisch* Hundham MB; „*ön Braddisch* sitzt die Braut, der Bräutigam an einem anderen Tisch“ St. Englmar BOG; *Iatz waar der Brauttisch zum Verrichten* SCHMALHOFER Brautweiser 12.

SCHMELLER I,371.– WBÖ V,97f.

[**Brot**]**t.** Verkaufsstand für Brot, OB, OP vereinz.: *Bråuttisch* Kohlbg NEW; *von der prottisch wegen auf der Donawprukk darauf si nicht vail wollent lassen haben* Rgbg 1395 VHO 42 (1888) 301.

SCHMELLER I,628.– WBÖ V,98.

[**Burschen**]**t.** Tisch der unverheirateten Burschen beim Hochzeitsmahl, OB vereinz.: *da Burschntisch* Aubing M.

Mehrfachkomp.: [**Hand-werks-burschen**]**t.** Wirtshaustisch, an dem sozial niedrigstehende Personen sitzen, NB, °OP vereinz.: *da Handweaksbuaschndiesch* „neben der Eingangstür“ Mengkfn DGF; „Am *Handwerksburschentisch* hockte der *Girgl* und zahnte recht hinterhältig in seinen Maßkrug“ Altb. Heimatp. 6 (1954) Nr. 37,7.

[**Mit-tags**]**t.** Mittagsmahl: *Bal 's zwöife läut', ham mir unsern Mittagstisch – einfach, aber guat bürgerli* SZ 11 (1955) Nr. 84/85,10.

[**Aus-trag**(**s**)]**t.** Tisch, an dem die Austrägler essen, °OB vereinz.: °*Ausdrogdischal* Rechtmehring WS.

[**Dresch**]**t.**, [**Drisch**]- wie →*T.* 6, OB, NB, OP vereinz.: *Drischtisch* „beim Stiftendrescher“ Fürstenfeldbruck.

†[**Truhen**]**t.** Tisch mit Schublade: *2 lär truhentisch* Rain SR 1547 Rgbg u. Ostb. 117 (Inv.).

[**Ehren**]**t.** Tisch des Brautpaars beim Hochzeitsmahl, OB, NB, OP vereinz.: *da Eandiesch* „im Herrgottswinkel“ Stadlern OVI.

[**Vater**(**n**)]**t.** Tisch der Väter des Brautpaars beim Hochzeitsmahl, NB vereinz.: *Vådandisch* Innernzell GRA; „Am *Vaterntisch* saßen die zwei *Vatern* (Trauzeugen) und weitere Onkel und Tanten“ SCHMALHOFER Brautweiser 8.

[**Fäu**(**en**)]**t.** tischartige Vorrichtung zum Sieben des Getreides, °OB, °NB, °OP vereinz.: °*Fahtisch* „Vorläufer der Windmühle zum Reinigen des Getreides“ Dingolfing.– Zu →*fäuen* ‘sieben’.

WBÖ V,98.

†[**Fleisch**]**t.** Verkaufsstand für Fleisch: *Iz schol auch der Juden vlaisch. ninder vail sein. won vor den flaischtischen* 1307 J.G.B. HUBER, Gesch. der Stadt Burghausen in Oberbayern, Burghausen 1862, 144; *an dem ekk gegen den fleischtischen vber* 1428 JberHVS 7 (1904) 11.

SCHMELLER I,628, 798.– WBÖ V,98.

†[**Gab**]**t.** Tisch, auf den die Hochzeitsgäste ihre Geschenke legen: „Der *Brauttisch* (*Gabtisch*) ... darauf ... eine zinnerne Schüssel mit einem silbernen Boden [für Geldgeschenke]" OP Bavaria II,288.

[**Dar-auf-geher**]**t.** Tisch der ungeladenen Gäste (→[*Dar-auf*]*geher*) bei der Hochzeitsfeier: *Draufgeadisch* Meßnerschlag WEG.

†[**Halb**]**t.** Tisch mit halbrunder Platte: *1 Halbtisch* Gögglbach BUL 1559 Oberpfalz 5 (1911) 128 (Inv.).

[**Ehe-halten**]**t.** Dienstbotentisch: *Ehoidndisch* Mengkfn DGF; „Stube ... In der Ecke ... steht der mächtige *ēhɔi*[d]*ndīš*" EID Bauernhaus 22.

[**Hänge**]**t.** an der Wand befestigter Klapptisch: *Hängdiesch* Staudach (Achental) TS; „in der Ecke neben der Stallthüre ... eine Wandbank mit einem kleinen *Hängtischl*" südl.OB LENTNER Bavaria Almen 17.

WBÖ V,98.

Mehrfachkomp.: [**Auf-hänge**]**t.** dass., °OB vereinz.: *a Aufhängtisch* „an der Wand befestigt, mit einem eisernen Fuß" Haag WS.

WBÖ V,98.

[**Herren**]**t. 1** Tisch für sozial höherstehende Personen.– **1a** für Honoratioren reservierter Tisch: *Herrntisch* „für angesehene Personen" Ruhpolding TS; „*Herrentische* kosten wohl 4 bis 5 fl., ohne Brod und Trunk" Churpfalzbaier. Intelligenzbl. 9 (1804) 401.– **1b** Tisch, an dem der Bauer u. die Bäuerin essen, NB, °OP vereinz.: °*er mou am Kåtzndischl ässn und derf niat an Herrndiesch* Pertolzhfn OVI.– **2**: *Herrentisch* „gute Kost" Wasserburg.

WBÖ V,98.

Mehrfachkomp.: [**Jung-herren**]**t.** wie →[*Burschen*]*t.*, OB, NB vereinz.: *Junghäandisch* Rosenhm; „an die Brautleute anschließend, ist der *Jungherrntisch*, an dem die Jungherren mit den ihnen zugeteilten Jungfrauen Platz nehmen" Leizachtal 239.

[**Herrschafts**]**t.** wie →[*Herren*]*t.* 1b: „der *Herrschaftstisch* war der Bauersfamilie vorbehalten" Edelsfd SUL REGLER Opf.Dorf 76.

[**Katzen**]**t. 1** Katzentisch, abseits stehender kleiner Tisch, °OB, °OP mehrf., °Restgeb. vereinz.: °*duat mer load, muscht am Katzadischla Platz nemma* O'ammergau GAP; °*d Dienstbotn sitzn am Katzntischl* Nittenau ROD; *Katzädiisch* „schlechtester Tisch in einem Lokal" Thierstein WUN; „die drei *Katzentischerl* auf der Genfer Konferenz" Mchn.Stadtanz. 15 (1959) Nr.20,3; *daß ich zu Mittag an dem sogenannten Katzentisch'l bey Wasser und Brod speisen sollte* BUCHER Werke III, 1. Abtheilung, 230.– Phras. *am K. sitzen* u.ä. eine untergeordnete Rolle spielen, nicht ernst genommen werden, °OB, °NB vereinz.: °*am Katzntischerl sitzn müssn* N'viehbach DGF; „Bayern sitzt also wieder am *Katzentischl*" Die Volksbötin 2 (1850) 262.– **2** Fußboden, °OB, °NB, °OP vereinz.: °*Katzentischerl* Brunnen SOB; *Katzntischerl* HÄRING Gäuboden 150.

SCHMELLER I,1315.– WBÖ V,98f.

[**Klapp**]**t.** wie →[*Hänge*]*t.*, OB, NB vereinz.: *Klapptischl* Passau.

WBÖ V,99.

[**Kränzlein**]**t. 1** Tisch der Kranzljungfern beim Hochzeitsmahl, NB, OP vereinz.: *Granzldisch* Ettling LAN; „Am *Kranzltisch* saßen die Vorgeher mit den *Kranzljungfrauen* und die übrigen Onkel und Tanten" SCHMALHOFER Brautweiser 8.– **2** wie →[*Ehren*]*t.*: *Kranzltisch* „Tisch, an dem die Brautleute sitzen" Wdsassen TIR.

[**Kuchel**]**t.** Küchentisch, OB, NB, OP vereinz.: *Kuchldisch* Mittich GRI; *Sie ... stellt ihran Korb ab und hockt si an Kuchätisch hi* HALTMAIR G'rad mit Fleiß 78.

WBÖ V,99.

[**Laden**]**t.** Ladentisch, °Gesamtgeb. vereinz.: °*Lodntiesch* Leerstetten SC; *de Vakeifere ... haout ... dean Zucka ... inara Guggern* [Tüte] *eigwoong, und iwan Loontiesch iweglangt* SCHMIDT Säimal 6.

[**Laus**]**t.** wie →[*Hand-werks-burschen*]*t.*: °*Laustischl* „abseits von den anderen Gästetischen, für Handwerksburschen und Bettler" Reichersbeuern TÖL.

[**Spiel-leute**]**t.** Tisch der Musikanten bei der Hochzeitsfeier: *Spielleuttisch* Ruhpolding TS.
WBÖ V,99.

[**Mahl**]**t.** Tisch für Hochzeitsgäste: *d Molltisch* Tittling PA.
WBÖ V,99.

[**Männer**]**t.** Tisch der verheirateten Gäste beim Hochzeitsmahl, OB vereinz.: *Manadisch* Hundham MB.
WBÖ V,99.

[**Maschin(en)**]**t.** wie → *T.*6, OB, OP vereinz.: *Maschitisch* O'viechtach.
WBÖ V,99.

†[**Münz**]**t.** Wechseltisch der Münzer: *bei den muͤnztischen* Rgbg vor 1361 Forschungen z. Kultur- u. Litgesch. 14 (1906) 131f. (Zolltarif).

[**Musikanten**]**t.** wie → [*Spiel-leute*]*t.*, °OB, °NB, °OP, °MF vereinz.: °*Musikantntischl* „die Musikanten sitzen ganz hinten" Schönsee OVI.– Phras.: *oanar ainöfåhrn bis zum Musikhantntischl* „Geschlechtsverkehr haben" Aicha PA.
WBÖ V,99.

[**Nach**]**t.**: *da Nåutisch* „Nachtisch: Torte und Wein" Naabdemenrth NEW.
WBÖ V,100.

[**Nacht**]**t.** meist Dim., Nachttisch, OB, NB, OP, MF, SCH vereinz.: *Nochddischl* Elbach MB; *Noattischl* Wdsassen TIR; *hab' ich mich auszog'n, das Nachttischl zu mein' Kopf hingestellt* Fliegende Bl. (Mchn) 28 (1858) 179.

[**Aus-nahms**]**t.** wie → [*Aus-trag(s)*]*t.*: °*Ausnahmstischl* „kleiner Tisch, an dem der Austragsbauer ißt" Eining KEH.

[**Ofen**]**t.** Tisch nahe am Ofen, °OB, NB vereinz.: °*Ofntischl* Thanning WOR; *Wie i in d'Stub'n einikimm, sitzt da der Groanetmüllnerhelmi* [PN] *alloa beim Ofatisch* Meier Werke I,141 (G'schlößlbauer).
WBÖ V,100.

†[**Reihe**]**t.** Verköstigung des Schullehrers reihum durch die Dorfgemeinschaft: „Noch entwürdigender als die Abholung der Naturalien durch den Lehrer war die Einrichtung des … *Reihetisches*" NB 2.H.19.Jh. Altb.Heimatp. 44 (1992) Nr.32,21.

†[**Reise**]**t.** Klapptisch für Reisen: „zusammenklappbare *Rais Tische*" Wunsiedel um 1650 Singer Kloaida-Schrank 6.

†[**Rund**]**t.** Tisch mit runder Platte: *In zwei zimern bei den caminen … 4 rundtisch* Lichtenbg LL 1603 SbMchn 1910, 5. Abhandlung 9 (Inv.).

[**Schank**]**t.** Schanktisch, °OB, °NB, °OP, °SCH vielf., °Restgeb. vereinz.: *der Schankdisch* Staudach (Achental) TS; *Schank…tisch* ⁴Zehetner Bair. Dt. 298.
WBÖ V,100.

[**Scheiben**]**t.** wie → [*Rund*]*t.*: *Scheimtisch* O'audf RO.
WBÖ V,100.

[**Schenk**]**t. 1** wie → [*Schank*]*t.*, °OB, °NB, °OP, °MF, °SCH vereinz.: *am Schenkdisch steh* Mittich GRI; *Am fletz herniden Im haws Item ain schenck tisch* 1495 Stadtarch. Rgbg Inv. Aman, fol.22ᵛ.– **2** wie → [*Gab*]*t.*, °OB, °NB, °OP vereinz.: *zum Schenktisch vorgehn* Haimhsn DAH; „Auf den *Schenktisch* kamen drei Weingläser, eines für den Hochzeiter, eines für die Braut und eines für den Gast" Schmalhofer Brautweiser 12.

[**Be-schlag**]**t.**: °*Bschlogtischl* „Tisch in der Schmiede mit dem Werkzeug zum Beschlagen" Breitenbg WEG.

†[**Schneid**]**t.** Tisch, an dem Tuch zum Verkauf abgeschnitten wird: *oben an dem egk vnder den sneittischen gen dem margt* Mchn 1323 Urk. Raitenhaslach 554.
Schmeller I,628, II,568.– WBÖ V,100.

Mehrfachkomp.: [**Zu-schneid**]**t.** Tisch, an dem der Schneider den Stoff zuschneidet, OB, NB, OP vereinz.: *Zouschneidtisch* Wdsassen TIR.
WBÖ V,100.

[**Schneider(s)**]**t.** Arbeitstisch des Schneiders, OB, °NB, OP, SCH, °MF vereinz.: °*Schneidasdiesch* Regelsbach SC.
WBÖ V,100.

[Schreib]t. Schreibtisch: °*an neia Schreibdiisch brauchma aa amal wieda* Windischeschenbach NEW; *dann schaugst, dasd den Schreibdisch … so schnei wia möglich eiramst* F. STANGELMEIER, Mord im Eisbach, Norderstedt 2014, 190; *ein schreib tisch dor Inn ettliche Register* 1495 Stadtarch. Rgbg Inv.Schirlinger, fol.4[r].
WBÖ V,100f.

[Spiel]t. wie →*[Spiel-leute]t.*, NB, °OP vereinz.: *Schpültisch* „Musikantentisch" Herrnthann R; „*Spieltische* in Dult- und Marktzeiten auszusetzen ist verboten" Mchn 1731 G. DÖLLINGER, Repertorium der Staats-Verwaltung des Königreichs Baiern, Bd 6, München 1817, 235.
WBÖ V,101.

[Stamm]t. für Stammgäste reservierter Wirtshaustisch, OB, NB vereinz.: *da Stammdisch* Staudach (Achental) TS; „Als neuer Gast kommt der Schulmeister … zum *Stammtisch*" LETTL Brauch 63.
WBÖ V,101.

[Wasch]t., [Wäsche]- 1 Tisch zum Wäschewaschen, °OB, NB, OP, °MF, °SCH vereinz.: *Wäschtiesch* Türkenfd FFB.– **2** Tisch mit Waschschüssel, OB, NB vereinz.: *Woschdiesch* Staudach (Achental) TS; *Waschtischerl mit Loch und innen ein Kübel mit Sägleim* [Sägemehl] K. VALENTIN, Kurzer Rede langer Sinn, München 1990, 263.
WBÖ V,101.

[Wirts]t. wie →*[Bier]t.*: *An Wirtstisch loßt si dös net sogn* GRAF Werke XI,1,505.

[Hoch-zeit]t. 1 wie →*[Ehren]t.*, OB, NB, OP vereinz.: *Hoazatdisch* Gallenbach AIC.– **2** wie →*[Mahl]t.*, OB, NB, OP vereinz.: *Hauzaddisch* Innernzell GRA.
WBÖ V,101.

[Aus-zieh]t. Ausziehtisch, OB, NB vereinz.: *a Auszoigdisch* Mittich GRI; *1 Ausziehtisch in der Wohnstuben* WUN 1683 SINGER Vkde Fichtelgeb. 24.
WBÖ V,101.

[Aus-zug(s)]t. dass., OB, NB, OP vereinz.: *Aszugstisch* Wdsassen TIR.
WBÖ V,101. M.S.

Dischel →*Distel.*

tischeln
Vb., sich nach dem Essen am Tisch unterhalten, °OB, °OP, °MF, °SCH vereinz.: °*unsa Knecht tuat nåch da Suppm a bisserl tischln* O'appersdf FS; *er tischelt gar gern* DELLING I,127.
DELLING I,127; WESTENRIEDER Gloss. 582.– WBÖ V,101f.

Komp.: **[auf]t.**: °*Lügn auftischln* „auftischen, erzählen" Hart AÖ.

[ver]t.: °*des san dö oitn Weiba, de ois vatischln* „weitererzählen" Rottach-Egern MB. M.S.

-tischen
Vb., nur im Komp.: **[auf]t. 1** Speisen u. Getränke auftragen, °NB vereinz.: *affdischn* O'diendf PA.– **2** auftischen, erzählen, °NB, °OP, °SCH vereinz.: °*briawarm håt a alles aftischt* Rgbg; *auftischn* „alte Geschichten, Märchen o. Lügen" BERTHOLD Fürther Wb. 12.
WBÖ V,102. M.S.

Tischler
M., Schreiner, OB, NB, OP, MF vereinz.: *da Dischla* Mittich GRI; *Schreina, so hoaßen mir … heut, Kistler und Tischler früahrerszeit* DINGLER Handwerksleut 17; *2 Färber, 2 Seilerer, 3 Tischler oder Schreiner* Tittmoning LF HÜBNER Salzburg I,89.
DWA IX,K.5.– WBÖ V,102. M.S.

Tischlerei
F., Schreinerwerkstatt, OB vereinz.: *Tischlarei* O'audf RO.
WBÖ V,103. M.S.

tischlern
Vb., durch Schreinern herstellen, OB, NB vereinz.: *dischlarn* Staudach (Achental) TS.
WBÖ V,103. M.S.

Diselein
N. **1** Küken, °OB, °NB, °OP, MF vereinz.: °*mei, san dös nette Diesaln!* Hohenpeißenbg SOG; *Gansl, Dieserler* Mühlhsn NM DWA XV,65.– Auch (schwaches) Huhn, °OB vereinz.: °*Disei* Rettenbach WS.
2 vom Menschen.– **2a** nettes, hübsches Mädchen: °*håst gesdad aufd Nåchd dei Diesal hoamgfird?* Ebersbg.– **2b** schwächlicher, sensibler,

schüchterner Mensch, °Gesamtgeb. vereinz.: *dös is a Disal* „zart veranlagt" Erling STA.

SCHMELLER I,547.– WBÖ V,94. M.S.

Diserer

M., Enterich: *Dieserer* Vilseck AM; *Diesera* Altendf ESB DWA VII,28. M.S.

diskurrieren, dischkerieren

Vb. **1** erörtern, diskutieren, °OB, °NB vereinz.: °*dischgrian* Töging AÖ; *die traurige Affär mit deim Bruada … die hab i mit deim Vadda scho dischkriert* LOEW Grattleroper 38.– Auch; *tìiskrirn* „streiten" Neuburg nach WEBER Eichstätt 149.
2 reden, plaudern, °OB mehrf., °Restgeb. vereinz.: °*mit lauter Dischkeriern vergeßts es aufs Essn* O'stimm IN; °*mid wen hosdn dischgriad?* „dich unterhalten" Neufraunhfn VIB; *As is mit ihr so guat z'dischkriern* SCHWÄGERL Dalust 25; *von alten Begebenheiten mit ihme freundtlich discuriert* MÖHNER Schwedenzeit 30.– Part. Präs.: *a Dischgrirade* „redselige Frau" Kchhm LF.– Auch gestikulieren, OB vereinz.: *dea dischkariat a mit dö Händ* O'audf RO.
3 babbeln (von kleinen Kindern), OB, NB vereinz.: *s Dischkarian åfanga* ebd.
4 übertr. ein brutzelndes Geräusch machen: °*wenn die Dampfnudln s Dischkriern ofanga, sans boid ferte* Gauting STA.

Etym.: Aus spätlat. *discurrere*; PFEIFER Et.Wb. 230.

SCHMELLER I,549.– WBÖ V,103f.

Abl.: *Diskurrierer*.

Komp.: [**aus**]**d. 1** besprechen, ausdiskutieren, OB, NB vereinz.: *ebbs ausdischkrian* Reisbach DGF; *dös sell könna mir mit Ruah ausdischkrier'n* THOMA Werke VII,43 (Altaich).– Auch: *so, itzt hama mitananda ausdischkriert!* „jetzt sage ich nichts mehr, weil du mich beleidigt hast" Haag WS.– **2**: *oam wås ausdischkeriern* „aus dem Kopf reden" Passau.

WBÖ V,103.

[**mit**]**d. 1** im Gespräch etwas Sinnvolles zum Thema beisteuern: *da kannst du net mitdischkriern* „das verstehst du nicht" Haag WS.– **2** seinen Einfluß geltend machen: *da muß halt die Obrigkeit ein bissel mitdischkriern* QUERI Von kl.Leuten 118. M.S.

Diskurrierer, Dischkerierer

M. **1** jmd, der gern u. viel redet, OB, NB, OP, SCH vereinz.: *da kloa Bua is a Dischkuariara* Mittich GRI.
2: *a Dischkriera* „jemand, der gern streitet" Haag WS.

WBÖ V,104. M.S.

Diskurs, -kursi, -kur, -krurs

M. **1** Diskussion, Streitgespräch, OB, °NB vereinz.: *di ham an argn Dischkurs mitanander ghabt* Haag WS; *wǫs håots ēs fia an diškuas?* Pfraunfd WUG nach WEBER Eichstätt 149.
2 Gespräch, Unterhaltung, °OB, °NB, OP, OF vereinz.: *an Dischkhuas åfånga* Aicha PA; *Des macht na unsern Dischkursi glei leichter* KOBELL-WILHELM Brandner Kaspar 66; *Wür wurden bei unserm Würt mit mer Discurs als Speisen tractiert* MÖHNER Schwedenzeit 42.
3 Geschwätz, dummes Gerede, OB, NB vereinz.: *Dischkur* Engedey BGD.
4 unschickliche Ausdrucksweise, OB, NB, SCH vereinz.: *di håm an sauwan Dischkuus kåt* „schmutziges Gerede" Kochel TÖL; *dös is a so a Dischgruas!* „so zu reden, schickt sich doch nicht!" Lichtenbg VIB.

Etym.: Aus spätlat. *discursus* 'Verkehr, Umgang, Gespräch'; PFEIFER Et.Wb. 230.

WBÖ V,104f.

Komp.: [**Bier**]**d.** Wirtshausgerede: *Biadischkhuas* Aicha PA.

[**Weiber**]**d.** Weibergeschwätz: *Waiwadischkhuas* ebd.

WBÖ V,105. M.S.

diskutieren

Vb., Part.Präs.: *dischkutierat* streitsüchtig Heiligenbg EG.

Etym.: Aus lat. *discutere* 'zerlegen'; KLUGE-SEEBOLD 205. M.S.

Dispens

F., M. **1** Ehedispens, OB, NB, OP, SCH vereinz.: *dö hobm sogoar an Dischbens braucht* „wenn nahe Verwandte heiraten" Adlersbg R.
2 †: *eine Dispens* „Behältniß von Eß- und Trinksachen" WESTENRIEDER Gloss. 107.

Etym.: Aus mlat. *dispensa*; PFEIFER Et.Wb. 231.

WESTENRIEDER Gloss. 558.– WBÖ V,105.

Komp.: [**Ehe**]**d.** wie →*D.*1, OB, NB, OP vereinz.: *d Ehdispens* Ingolstadt.

WBÖ V,105.

[**Heirats**]**d.** dass., OB vereinz.: *Heiratsdischbenz* Kochel TÖL.

WBÖ V,105. M.S.

dispensieren

Vb. **1** vom Eheverbot befreien, OB, NB, OP vereinz.: *dischbensian* Beilngries.

2 †erlassen, von einer Verpflichtung entbinden: *gleichwie Wir die Beobachtung dieser Verordnung Niemand nachsehen, und sogar ... allen Grosso-Händlern ... nicht ... dispensieren werden* Mauth- u. Accis-Ordnung fol. B2r.

3 †eine Ausnahmeregelung treffen: *So dispensier ich mit ir, das sie morgens unnd abents Flaysch mag essen alle Tag* DORNER Herzogin Hedwig 201.

Etym.: Mhd. *dispensieren*, aus mlat. *dispensare*; PFEIFER Et.Wb. 231. M.S.

Disput

M. **1** Disput: *Dischputt* „Wortstreit" Passau; *Dischput* HuV 12 (1934) 249.

2 Gespräch, Plausch: *wo sie doch sonst oiwei Zeit für an kurzn Disput ghabt hod* HERRLEIN Wallfahrt 56.

Etym.: Aus frz. *dispute*; PFEIFER Et.Wb. 231f.

WBÖ V,105. M.S.

Disputat

M., N. (EBE; FDB). **1** Disput, °OB, NB vereinz.: *dei Wei hot so a Goschn, mit dera liaß a mö nöt auf an Dischpadot ei* NB; *die zwei Bürgermeister ... haben einen Disputat geführt über drei Täg lang und haben ... doch nicht zusammenkommen können* QUERI Von kl. Leuten 118; *Ließ sich also mit dem Teuffel in kein Disputat ein* SELHAMER Tuba Tragica I,363.

2 Gespräch, Plausch, °OB, NB, OP vereinz.: *an Dischpetât mâchn* „lebhaft miteinander sprechen" Naabdemenrth NEW; *Kathy, Marie, Finny naus, Buam ham a unschamhaftes Dispotät* H. HÖRNING, F. KNITTEL, Meringer semmerr, Mering 1982, 29.

3 Geschwätz, dummes Gerede, °OB, NB vereinz.: °*de macht heint wieda a so an Dischbadod daher* Hirnsbg RO.

Etym.: Aus Pl. von lat. *disputatum*; ²Fremdwb. IV,711.

WBÖ V,105. M.S.

disputieren

Vb. **1** einen Disput austragen, diskutieren, OB, °OP, SCH vereinz.: *di Aboschdl und d Judn dischbudirn mitananda* BEI; *So hams dischpatiert und gratschlagt und gmuatmaßt* HUBRICH Schindeldach 50; *Man sah sie ... nirgends als ... beym Disputiren auf der hohen Schul* SELHAMER Tuba Tragica I,358.

2 reden, plaudern, °OB, NB, OP, SCH vereinz.: *nix wie diskuriern und disputiern* Hengersbg DEG; *Dischpatiern muaß ma mit dö Leut ... dös tragt sih aus!* HALLER Dismas 85.

Etym.: Mhd. *disputieren*, aus lat. *disputare*; PFEIFER Et.Wb. 231.

WBÖ V,105.

Abl.: *Disputierer*, *Disputierets*.

Komp.: †[**her-ab**]**d.** daherreden, in Phras.: *er hat eins herab disputiert* SCHÖNSLEDER Prompt. b4r.

SCHMELLER I,1149.

[**aus**]**d.** besprechen, ausdiskutieren: *ausdischbadian* Aicha PA; *Jetzt wirds ausdischputiert* Ohlstadt GAP KIEM obb. Volksl. 72; *Heli sey ... auf ewig verdammt worden/ so wir diß Orts weiter nicht ausdisputiren wollen/ weil uns die Urthel Gottes unbekandt ... seyn* SELHAMER Tuba Tragica I,49.– Auch: *mir zwee ham ausdischbetiert mitanand* [unsere Diskussion ist beendet] CHRIST Werke 739 (Madam Bäurin).

†[**da-her**]**d.** wie →[*her-ab*]*d.*, in Phras.: *ə͂s ... dəhèr disputiə'n* SCHMELLER I,1149.

SCHMELLER I,1149. M.S.

Disputierer

M. **1**: °*a recht a Dischbadiera isa, da Sepp!* „Vielredner" Grafing EBE.

2 streitsüchtiger Mann, OB vereinz.: *a ewiger Dischputierer* Truchtlaching TS. M.S.

†Disputierets

N., Disput: *A' Widerspruch, a' Dischputirats, A' Schimpferei von Wei' und Mo'* DREHER Juhschroa 51. M.S.

Distel, Dischel, Dissel

F., M. (LL; SC). **1** Korbblütler.– **1a** Distel (Cirsium od. Carduus), °Gesamtgeb. vielf.: *d Distl waxn iwas Droa naus* Haimhsn DAH; *dö Dischtln vozöign in Troad d Wurzn* Kötzting; *Distln frißts Vöich gean, dåu geem Köih rächt*

Mülch draaf Stadlern OVI; „*Dischla* im *Droad* … erschwerten … die … Arbeit“ Wölzmüller Lechrainer 80; *Cardus thistil* Rgbg 10.Jh. StSG. III,573,32; *ein stiglitz … der nert sich von den disteln* KonradvM BdN 211,13f.; *Nimb honig … und die große diestel mit den blauen Blumen* Roßarznei (Krüger) 70.– Phras.: *Distl sen Iasln löiwer wöi Raousn* [das Einfachere ist oft das Bessere] Schemm Dees u.Sell 247.– Vkde: *a Jungfrau deaf koa Disl stöcha, sunsd is koanö mea* Hiesenau PA.– **1b** Große Eberwurz (Carlina acaulis), OB, NB, OP, MF, SCH vereinz.: *Dissl* Wetterdistel Fürnrd SUL.– Auch in Phras.: *Weiße Disteln* Kochel TÖL Marzell Pfln. I,840.– **1c** Gemeine Gänsedistel (Sonchus oleraceus), °OB, °NB, °OF, °MF vereinz.: °*Distl* Landshut.– Auch in Phras.: °*gelbe Distl* Teisendf LF.– °*Die kloi Distl* VOH.– **1d** Große Klette (Arctium Lappa): *Dischl* Klette Kochel TÖL.– **1e** †Endivie (Cichorium Endivia): *tistell* 1480 Lib.od.rer. I,389,16.

2 Gemeine Quecke (Agriopyrum repens): *Distl* Kchasch ED; *Distel* Hörlkfn ED DWA XVII, K.8.

3 †wohl Feldrittersporn (Delphinium Consolida): *Calcatrippa distel* O'alteich BOG 14.Jh. StSG. III,519,20.

4 †Christusdorn (Paliurus spina-Christi): *Paliurus distil* Tegernsee MB 11.Jh. ebd. I,609,11.

5 †Feldmannstreu (Eryngium campestre): *Iringus dîstel* Aldersbach VOF 12.Jh. ebd. III,481,3.

6 Pl., Unkraut allg., °OB, °NB, OP, SCH vereinz.: *Dischl stecha* Unkraut jäten Hohenzell AIC; *der hodd wiedr laudr Dischl baud* „ironisch, wenn auf einem Acker viel Unkraut wächst“ Mering FDB.

Etym.: Ahd. *distil* stm., *distila* st/swf., mhd. *distel* stm./f., germ. Wort idg. Herkunft; Kluge-Seebold 206.

DWA XI,K.1.– Schmeller I,550.– WBÖ V,106f.

Abl.: *distelig, disteln, -distling*.

Komp.: [**Acker**]**d.** Ackerdistel (Cirsium arvense), °OB, °MF vereinz.: °*Ackadistl* Ackerkratzdistel Regelsbach SC; *die Ackerdistel* Bauer Oldinger Jahr 91.

WBÖ V,107.

[**Augen**]**d.** wie →*D.*1b: „Die … *Augendistel* … in kleine Beutelchen genäht und Augenleidenden um den Hals gehängt“ Oberpfalz 4 (1910) 222.

Mehrfachkomp.: [**Neun-augen**]**d.** Gemeine Eberwurz (Carlina vulgaris): *Neunaugendistel* Pressath ESB Marzell Pfln. I,848.

[**Baum**]**d.** Mistel (Viscum album), °OB mehrf., °Restgeb. vereinz.: °*då san vui Bamdistln drobn* Taching LF.

[**Elfen-bein**]**d.** wie →*D.*1b: *Elfnboadistl* Wetterdistel Willing AIB.

[**Brenn**]**d.** Große Brennessel (Urtica dioica), °OB, °NB, °OP, °MF vereinz.: *Brenndistl* Burglengenfd; *Brenndissl* Neumarkt DWA I,16.

WBÖ V,107.

[**Brunn**]**d.** Kohldistel (Cirsium oleraceum): °*Brunndistl* Schönbrunn LA.

[**Donner**]**d.** **1** Nickdistel (Carduus nutans): *Doardistel* Abensbg KEH Marzell Pfln. I,825.– **2** wohl Krausdistel (Carduus crispus) od. Sumpfdistel (Cirsium palustre): °*Do(n)distl* „stachliger Stengel, blaue Blüten, auf sumpfigen Wiesen“ Halfing RO.

WBÖ V,107.

[**Torf**]**d.** wie →[*Brunn*]*d.*: °*Torfdistl* Kohldistel Metten DEG.

[**Duft**]**d.** wie →[*Acker*]*d.*: *Duftdistl* Neubeuern RO.

[**Eber**]**d.** **1** dass.: °*Ebadistl* Dietkchn NM.– **2** wie →*D.*1b: *Oiberdistl* Wetterdistel Neukchn PAR.

[**Esel**]**d.** Eselsdistel (Onopordon acanthium): °*Esldistl* Schwandf.

[**Feld**]**d.** wie →[*Acker*]*d.*, NB, OP vereinz.: *Fejdistln* St. Englmar BOG.

WBÖ V,108.

[**Frauen**]**d.**, †[**Unser-Frauen**]- **1** Mariendistel (Silybum marianum): °*Frauendistl* Bruckbach R; „Maria Himmelfahrt … Zum *Kräuterbüschl* kommen … Einbeere … Fünffingerkraut … *Frauadistl*“ Eschenbach Schönwerth Leseb. 148; *wan das vich umbfahlt, mag man ihnnen folgente leckhen geben: frauendistl, ehrenpreis* Bihler tierärztliche Rezepte Straubing 31.– **2** †wie →*D.*1e: *endiuen vnser frauen distel* Rgbg 1456-1460 Lib.ord.rer. I,389,16.

WBÖ V,108.

[**Gans**]**d.**, [**Gänse**]- **1** Korbblütler.– **1a** wie →*D.*1c, °OB, °NB, °OP, °MF vereinz.: °*Gåhsdistl* Gänsedistel Wimm PAN.– **1b** †wie →*D.*1e: *Nym* *endiuia l genßdistl ... ist auch guet ... zu der lungen* 1.H.16.Jh. MHStA Hexenakten 50, fol.5v.– **2** Taubnessel (Lamium): *Gensdistl* Lintach AM.

[**Garten**]**d.** wie →[*Frauen*]*d.*1: *Gåchtndistln* Mittich GRI; *Gårtendistl* Marzell Pfln. IV,331.

[**Gersten**]**d.** wie →[*Acker*]*d.*, NB, OP vereinz.: *Geaschtndischtln* Kötzting.
WBÖ V,108.

[**Grummet**]**d.** wohl dass.: °*Grummetdistl* Kay LF.

[**Haber(n)**]**d.** dass., °OB, NB, OP vereinz.: °*die Håberndistln* Obing TS.
WBÖ V,108.

[**Holz**]**d. 1** wie →[*Brunn*]*d.*, °OB, °NB vereinz.: °*Holzdistl* Kohldistel U'hausbach EG.– **2** wie →*D.*1b, OB vereinz.: *Holzdischl* Wetterdistel Reichling SOG.

[**Hut**]**d.** wohl wie →[*Acker*]*d.*: *d Houtdistl* Naabdemenrth NEW.

[**Johannis**]**d.,** [**Kannes**]- **1** Korbblütler.– **1a** wie →[*Acker*]*d.*: °*die Kannasdistl* Ackerkratzdistel Arzbg WUN.– **1b** wie →[*Brunn*]*d.*: °*Kannesdistl* Kohldistel Wiesau TIR.– **1c** wie →*D.*1b: *Kanesdistl* Wetterdistel Wdsassen TIR.– **1d** wie →*D.*1c: °*Kanesdistl* Gänsedistel Sulzbach-Rosenbg; *Kannasdistel* TIR Marzell Pfln. IV, 401.– **2** wie →[*Gans*]*d.*2: *Kånesdistl* Taubnessel Schloppach TIR.

[**Karden**]**d.** Weberkarde (Dispacus fullonum): *Kardendistl* Schrobenhsn; „Die *Karden-* oder *Weberdistel* wird um Flintsbach, Winzer und Hengersberg gezogen" DEG Reder Bayerwald 116.

[**Klee**]**d.** wie →[*Acker*]*d.*: *Klöihdischtln* Kötzting.

[**Kohl**]**d.** wie →[*Brunn*]*d.*, °OB, °NB, °OP, °MF vereinz.: °*Kohldistl* Siegsdf TS.
WBÖ V,108.

[**Korn**]**d.** wie →[*Acker*]*d.*, NB, OP vereinz.: *Koandischtln* Kötzting.
WBÖ V,108.

[**Kratz**]**d. 1** dass.: °*Kråtzdistl* Ackerkratzdistel Wimm PAN.– **2** wie →[*Brunn*]*d.*: °*Kratzdiestl* Kohldistel Pöcking STA.
WBÖ V,108.

Mehrfachkomp.: [**Acker-kratz**]**d.** wie →[*Acker*]*d.*: °*die Ackerkratzdistl* Riedering RO.
WBÖ V,108.

[**Kraut**]**d.** dass.: *Krautdistln* Cham.

[**Mai(en)**]**d. 1** Korbblütler.– **1a** wie →[*Brunn*]*d.*, °OB, °NB, °SCH vereinz.: °*Moidistl* „Kohlkratzdistel" O'högl BGD.– **1b** wohl wie →*D.*1b, °OB, NB vereinz.: °*Moadistln* „weiße Blüten, zackige Blätter" Marktl AÖ.– **1c** wie →*D.*1c, °OB, °NB, °OP, °SCH vereinz.: °*Mojadistl* „Sonchus oleraceus" Sulzkchn BEI; *Moadistel* NB Marzell Pfln. IV,395.– **2** Ackergänsedistel (Sonchus arvensis), °OB, °NB vereinz.: °*Moidistl* Pocking GRI.– **3** wie →*D.*1d: °*Maidistl* „mit blauen Blüten, entwickelt Klettenkugeln, die sich an die Kleidung heften" N'viehbach DGF.– **4** Scharfes Berufkraut (Erigeron acer): °*Måidistl* Hexenagger RID.– **5** Löwenzahn (Taraxacum officinale), OB, °NB, °OP, SCH vereinz.: °*Mojdistl* Viechtach; *måidistln* nach Kollmer II,196.
WBÖ V,108f.

†[**Marien**]**d. 1** wie →[*Frauen*]*d.*1: *Marien-Distel* OB BzAnthr. 13 (1899) 106.– **2** wie →[*Karden*]*d.*: *Mariendistel* Höfler Volksmed. 98.
WBÖ V,108.

[**Melk**]**d.** wie →*D.*2: *Melchdistl* Quecke Tüntenhsn FS.

[**Milch**]**d. 1** wie →[*Acker*]*d.*: °*Muidistl* Ackerkratzdistel Landau.– **2** wie →[*Brunn*]*d.*, °OB, °NB, °OP vereinz.: °*Milidistl* „Kohldistel" Wildenranna WEG.– **3** wie →*D.*1c, °OB, °NB, °OP, °MF, °SCH vereinz.: °*die Millidistl* Gänsedistel Altötting.– **4** wie →[*Mai(en)*]*d.*5, SCH vielf., OB mehrf., °NB, OP vereinz.: °*d Muichdistl blian scho* „Löwenzahn" Buch a. Erlbach LA; „*Milli:-dischdl* ... Wurzeln mit Kraut helfen bei Magen- und Nierenbeschwerden" Christl Aichacher Wb. 110.
WBÖ V,109.

[**Moos**]**d.** wie →[*Brunn*]*d.*, °OB vereinz.: °*Moosdistl* Kohldistel Anzing EBE.
WBÖ V,109.

[Rohr]d. dass.: °*Roadistl* Thanning WOR; *Rohrdistel* Mallersdf MARZELL Pfln. I,1020.

[Sau]d. **1** wie →[*Acker*]*d.*, °OP vereinz.: °*die Saudistl* Ackerkratzdistel NM; „*Saudistl* ... vorzügliches Schweinefutter" NM, PAR Oberpfalz 63 (1975) 210.– **2** wie →[*Brunn*]*d.*, °OB, °NB vereinz.: °*Saudistl* Kohldistel Geiselhöring MAL.– **3** wie →*D.*1b: *Saudistln* „ohne Stacheln" G'konrth TIR.– **4** wie →*D.*1c, °OB, °NB, °OP, °SCH vereinz.: °*de Saudistl* Gänsedistel Altötting.– **5** wie →*D.*1d: *Saudistln* Klette Mittbach WS.– **6** †wie →*D.*1e: *sau distel* ... *Endiuia* Indersdf DAH 15.Jh. Clm 7744,fol.12[v].

SCHMELLER I,550.– WBÖ V,109.

Mehrfachkomp.: **[Acker-sau]d.** wie →[*Mai(en)*]-*d.*2: °*Ackersaudistl* „Sonchus arvensis" Bruckbg FS.

[Schaf]d. wie →[*Brunn*]*d.*, °OB, °MF vereinz.: °*Schoufdischl* Kohldistel Gungolding EIH.

[Schar]d. dass., °NB, OP vereinz.: °*Schordistl* Marching KEH.

[Schmalz]d. dass.: °*Schmoizdistl* Dietfurt RID.

[Silber]d. wie →*D.*1b, °OB, °NB vereinz.: °*dös Innarö vo da Suibadistl is ganz kaasö, dös kå ma össn* Wimm PAN; „Carlina acaulis ... *Silberdistel*" sw.OP STADLBAUER Heilpflanzen Opf. 103.

WBÖ V,109.

[Sommer]d. wie →[*Neun-augen*]*d.*: °*Summadischl* „Eberwurz" Erling STA.

[Stauden]d. wie →[*Acker*]*d.*: °*Staudndistl* Akkerkratzdistel Berchtesgaden.

[Stein]d. wie →[*Brunn*]*d.*: °*Stoadistl* Kohldistel Sachrang RO.

[Streu]d. dass.: °*Streudistl* Heilbrunn TÖL.

[Sumpf]d. dass., °OB, °MF vereinz.: °*Sumpfdiestl* Pöcking STA.

WBÖ V,109.

[Wasser]d. dass., °OB, °OP vereinz.: °*Wossadistl* Pittenhart TS.

WBÖ V,110.

[Weber]d. wie →[*Karden*]*d.*: *Weberdistl* Schrobenhsn; „*Weberdistel* ... um Flintsbach, Winzer und Hengersberg" DEG REDER Bayerwald 116.

WBÖ V,110.

†**[Wehe]d.** wie →[*Frauen*]*d.*1: „Heilkräuter ... *Wehedistel*" HÖFLER Volksmed. 129.

[Weiz(en)]d. wie →[*Acker*]*d.*, NB, OP vereinz.: *Woazdischtln* „auf dem Weizenfeld" Kötzting.

WBÖ V,110.

[Wetter]d. wie →*D.*1b, °Gesamtgeb. vereinz.: °*d Wöttrdischtl* Peiting SOG; „daß diese Distel ihre silbernen Hüllschuppen bei trockenem Wetter strahlenförmig ausbreitet und bei Regen ... zusammenschließt ... *Wetterdistel*" STADLBAUER Heilpflanzen Opf. 103.

WBÖ V,110.

Mehrfachkomp.: **[Schön-wetter]d.** dass.: *Schönwetterdistl* Mchn.

[Wies(en)]d. **1** wohl wie →[*Brunn*]*d.*, OB, NB vereinz.: *Wisdistln* St. Englmar BOG.– **2** Pl., wie →*D.*6: *Wiesndistln* „Unkraut" Wasserburg.

WBÖ V,110. M.S.

distelig

Adj.: *a düstalicha Åcka* „distelreich" Naabdemenrth NEW. M.S.

disteln

Vb., Disteln, Unkraut jäten, °Gesamtgeb. vereinz.: °*mir ganga ofs Dischln* Gundelshm DON; *distln* „Disteln im Acker ausstechen" SINGER Arzbg. Wb. 52.

WBÖ V,110.

Komp.: **[aus]d.** **1** dass., °OB vereinz.: °*ausdistln* „mit der Feldhacke" U'haching M.– **2** von Disteln, Unkraut befreien: °*dea hod seinige Felda sauba ausdistlt* Teisendf LF. M.S.

-distling

M., nur im Komp.: **[Milch]d.** Löwenzahn (Taraxacum officinale): °*heia gibts sovej Milledischling, do wer i a Scheläh davaa macha* Stammham AÖ. M.S.

Disziplin
F. **1** Zucht, Disziplin: *dea hod koi Disziblii in Lei* Altfalter NAB; *Diszapliin* BRAUN Gr.Wb. 94.
2 †Geißelung: *„Sich die Disciplin geben* ... sich selbst mit einer Geisel auf den Rücken schlagen" WESTENRIEDER Gloss. 107.

Etym.: Mhd. *disciplîne* stf., aus lat. *disciplina*; Frühnhd.Wb.V,805.

WESTENRIEDER Gloss. 107.– WBÖ V,110. M.S.

Titel, †Titul
M., †F. **1** Titel, Namenszusatz: °*dea büld si wos ei mid sein Titl* Neuhs NEW; *Es läßt's der Titel nicht zu* Baier.Sprw. II,134; *Deszhalb ist sein titel ... awß krewtz gesetzt. jhesus nazarenus rex judeorum* BERTHOLDvCh Theologey 388; *daß er ... den Titul eines glorwürdigen Reuters erhalten* SELHAMER Tuba Tragica II,187.– †Übertr.: *Darum wern ietzt deini Thitl auf das Dach hinauf gehengt* [beim Haberfeldtreiben ein Mistwagen als Zeichen der Schande] Vagen AIB 1834 QUERI Bauernerotik 85.
2 †Buchtitel: *Daß man aber disem Büchel den Titul voran gesetzet: Marianischer Gnaden-Psalter* G. MAYR, Marianischer Gnaden-Psalter, München 1738, B2[r].
3 †Benennung, Bezeichnung: *man kan ein solches lästerliches Kebs-Weib ... nennen einen lebendigen Teuffel/ doch also/ daß dieser Titul sich ... auch auf die unzüchtige Ehebrecher ... schicken soll* SELHAMER ebd. 177.
4 †Abschnitt, Absatz: *mit disem Marianischen Gnaden-Psalter/ welcher bestehet aus 15. Titlen/ oder Gsätzlein* G. MAYR, ebd., B2[v].
5 †Pünktchen, Tüpfel, diakritisches Zeichen: *Apicem titula* Tegernsee MB 11.Jh. StSG. II, 762,1.
6 †Ursache, Grund: *so ist ihnen die Höll aus doppeltem Titel gewiß/ weil sie sich grob erzürnt und übel angesoffen* SELHAMER ebd. I,235.
7 †Pfarr- od. Filialkirche: *Titulo titalun* Tegernsee MB 10./11.Jh. StSG. II,118,68.

Etym.: Ahd. *titula* swf., *titul* stm, mhd. *tit(t)el*, aus lat. *titulus* 'Aufschrift, Ehrenname'; PFEIFER Et.Wb. 1434.

WBÖ V,110.

Abl.: *titeln*.

Komp.: †[**Tisch**]**t.** gesicherter Lebensunterhalt, dessen Zusage vor der Priesterweihe erforderlich ist: „Im Jahre 1417. cedirte Niklas Redinger zu Hofkirchen [VOF] seinen Zehent ... seinem Sohne Hanns zu einem *Tischtitel*" BUCHINGER Passau II,241.

[**Friß**]**t.**: *Frißtittl* „Vielfraß" Chiemgau. M.S.

†titeln
Vb., mit einer best. Anrede ansprechen: *gar koa Wunda, wenn ma ... di ... koan gnädiga Herrn titlt!* SCHLICHT Dorftheater 77.

Etym.: Spätmhd. *titelen*, Abl. von → *Titel*; PFEIFER Et.Wb. 1434.

Komp.: [**an**]**t.** betiteln, beschimpfen: *åditla* Naabdemenrth NEW. M.S.

dito, †detto
Adv., desgleichen, dasselbe, ebenso: *„gute Unterhaltung!" „Ditto mit Fransn* [Beiwerk]*!"* Passau; *1 Verschlägel* [Kiste] *mit Böchcränzen, 1 deto mit Lunden* Neuburg PA 1729 ObG 18 (1929) 296.

Etym.: Aus it. *detto*, Part.Prät. zu it. *dire* 'sagen'; KLUGE-SEEBOLD 207. M.S.

Titsch, -titschen
M. **1** (alter, platt gedrückter) Hut, °NB vereinz.: *Dietsch* Passau; *Kå͂st dei͂n Dütsch nét âbə' thaə͂, du Flégl* SCHMELLER I,558.
2 †best. Kartenspiel: „nach drei Uhr unterbrechen sie den *Ditsch* und halten einen ... Imbiß" SCHLICHT Bayer.Ld 465.

SCHMELLER I,558.– WBÖ V,1219 (Tütsch).

Komp.: [**Apfel**]**t.**, [**Äpfel**]**-** **1**: °*Apflditsch* „Apfelkuchen" Stamsrd ROD.– **2** Apfelauflauf, °OP, °MF vereinz.: °*da Epfldietschn* „aus Omeletteig" Eckersmühlen SC.

[**Pfann**]**t.** **1**: °*Pfannditsch* „Schmarren aus Pfannkuchenteig" Kchnthumbach ESB.– **2**: °*Pfannditsch* „Schäfchenwolke" ebd.

[**Kuh**]**t.**, [**Kühe**]**-** Dim., Birkenröhrling (Boletus scaber), °NB, °OP vereinz.: °*das Kejtitschei* „Birkenpilz" Bodenmais REG.

[**Nacht**]**t.** Klaps vor dem Schlafengehen, °OP vereinz.: °*Nochtditsch* Lindenloh BUL.

Mehrfachkomp.: [**Gute-Nacht**]**t.** dass.: °*dou host a Gut-Nacht-Ditscherl!* Nabburg. M.S.

Titsche
F. **1** Körperteil.– **1a** (weinerliches) Gesicht, OB, °NB vereinz.: *a Dietschn* Wollomoos AIC.– **1b** Mund, °NB vereinz.: °*beim Heuwazupfa*

[Heidelbeerpflücken] *hand d Hend owei blaua woarn und a de Ditschn* Langdf REG.
2: *didšn* „breit Gedrücktes, Geschlagenes" KOLLMER II,87.
3: *didšn* „(abfällig) Hut" ebd.
4: *didšn* „klatschender Schlag" ebd.

SCHMELLER I,558,634.– WBÖ V,1220 (Tütsche). M.S.

titscheln[1]
Vb. **1** zwitschern: °*de Schwaibi ditschln heut scho in aller Herrgottsfrüh* Thanning WOR.– Phras.: *t. und tätscheln* dass., °OB, °NB, °OP vereinz.: °*d Schwaiwä ham s Ditschin und s Datschin ogfangt* Fischbachau MB.– *T. und tätscheln wie die Schwälblein* viel reden, schwätzen, °OB, °NB vereinz.: °*dö Weiba ditschln und datschln wia d Schweibal* Neukchn a.Inn PA.
2 viel reden, schwätzen, °OB, °NB vereinz.: °*wos ditschln de zwoa mitananda!* Metten DEG.– Auch in Phras. *t.* (*und*) *tätscheln* °OB, °NB, °OP vereinz.: °*den ganzn Tåg tuns nix wie ditschln und datschln* Aidenbach VOF.

Etym.: Onomat.

Komp.: [**aus**]**t.** ausplaudern, weitererzählen, °OB, °OP vereinz.: °*die stehn beisammen und ditschln die Neuigkeit aus* Teisendf LF.

[**zu-sammen**]**t.** wie →*t.*2, °OB vereinz.: °*die Weiber ditschln was zamm* Thanning WOR. M.S.

titscheln[2]
Vb., kochen, in Phras.: °*dö dåut awei didschln und dadschln* Lohbg KÖZ.

WBÖ V,1220 (tütscheln I).

Komp.: [**auf**]**t.**: °*der braucht amal richtig aufditschln* „schlagen, hauen" Thanning WOR.

[**ver**]**t.** verbrauchen, verschleudern: *die altn Weibar* [haben] *alles vodidschelt* Falkenstein ROD WINKLER Heimatspr. 127.– Auch in Phras.: *və'ditsch·ln und və'dätsch·ln* „verlumpen, aufbrauchen" Bay.Wald SCHMELLER I,555, ähnlich NB, °OP vereinz.

SCHMELLER I,555. M.S.

titschen
Vb. **1** stoßen, stechen.– **1a** anstoßen, einen Stoß geben: °„wenn mein Schusser den Schusser des Kameraden getroffen, *geditscht* hat" Lauterhfn NM.– **1b** gegeneinanderstoßen, aufeinanderprallen, OB, °OP vereinz.: °*ditschn* Maushm PAR; *titschn* „Beim Kegeln ... das Zusammenstoßen zweier Kegel" SINGER Arzbg.Wb. 237.– †Auch kegeln: „zu Münster *ditscht* er ... auf allen Kegelbahnen" SCHLICHT Bayer.Ld 435.– **1c** (Ostereier) gegeneinanderstoßen, Osterbrauch, °OP vereinz.: *ditschn* Maiersrth TIR; *Noumittooch san Kinda Oiatitschn ganga* HEINRICH Stiftlanda Gschichtla 11.– **1d** †stechen: „zum *ditschen* kann er den Spieß nicht brauchen" SCHLICHT ebd. 439.
2 schlagen, tätscheln.– **2a** schlagen, verprügeln, °OB, °NB, °OP vereinz.: °*den homs richte ditscht* Parsbg.– Auch in Phras. *jmdm eine t.* u.ä. eine Ohrfeige, einen Schlag geben, °OB, °NB, °OP vereinz.: °*dem håts a Saubere ditscht* Ohlstadt GAP; °*hoits Moi, sist ditsch e da oane!* Grafenrd VIT; *oina ditschn* SINGER Arzbg.Wb. 52.– Unpers.: °*gestern hots beim Wirt wieder richtig ditscht* „eine Schlägerei gegeben" Schrobenhsn.– Übertr. im Kartenspiel Kontra geben, °OB, °OP, °OF vereinz.: °*do mou ma ditschn* Wettstetten IN; *titschn* SINGER ebd. 237.– **2b** tätscheln: *übä d Wisn gäit a Steigl, wea nüat gäit, dea kröigt koa Weibl, wea nüat titschn, tatschn kå, dea kint a nüat bän Maidlan å* Lauterbach REH.
3 flach, platt drücken od. schlagen, °OB, °NB vereinz.: °*ditschn* „Mist am Wagen festklopfen" Piding BGD.
4 †Karten spielen: *An Wirth, der mit uns ditscht, Ins Bier koa Wassa pritscht* SCHLICHT ebd. 181.
5 tunken, auftunken.– **5a** tunken, tauchen, °OP, °OF, °MF vereinz.: °*ditschn* „jemanden ins Wasser tauchen" Lauf; *titschn* „tunken, stippen, z.B. Kartoffeln in Salz" SINGER ebd.– **5b** auftunken: *a Bröih ditschn* Falkenbg TIR Wir am Steinwald 7 (1999) 82.
6 weinen, °NB, °OP vereinz.: °*ditschn* „heulen" Frauenau REG.
7 stehlen, °OP mehrf., °OB, °NB vereinz.: °*jetzt hat ma oana mein Griffe ditscht* Landshut.
8 betrügen, übervorteilen: °*du, der ditscht di!* „beim Kartenspiel" Neukchn KÖZ.

Etym.: Nebenf. von →*tatschen*; DUDEN Wb. 3914. Anders WBÖ V,1222.

WBÖ V,1222 (tütschen I).

Abl.: *Titsch, Titsche, titscheln*[2], *Titscher, Titschi, -titschicht, -titschling*.

Komp.: [**an**]**t.** wie →*t.* 1a, °OB, °OP vereinz.: °*hobn bloß a bissl odidschd, scho isa umgfalln* Rgbg.

WBÖ V,1222.

[auf]t. **1** wie →*t.*5b, °OP vereinz.: °*aftitschn* „mit Brot auftunken" Weiden.– **2**: °*auftitschn* „eine Spielkarte auflegen" Erling STA.

[aus]t. wie →*t.*5b, °OP, °OF vereinz.: °*asditschn* Auftunken von Flüssigkeit mit Brot Tirschenrth.

[der]t. erschlagen, °NB, °OP vereinz.: °*boid hejt e de Fluing daditscht!* Abbach KEH.

[ver]t. **1** wie →*t.*2a: °*wenn du net folgst, werd dir der Hintern verditscht* „versohlt" Polling WM.– **2** verschleudern, leichtfertig ausgeben: „daselbst fiel er in eine ... Spielhöhle und *verditschte* ... seine letzten zwölf Gulden" SCHLICHT Bayer.Ld 530.

WBÖ V,1222. M.S.

Titscher

M. **1** Schlag, °OB, °OP vereinz.: °*i hab eahm nur an kloan Ditscher gebn* Bayersoien SOG.– Spiel: *Ditscherl mocha* einen flachen Stein übers Wasser hüpfen lassen Eining KEH.– Übertr. Kontra im Kartenspiel: °*an Ditscher gebm* Brand WUN; *Iich bii da nuu an Ditscha schulde* Marktredwitz BRAUN Gr.Wb. 94.

2 Dim., Holzstück im Spiel.– **2a** an beiden Enden zugespitztes Holzstück, das im Spiel →*Pátschek*,Bed.2 verwendet wird: °„mit einem Brett wurde auf die Spitze des *Ditscherl* geschlagen" Eslarn VOH.– Spiel *T. schlagen* das Spiel →*Pátschek*,Bed.2 spielen: °*Dietscherl schlogn* Pertolzhfn OVI.– **2b** zugespitzter Pflock, der in einem best. Spiel in den Erdboden geworfen wird: °„die *Ditscherl* sollen in der Erde steckenbleiben; wer am nächsten am Loch ist, hat gewonnen" Gangkfn EG.

3 zusammengenähtes od. -gerolltes Stück Stoff, mit dem die Wäsche vor dem Bügeln benetzt wird, °OB, °NB, °OP vereinz.: °*Ditscha* „½ m lang, 20 cm breit, gerollt, gefranst" Poppenrth TIR.

4 von Menschen.– **4a** †Kartenspieler: *unsa Gmoadiana ... sötzt sö zu dö Ditscha her* SCHLICHT Dorftheater 34.– **4b**: °*wo hast n des ditscht, bist an alter Ditscher!* „Dieb" Neusorg KEM.

WBÖ V,1223 (Tütscher).

Komp.: **[Hün]t.** Dim., jmd, der viel weint od. jammert, °OP vereinz.: °*Höidietscherl* Haselbach BUL.– Zu →*hünen* 'weinen'. M.S.

Titschi

M. **1** Speise, Nahrung.– **1a** flacher, mit Obst belegter Kuchen, °OB vereinz.: °*im Kochbiache is aba ned gschdandn, daß des a so a niadara Diehdscheeh wead* Stammham AÖ.– **1b**: °*Ditsche* „in Kartoffelteig gewickelte und mit Butter in der Reine gebackene Zwetschgen oder Äpfel" Fischbachau MB.

2 (alter, platt gedrückter) Hut, °OB vielf., °NB, °OP vereinz.: °*schaug no, wos s firan greislichn Didschi wieda aufhåd!* Ebersbg; *Mit'n Ditschi auf an Kopf* H. HÖRNING, F. KNITTEL, Meringer semmerr, Mering 1982, 20.

3 abwertend Kopf: °*hau eahm oane auffe auf sein Ditsche!* Weildf LF; *didše* nach KOLLMER II,87.– Im Wortspiel mit →*Datschi*, Bed.1a im Spiel: °„einer stößt den anderen am Kopf und sagt: *Da Ditsche sogt zon Datsche: Dös dat schee auf dein Ditsche!* Der andere stößt zurück und sagt: *Da Datsche sogt zon Ditsche: na wird dei Ditsche Datsche!*" Weildf LF.

4: °*Dütschie* Kinderschnuller Laaber PAR.

Komp.: **[Apfel]t.** **1** flacher Apfelkuchen, °OB, °NB vereinz.: °*Apfldítsche* „Hefeteig, mit Apfelscheiben belegt" Neuhs PA.– **2** Apfelauflauf: °*dea Apfiditschi wead a da Rai bacha* Halfing RO.– **3** Pfannkuchen mit Apfelschnitten: °*Apfl-ditschi* Dietkchn NM. M.S.

-titschicht

Adj., nur im Komp.: **[pfann]t.** voller Schäfchenwolken: °*da Himml is pfanndidschad, dåu wiads schöi!* Kchnthumbach ESB. M.S.

titschitatschi

Interj., papperlapapp: „'nachdem Sie ihm so Schweres angetan haben, Angeklagter', sagte der Richter streng. *Ditschi, datschi, was hoaßt oto*" Mchn.Stadtanz. 17 (1961) Nr.39,5.– †Als M., Geschwätz, Gerede: *das war ... mir a ditschi datschi g'wesen, den das Weib da verbracht hat* DELLING I,127.

Etym.: Onomat., vielleicht Zusammenrückung der Phras. →*titscheln*[1] (*und*) *tätscheln*.

DELLING I,127. M.S.

Titschkerlein

N., an beiden Enden zugespitztes Holzstück, das in den Spielen *Bärentreiben* (s. *Bär*[1], Bed.6b) od. →*Pátschek*, Bed.2 verwendet wird, °OB, °OP vereinz.: °„beim *Bärntreibn* muß man sein

Ditschkerl mit einem Stöckchen in ein Loch hineintreiben" Taching LF; °*Ditschkarl* „wird mit dem *Ditschkarlbrett* geschlagen" Traidendf BUL.

Etym.: Wohl Kontamination aus *Titscherlein* (→*Titscher*, Bed.2) u. slowen. *tîček*, *-čka* 'kleiner Pflock'; vgl. WBÖ V,111.

WBÖ V,111, 1223f. (Tütschkerlein).

Abl.: *titschkerln*. M.S.

titschkerln
Vb., das Spiel →*Pátschek*, Bed.2 spielen: °*didschgerln* Rgbg.

WBÖ V,1224 (tütschkerln). M.S.

ditschkern
Vb., Geschlechtsverkehr ausüben: *titschkern* Mchn U. KANZ u.a., Die Heimat auf der Zunge tragen, Regensburg 2012, 56.

Etym.: Wohl Abl. auf der Basis von tschech. *dýčka* 'kleiner Dolch'; vgl. WBÖ V,111. M.S.

-titschling
M., nur im Komp.: [**Kühe**]**t.** Birkenröhrling (Boletus scaber): °*der Kejtitschlen* Bodenmais REG. M.S.

Titte →*Tutte*.

Titus, Tit(i)
M., scherzh. Kopf, °OB, °NB, °OP vereinz.: °*dei Tit* Pfeffenhsn ROL; °*tu dein Titas weg, daß i wos sehng ka* Eslarn VOH.

Etym.: Verkürzt aus →[*Titus*]*kopf*; WBÖ V,112.

SCHMELLER I,631.– WBÖ V,112. M.S.

ditz →*dies*.

Ditzel, Schnuller, →*Tützel*.

ditzi
Interj., nur in Wiederholung: *dizi dizi* Lockruf für Hühner Wasserburg.

Etym.: Onomat. M.S.

dividieren
Vb., dividieren: *diffadiern* Marktredwitz BRAUN Gr.Wb. 93; *multiplicir 5 per 7 vnd waz da kumpt, daz dividir per 3* Rgbg Mitte 15.Jh. Die Practica des Algorismus Ratisbonensis, hg. u. erl. von K. VOGEL, München 1954, 268,21f.

Etym.: Aus lat. *dividere*; KLUGE-SEEBOLD 207.

WBÖ V,69.

Komp.: [**her-aus**]**d. 1** ausklügeln, austüfteln: „der Plan, den sie *herausdividiert* haben, war gut" ROHRER Alt-Mchn 72.– **2** ergründen, herausbekommen: *Das wolln wir schon rausdividieren* QUERI Von kl. Leuten 152.

[**hin-aus**]**d.** hinauswerfen, hinauskomplimentieren: *oan nausdifidirn* Derching FDB; *wenn oana grad singt, glei' werd er 'nausdividiert* ZIPPERER Ged. 112.

[**ausher**]**d.** wie →[*her-aus*]*d.* 1: *a Schreiwats außadiffidiarn* Staudach (Achental) TS.

WBÖ V,69.

[**ein**]**d.**: *ei(n)'diffadiern* „einbleuen" Marktredwitz BRAUN Gr.Wb. 93.

[**zu-sammen**]**d.** schlußfolgern, NB, OP vereinz.: *zamdifödian* zusammenreimen Aicha PA.

WBÖ V,69. M.S.

tividomine, Fluch, →*tibidomine*.

Diwan
M., Diwan, Sofa, °OB, NB, OP, SCH vereinz.: °*an Diwan hintn leng* Sindlfing ED; *Noch'm Essn is a a hoibe Stund auf'm Diwan glegn* MAIER Was mir begegnet ist 174.

Etym.: Aus türkisch *divan*, persischer Herkunft; KLUGE-SEEBOLD 208.

WBÖ V,112. M.S.

†tiwo
Interj.: *Diwo* „wird in manchen Gegenden von Baiern den Pferden zugerufen, wenn sie auf die rechte Seite ziehen sollen" DELLING I,127.

Etym.: Wohl aus →*ti* 'dass.' u. *wio* (→*wi*) 'vorwärts!'; SCHMELLER I,574.

DELLING I,127; SCHMELLER I,574.– WBÖ V,112. M.S.

†Tjost
F., Tjost: *ob von der tiost ein beinel wurd verrenket?* HADAMARvL 82,328; *do mennig thiost erging mit grosser krafft* FÜETRER Poytislier 23, 74.

Etym.: Mhd. *tjost(e)* stf., aus afrz. *jouste*; DUDEN Wb. 3914.

SCHMELLER I,629. M.S.

†tjostieren
Vb., einen Tjost austragen: *das von dem thiostieren Piro ein stuck vom sper im leib belaib* FÜETRER Trojanerkrieg 131,509.

Etym.: Mhd. *tjostieren*, aus afrz. *joster* 'mit Lanzen kämpfen'; DUDEN Wb. 3914. M.S.

do[1] → *da*[1].

do[2] → *doch*.

do[3], getan, → *tun*.

Tobak → *Tabák*.

†Töbe
F., Asthma, Schwindsucht: *Für die teb und für dy huesten* Windbg BOG 17.Jh. nach SCHMELLER I,581.

Etym.: Abl. von → *töben*; WBÖ V,112.

SCHMELLER I,581.– WBÖ V,112. M.S.

Tobel[1]**, -ö-, Toppel**
M. **1** Rauch, Dampf, °OP (v.a. N), °OF mehrf., °Restgeb. vereinz.: °*da geht a so a Dowi auf* Mettenham TS; *d Duawl* „Qualm" SINGER Arzbg. Wb. 56.
2 stickige Luft, schlechter Geruch, °OP (v.a. N) mehrf., °OB, °NB, °OP, °MF vereinz.: °*do hods an Dowe!* Starnbg.

Etym.: Abl. von → *tobeln*[1]; WBÖ V,112.

SCHMELLER I,581.– WBÖ V,112.

Komp.: **[Tabak]t.** Tabakrauch: *durchn Towaakduawl* SCHEMM Neie Deas-Gsch. 27.

[Kuchel]t., [Kuchen]- Küchendunst, °OP vereinz.: °*Kuchnturbl* Falkenbg TIR. M.S.

Tobel[2]**, †-ö-**
M., †N. **1** Einschnitt, Vertiefung im Gelände.– Häufig als ON, in u. als Fln. °OB, °NB.– **1a** enges Tal, enge Schlucht, Tobel, °Gesamtgeb. vereinz.: °*im Dowö druntn hamma dö Schwammerl gfundn* Landau; °*Tobl* „enges Waldtal" Nittenau ROD; *dowe* Unterer Bay. Wald nach KOLLMER II,324; „*Tobel* (ein von einer Seite mit einem Walde geschloßenes Thal)" Lechr. WESTENRIEDER Beytr. IV,64.– **1b** Bett eines Wildbaches, Wildbach, °OB, °OP vereinz.: °*Tobl* „wilder Gebirgsbach" Lenggries TÖL.– **1c** Senke, Mulde, °OB, °NB vereinz.: *Dowö* Vertiefung im Acker Gottsdf WEG; *Douwl* Wb. Krün 12.
2 Anhöhe, °OB, °OP, °SCH vereinz.: °*Tobl* „kleiner Hügel" U'haching M.
3 Wiese, Feld.– **3a** (tiefer gelegenes) Grundstück, °OB, °NB vereinz.: °*di Kiah duasd ön Dowö indd ågråsn lossn* Grafenau; *An feld waid töbel wismat* Straubing 1465 MB XXI,544.– **3b** schlecht zu bewirtschaftendes Grundstück, °NB vereinz.: °*Tobl* „verwuchertes Stück Acker oder Wiese" Simbach EG.– **3c** Wiesenstreifen zw. Feldern od. Waldstücken, °OB, °NB, °OP vereinz.: °*Dowe* „Wiesenrain zwischen zwei Feldern" Moosach EBE; *Dobi* „öder Platz neben dem Acker oder einer Wiese, der zuweilen auch gemäht wurde" HÄRING Gäuboden 134; *die Abgrasung vermeldter Rainen ... und Doblen* WAGNER Beamte II,228.– **3d** sumpfiges Gebiet um eine Quelle in einer Wiese, °OB vereinz.: °*Tobl* „Quellengebiet in einem Wiesengrundstück" Taching LF.
4 †: *Dobel* „dicker Wald" WESTENRIEDER Gloss. 108.– Als Fln. °AÖ.

Etym.: Mhd. *tobel* stm., Herkunft unklar; KLUGE-SEEBOLD 919.

DELLING I,127f.; SCHMELLER I,580; WESTENRIEDER Gloss. 108,582.– WBÖ V,113.

Tobel[3]
M., Lärm, Geschrei: *an Turwl machn* Thierstein WUN; *Duawl* KONRAD nördl. Opf. 73.

Etym.: Abl. von → *toben*[1]. M.S.

Tobel[4]
M. **1**: °*Tobl* „alter Geräteschuppen" Albaching WS.
2: °*Tobl* „Verschlag oder Kammer unter dem Giebel" Fischbachau MB.
3: °*Tobl* „Taubenschlag" Saaldf LF.

Etym.: Wohl Spielform von → *Kobel*.

Komp.: [**Eich-kätzlein**]**t.**: *Oachkazladouwl* Eichhornnest Derching FDB. M.S.

†Tobel[5]

M., Topas: *die tòbel I centum V denarios* Lererb. 9.

Etym.: Nebenf. von → *Tópas*; Frühnhd.Wb. V,836. M.S.

†Döbel, -o-

M. **1**: „*Dobel* … ein hölzerner Stefte, oder Nagel, woran, oder auch womit etwas befestigt wird" WESTENRIEDER Gloss. 582.
2 Döbel, Karpfenfisch: „*Aitel, Dickkopf, Döbel* … Squalius Cephalus" Fischerei Opf. 105; „*Döbel* … Schmal, länglicht … in der Salza und fast allen Flüßen und Landseen" F.v.P. SCHRANK, Fauna boica, Nürnberg 1798, I,334.

Etym.: Nebenf. von → *Dübel*; [2]DWB VI,1188.

DELLING I,128; WESTENRIEDER Gloss. 582. M.S.

-tobel

N., nur in: [**Ge**]**t.** **1** Dampf, Qualm: *Getūwl* BERTHOLD Fürther Wb. 69; *das Getubel* OP SCHMELLER I,581.– **2** †: *Ge-tubel* „dike Luft, wo viele Personen in einem verschlossenen Zimmer beysamm sind" HÄSSLEIN Nürnbg. Id. 134.

HÄSSLEIN Nürnbg. Id. 134; SCHMELLER I,581. M.S.

Töb(e)lein

N., Taumellolch (Lolium temulentum), °OB, °OP vereinz.: °*Dewala* Sulzkchn BEI; *Déwwərlá* mittl. Altmühltal DMA (FROMMANN) VII,405; *Tüberlein* „Unkraut, das gerne unter der Gerste wächst, und berauscht" HÄSSLEIN Nürnbg. Id. 134.

Etym.: Dim. zu böhm. *Tob* 'dass.' (Suddt.Wb. III,223), Abl. von → *toben*[1]; MARZELL Pfln. II,1364f.

HÄSSLEIN Nürnbg. Id. 134; SCHMELLER I,581. M.S.

tobeleinen

Vb., muffig riechen: *doblein* K'schwand VOH. M.S.

†tobelich

Adj., ungestüm: *tobeleich gelauffen kam er geschwynnde dar* FÜETRER Persibein 54,203.

Etym.: Mhd. *tobelich, -lîch*, Abl. von → *toben*[1]. M.S.

tobeln[1]**, -ö-**

Vb. **1** rauchen, dampfen.– **1a** Rauch, Dampf entwickeln, von sich geben, °OB (v.a. SO) mehrf., °OP, °OF, °MF vereinz.: °*beim Nachbarn dowit da Rauchfang* Inzell TS; °*dou turwlts, wöi wenn kloi Leit bachn* „bei starkem Rauch" Wdsassen TIR; *doween* „qualmen" Spr. Rupertiwinkel 23.– **1b** Tabak rauchen, °OB, °OP, °MF vereinz.: °*då håms doblt* O'bibg WOR; *Zigarrn, Zigarettn … Naou is vertalt und duawlt worn* SCHEMM Internist 180.
2 muffig riechen, °OB, NB, °OP vereinz.: °*da dowelts net schlecht herin!* Ingolstadt; *döblate Luft* Dietldf BUL; *tōwün* Schelldf EIH nach WEBER Eichstätt 150.
3 wallen, sprudeln, °OB, °OP, °SCH vereinz.: °*s Wasser turblt* Falkenbg TIR.
4 stark wachsen, wuchern, °OB, °NB, °OP vereinz.: °*grod dowin tuats a so* „das Gemüse" Rettenbach WS.
5: °*dowin* „Wasser eintrüben" Taching LF.
6: °*eatz döwits scho* „dämmert es" Wettstetten IN.

Etym.: Wohl zur selben Wz. wie → *toben*[1]; WBÖ V,114.

SCHMELLER I,581.– WBÖ V,113f.

Abl.: *Tobel*[1], *-tobel*, *tobeleinen*, *toblig*.

Komp.: [**auf**]**t.** aufsteigen (von Rauch u.ä.), °OB vereinz.: *aufdobeln* Chiemgau.

[**aus**]**t.** sich verziehen (vom Rauch): °*måch Tia aaf, daaß aasduawln kå* Windischeschenbach NEW.

†[**er**]**t.** verderben, verschimmeln: *so vil toten das leben … den verlegnen, ertobleten in vinsternus das liecht … wider schaffen* AVENTIN IV,11,29-32 (Chron.).

SCHMELLER I,581. M.S.

tobeln[2]

Vb., lärmend herumtollen, °OB, °NB, °OP, °MF vereinz.: °*de Kina tuwöln nea so* Schnaittenbach AM; *Es schreia dee Kinda Und tubeln und kraah'n* Altmühltal PANGKOFER Ged.altb.Mda. 249.

Komp.: [**aus**]**t.** refl., sich austoben, wild spielen, °OB, °NB, °OP vereinz.: °*die tobln si richti aus* Hohenpolding ED. M.S.

tobeln[3]**, -töbeln**

Vb., pochend schmerzen, °OB vereinz.: °*der Oaß tobet heit a so* O'neukchn MÜ.

WBÖ V,160f.

Komp.: [**über**]**t.**: °*der hot di iwadiawlt* „übertroffen“ Marchaney TIR. M.S.

doben → *[da]oben.*

toben[1], **toppen**
Vb. **1** ausgelassen sein, herumtollen, °OB, °NB, °OP, °MF vereinz.: °*wia die Kinder wieder tobn!* Neusorg KEM; *doom, dobbm* CHRISTL Aichacher Wb. 237; *das singen vnd springen/ das tantzen vnd toppen ... das juchitzen vnd schreyen* Laufen A. STROBL, Ovum Paschale Novum, Salzburg 1694, 532.
2 rasen, sich wie wahnsinnig gebärden, °NB, °MF vereinz.: °*dea hod vor Wuad dobbd* Neufraunhfn VIB; *Amens toponte* Rgbg 10.Jh. StSG. II,733,28; *daz der vogel in dem augst tobend werd, also daz er sich selber erhencket ... in den dornpůschen* KONRADvM BdN 245,23f.; *erlößt die Erstickende/ vnd in der Fraiß tobende* Tuntenhsn AIB CH. SCHEICHENSTUHL, Denckwürdige Miracula vnnd Wunderzaichen, Tl 1, München 1646, 64.
3 (mit zerstörerischer Wirkung) in heftiger Bewegung sein: *tobn* „z.B. der Sturm, die Schlacht“ Passau; *heint tobt da Wind* STA 1861 OA 121 (1997) 144; *ain tobend se* KONRADvM BdN 520, 12; *ringen und dringen, toben wüeten* AVENTIN IV,622,8 (Chron.).

Etym.: Ahd. *tobôn, -ên*, mhd. *toben*, germ. Wort idg. Herkunft; PFEIFER Et.Wb. 1434.

SCHMELLER I,580f.– WBÖ V,114.

Abl.: *Tobel*[3], *Töb(e)lein, tobelich, tobeln*[2].

Komp.: [**aus**]**t.** meist refl., sich austoben, wild spielen, °OB, °NB, °OP vereinz.: °*d Kinder müssn si hoid austobn* Steinhögl BGD.

WBÖ V,114.

[**ver**]**t. 1**: *fatom* „toben aufhören“ SCHWEIZER Dießner Wb. 39.– **2** †seine überschüssige Kraft ungezügelt verausgaben: *Wann die Jugend verdoppet, alsdann werden erst tapffere Leuth daraus* JORDANvW Sommer-Theil 401.

[**her-um**]**t.** wie → *t.* 1, °OB, °OP, MF vereinz.: °*heit hams wieder rumtobt, de Bankertn!* Starnbg. M.S.

toben[2], **toppen**
Vb. **1** pulsieren, pochen.– **1a** heftig pulsieren, °OB, °NB, °OP, MF, °SCH vereinz.: *s Bluat tobt ma grot a so in de Odan* Tittling PA; *Das Herz toppt* SCHMELLER I,613; *do si dich an dem chräuze toben sach* 1.H.14.Jh. Cgm 73,fol.67v.– **1b** pochend schmerzen, °OB, °NB, °OP vielf., °Restgeb. vereinz.: *deär Zah dobt, mueß ma de Nerv ådeatn* Hfhegnenbg FFB; *ö mein Kopf tobts* Hengersbg DEG; *Mei wecha Haxn dobbt awa narrisch* ILMBERGER Fibel 47.
2: *mir doppn mai Föiß, dåu wird an anders Weda* „mir jucken die Füße“ Beratzhsn PAR.

Etym.: Wohl onomat.; WBÖ V,163.

SCHMELLER I,580f., 613f.– WBÖ V,163.

Abl.: *tobeln*[3], *-töbern, tobetzen, Tobetzer*[2], *-tobler.*

Komp.: †[**an**]**t.**: *antoben* „mit Schnellkügelchen (Schussern) spielen“ OP SCHMELLER I,580.

SCHMELLER I,580. M.S.

töben
Vb.: °*im Zimmer döbts* „ist es feucht“ Bodenmais REG.

Etym.: Wohl zur selben Wz. wie → *toben*[1]; WBÖ V,114.

WBÖ V,114.

Abl.: *Töbe, töberln, töbig, Töbigkeit, töbisch, töblich.* M.S.

dober
Adj. **1** tüchtig, stattlich (von Nutztieren), °NB, °OP vereinz.: °*des Pferd is dober* Traidendf BUL.
2 aufwendig, elegant.– **2a** aufwendig, OP vereinz.: *er hat nix Doberes* „sein Hausrat ist ganz einfach“ Rieding CHA.– **2b** gut gekleidet, elegant, °OB, °NB, °OP vereinz.: °*der is dober beinand* „schick angezogen“ Gangkfn EG.

Etym.: Wohl aus tschech. *dobrý* ‘gut’; WBÖ V,114.

WBÖ V,114.

Abl.: *doberig, -dobern.* M.S.

doberig
Adj., gut, von guter Qualität: *des drǫid is huia ned rę̄χt dōware* nach KOLLMER II,90. M.S.

töberln, -o-
Vb., muffig riechen: *då doberlets* Fronbg BUL; *deberln* „Getreide ... wenn feucht eingefahren“ ILMBERGER Fibel 46. M.S.

-dobern
Vb., nur im Komp.: [**auf**]**d.**: °*då håst di aber wieder gscheit aufdobert* „herausgeputzt" Winklsaß MAL. M.S.

-töbern
Vb., nur im Komp.: [**über**]**t. 1** überstehen, hinter sich bringen, °OP, °OF vereinz.: °*der wiards üwadiawan* Wdsassen TIR; *Der wird döi Krånkat bål(d üwatiawat hoo(b'm!* Braun Gr.Wb. 733.– **2** übertreffen, ausstechen, °OP, °OF vereinz.: °*der håut di wieder iwatiewert* Nagel WUN.– **3** übervorteilen, überlisten, °OB, °NB, °OP vereinz.: °*do hot a mi wieder üwatöwat* Hohenpeißenbg SOG. M.S.

Dobernickel
M., Steinpilz (Boletus edulis), °östl.NB mehrf., °OP vereinz.: °*da Dowanigl* Hauzenbg WOS; *Vui Dowanigln, Hoawa* [Heidelbeeren] *gnua* Passauer Dreiflüsseschreiber 41.

Etym.: Aus tschech. mdal. *doubravník* 'Steinpilz'; Rowley in: M. Muzikant (Hg.), Dt. Dial. in Tschechien, Brno 2007, 79f.

WBÖ V,115.

Komp.: [**Sau**]**d.** Satanspilz (Boletus Satanas) u. Dickfußröhrling (Boletus pachypus): „Die beiden giftigen Röhrlinge, der Satanspilz und der Schönfuß, sind die *Saudovernogl*" Zwiebelturm 12 (1957) 160. A.R.R.

tobetzen, toppetzen, tof-
Vb. **1** pulsieren, pochen.– **1a** heftig pulsieren, °OB, °NB vereinz.: °*s Herz toppetzt ma heit wieder a so* Limbach PA.– **1b** pochend schmerzen, °OB, °NB, °OP vereinz.: *da Zähn toferzt* Dietersburg PAN.
2: °*tobazn* „heftig schnaufen, vom Vieh" Regen.
WBÖ V,163. M.S.

Tobetzer[1]
M.: °*Dobetzer* sumpfige Stelle in Wiesen Taching LF.

Etym.: Weiterbildung zu → *Tobel*[2] od. Abl. zur Wz. von → *töben*. M.S.

Tobetzer[2]
M., heftiger Herzschlag: °*mei Herz håd gråd an Dobbatza do* Dachau. M.S.

töbig, -o-
Adj. **1** feucht, modrig, schwül.– **1a** feucht, °NB, °OP vereinz.: °*då herin grawets* [schimmelt es], *weis so döwe is* Grafenrd VIT.– **1b** muffig, modrig, °NB, °OP vereinz.: °*des schmeck dewwe!* Brennbg R; *döwë'* „dumpfig" Dinzling CHA BM I,240f.– **1c** schwül, stickig, °OB, °NB, °OP vereinz.: °*de is awa dowe, de Wiatsstubn!* Moosach EBE.
2 dämmrig, neblig.– **2a** dämmrig, °OB, °OP vereinz.: °*jetz is scho döbi draußn* Rdnburg.– **2b** neblig, °OB, °OP vereinz.: °*öitz wiarts owa dewe* Nittenau ROD.
3 von Menschen u. Tieren.– **3a** asthmatisch, schwindsüchtig, kurzatmig: °*der is dewi* „bekommt schlecht Luft" Troschenrth ESB; *Wan ein Pferd dowich ist. Nim ein mäsl brandwein* Höfler Sindelsdf.Hausmittelb. 73; *auch vmb die Prust voll, vnnd döbig* Adelhzn TS vor 1629 Bayer. Badeztg 1865, 174.– **3b** heiser, °OB vereinz.: °*vor lauta Redn is a döwi worn* Tittmoning LF.– **3c** matt, benommen, schwindlig, °NB, °OP vereinz.: °*mia is heint ganz diwi* Kchnthumbach ESB.– **3d** zittrig, °OB, OP vereinz.: *er wird jetzt recht diebi* „tatterig" Sulzbach-Rosenbg.

Hässlein Nürnbg.Id. 57; Schmeller I,581.– WBÖ V,115.

M.S.

†Töbigkeit
F.: *Die Töbigkeit* „Abzehrung" OP Schmeller I, 581.

Schmeller I,581. M.S.

Tobin, gewässerter Taft, → *Tabin*.

töbisch
Adj.: °*heint bin i ganz töbisch* „matt, abgeschlagen" Fronau ROD. M.S.

-tobler
M., nur im Komp.: [**Bären**]**t.**: °*Bärndobler* „große Kugel beim Schusserspiel" Malching GRI. M.S.

töblich
Adj., muffig, modrig: °*deblich* „feucht riechend" Rgbg; *Demenach auch das Gottshaus sehr töblich … gewesen* Poikam KEH 1625 Wagner Kapfelbg u. Poikam 371. M.S.

toblig
Adj., muffig: °*dowle* „wenn die Luft im Zimmer abgestanden ist" Stulln NAB. M.S.

doch
I Adv.– **1** dennoch, trotzdem, °OB, °NB, °OP vereinz.: °*is wuascht, i geah ja do it* [nicht] *hi* Erling STA; °*iaz hod a do ebbs griagt!* Neufraunhfn VIB; *gschmeckt hat's eahm do, as Bier, des hat ma gmirkt* Breitenfellner Spinnstubengesch. 76; *Wenn I d· Stümpf und d· Schuəh vo'sauf; So hàn I do' no~ d· Füəss* OB Schmeller Mda. 531; *doh uuanit* [meint] *des uilo gotmanno* 9.Jh. SKD 68,48 (Muspilli); *sy ward herlich begraben … als doch ain fürstin* Arnpeck Chron. 668,38f.
2 doch, als Widerspruch zu einer vorausgegangenen Annahme, Aussage od. Frage, °OB, °OP vereinz.: °*san S' net da gwesn? – doch!* Mchn; „*… Übergibst, oda machst alloa furt?*" „*I bin do it* [nicht] *alloa*" Thoma Werke VI,291f. (Wittiber).
3 wider Erwarten, als Bestätigung einer Vermutung, die unwahrscheinlich schien, °OB, °NB vereinz.: °*iatz bisd do no kemma!* Neufraunhfn VIB; *Bist wieda auf da Höch? Kost do wieda füri mit dein Haxen?* Thoma ebd. III,116 (Hochzeit).
II Abtönungspartikel.– **1** zur Bekräftigung einer Aussage, Frage od. eines Wunsches, °Gesamtgeb. mehrf.: °*i schmeiß do mei Gejd net beim Fenschta außi!* Hartpenning MB; °*dös mou do an ejda Depp begräffa!* Moosbach VIT; °*paß doch auf!* Ried FDB; *Nåchbă, sei do g'scheid!* Dürnbg LF Hartmann Volksl. 25; *des is a zuafáyy … weiy dà Wáynà* [PN], *deà štéyt do'nix* Ströbl Malching 79; *ich pin et* [wirklich] *sehens auch doch nicht erplenndet* Füetrer Persibein 9,33; „*Hostn gsehn tanzen? Ey jo da! …* (Ja doch!)" Zaupser 95.
2 als Ausdruck der Entrüstung, des Unmuts, OB, °NB, °OP vereinz.: °*kriang ma vo döm a Trinkgeld? a woher doch!* Wimm PAN; *dös Hundsluada werd do' nöt scho' wieder durch sei'!* Lutz Zwischenfall 9.
3 Zustimmung erheischend: *den khensd do ā, vo šdrauben drauf is a* nach Hinderling Zinzenzell 302.
III †Konj.– **1** unterordnend, obwohl: *doh si mih in gelêrt hât, si newaiz selbe wiez umbe in stât* Kaiserchr. 126,2463f.
2 nebenordnend, aber, jedoch: *dise kristenliute … Ir engele, sie werdent ouch iu niht gar* [gehören euch nicht ganz], *doch diu kleinen kint* BertholdvR II,169,34f.; *wir Sün zwar blibn. doch and'st nit. als Jn groser angst* 1648 Haidenbucher Geschichtb. 163.

Etym.: Ahd. *doh*, mhd. *doch*, germ. Wort idg. Herkunft; Kluge-Seebold 208.

Schmeller I,482.– WBÖ V,115-117.

Komp.: [**von**]**d.**: *vadach* „doch" Wb.Krün 52. A.R.R.

Dochel, -er, Dohle, →*Tahe*.

Docher, Lehm, Ton, →*Dahen*.

tochetzen, pochen, keuchen, →*tocketzen*.

Docht, -er
M., N. (WEG; ROD). **1** Docht, °Gesamtgeb. vielf.: *da Dacht brennt aus* Münchham PA; *da obrennt Doucht* Pfreimd NAB; *wöi a rauchata, kouhlnschwoaza Docht* Morgenschweis mei Schloch 99; *taht* Tegernsee MB 11.Jh StSG. II,630,5; *vmb L Pfd. dachts zu den kertzen* Ingolstadt 1392 Freyberg Slg II,161.– Phras.: *an Dacht … eiführn* [Geschlechtsverkehr ausüben] Queri Kraftbayr. 124.
2 †Schnur: *ein daht … von dem h*^{v}*opte unze* [bis] *vf die meisten zehen* Aldersbach VOF vor 1250 Clm 2641,fol.147^{r}.

Etym.: Ahd., mhd. *tâht* stm., germ. Wort wohl idg. Herkunft; Kluge-Seebold 208.

Ltg, Formen: *dǭxd* u.ä., auch *-ou-* (GRI), daneben *-ǫu-* OP, OF, MF (dazu KEH), vereinz. *dǫsd* (HEB), *-ǫu-* (PAR), *dǭd* (PAN, WOS), *dǫad* (ROL; HIP), *dǭx* u.ä. (SOB; SAD), *dǫux* (NAB), weiterhin *dǫχta* (ROL; AM, R), *-ǫu-* (AM, BUL, NM, RID, SUL), *dǫxdn* (SC), *dǫuχtn* u.ä. (NEW, PAR, VOH), mit Uml. aus Pl. *dạχt* u.ä. (TS; KÖZ; ROD), *dęχt*, *-e-* u.ä. (R, ROD; REH), *-ęi-* u.ä. (ESB, PAR).– Pl. *dǫχt* u.ä., ferner *dǫχta* u.ä. OB, NB, MF (dazu NEN), *-ǫu-* u.ä. (AM, NM, SUL; HIP), *dōxa* (SOB), *dǫχtan* (MÜ), *-ǫu-* (AM), *dǫχtn* u.ä. (AÖ, IN, SOB; GRA, GRI, LAN, MAL, VIB), *-ǫu-* (NEW, OVI; EIH), *dǫχn* (PA), *dōxŋ* (SOB), wie Sg. *dǫusd* (PAR), mit Uml. *dạχt* u.ä. NB (dazu MB; WUN), *-ęi-* u.ä. OP (dazu EIH, HIP; ND), *dęiχ* (NAB), daneben *dęχt*, *-e-* u.ä. OB, NB, MF, SCH (dazu ESB, R), ferner *dęχta*, *-e-* u.ä. (AÖ, LF, SOB, TS, WS; MAL, VIT; EIH; DON), *dęiχtan* (AM).

DWA XVIII,K.1.– Schmeller I,484.– WBÖ IV,58-60.

Abl.: *dochteln*. A.R.R.

dochteln
Vb.: *d Kirzn douchtlt* qualmt Burglengenfd.
WBÖ IV,65f. A.R.R.

Tochter

F. **1** Tochter, Gesamtgeb. vielf.: *Dachter is auf und auf* [völlig] *d Muatta* Wasserburg; *man Våttan san Bruaran a Dåuchta* Mittich GRI; *sie wills da Dåuchta sogn* Ottengrün TIR; *a Wiadd ... dea zwüi Dechdda ghadd houd* Lodes Huuza güi 55; *s'Döhtarl gradt dar Muadar nah* Falkenstein ROD Schönwerth Leseb. 273; *Minem dochterlin daz ich bi der selben vrowen han* Aldersbach VOF 1287 Corp.Urk. II,277,45-278,1; *freylein Agnes, kayser Ludwigs tachter* 16.Jh. Dok.Mchn.Familiengesch. 196.– Spruch im Wortspiel mit →*Achter*²: °*Dåchta is ma liaba wia Dian!* „beim Ausspielen eines Achters im Kartenspiel" Hartpenning MB.– Drischlegspiel: *Töchter ausheiraten* Mühlrad 1 (1951) Nr.10,38.– Auch Schwiegertochter, OB, OP vereinz.: *Dachter* Wolfersdf FS.
2 †Prostituierte: *daz er nyemand gestatten welle, an samßtag nachten und andern heiligen nehten bey seinen tochtern zuligen* 1444 Stadtr. Ambg I,331.

Etym.: Ahd., mhd. *tohter* stf., germ. Wort idg. Herkunft; Kluge-Seebold 919.

Ltg, Formen: Mit Übergang von mhd. *-o-* zu *-ô-*, vgl. Lg. § 5f, *dǫuχta* NB (dazu ED; BUL, NM; ND), *-ęǫ-* (WEG, WOS), gekürzt *-å-*, *-ǫ-* u.ä. OB, NB, OP, SCH (dazu EIH; WUN), ferner westl.OB, MF u. im Gesamtgeb. jünger *-o-* u.ä., vereinz. *dūxda* (AM).– Dat.Sg. *-n* NB.– Pl. *deχta*, *-ę-* u.ä., ferner *-ęi-* u.ä. (IN; GRI; BUL, NM; WUN; ND), vereinz. *-ęa-* (ED, WOR), dazu *-ạ-* (RO, WOR), auch *deχtan*, *-ę-* u.ä. SCH (dazu IN, MÜ; GRA, KEH; AM, BEI, NEW, PAR, VOH; EIH, ER, SC), *-ana* u.ä. (GRA, PA, VOF, WEG, WOS), *teχt(ə)rə*, *-ę-* u.ä. (FFB, LL, SOG, WM).

Westenrieder Gloss. 580f.– WBÖ V,117f.

Komp.: [**Bäcker(s)**]**t.** Tochter eines Bäckers, OB, NB, OP vereinz.: *d Böckadåuchta* Iggensbach DEG.

[**Bauern**]**t.**, [**Bauer(n)s**]**-** Bauerntochter, Gesamtgeb. mehrf.: *Bauanstöchta* Burghsn AÖ; *insari Bauradejchdr heirada fascht all in d Schdadd nei* Mering FDB; *des ... Bauernleinen ... des jede Bauersdachta ... ois Heiratsguat mitbrocht hot* Pinzl Bäuerin 133.– Schnaderhüpfel: *åle Leit daitn min Fingan af mi, wal i grod di kraizlustige Bauandåchta bi* Bruck ROD.

WBÖ V,118.

[**Schul-lehrers**]**t.**: „Kartenspiel ... Die Zehner heißen *Schullehrerstöchter*" LL Dt.Gaue 12 (1911) 156f.

[**Zimmer-manns**]**t.** Tochter eines Zimmermanns, in Phras.: °*Zimmermannstochter vo Bretlebn* „Spott auf eine weibliche Person ohne Rundungen" Winklsaß MAL.

[**Schreiner-meister**]**t.** Tochter eines Schreinermeisters, im Spruch: °*Schreinermoastertochter, vorn ghoblt, hint glatt* „Frau ohne Busen" Siegsdf TS.

[**Müll(n)ers**]**t.** groß gewachsenes Mädchen: *dös sand Mejnasdöchta! – Warum denn? – Wai s an håua Wassafåj ham* Reisbach DGF; *Dēs is a Millerstochter* Berthold Fürther Wb. 141.

[**Schindel**]**t.** in Phras.: °*dös is a Schindltochter von der Brettlebn* „Frau ohne Busen" Bischofsrth WOS.

[**Schreiners**]**t.** Tochter eines Schreiners, in Phras.: °*Schreinerstochter von Brettlebn* „Frau ohne Busen" Rottenburg.

[**Schwieger**]**t.** Schwiegertochter, Gesamtgeb. vielf.: *Schwigadåuchta* Aicha PA; *Schwichatachta* Ödmiesbach OVI; *Daa Bou ... und daa Schwiechertochter* Schemm Neie Deas-Gsch. 75.

DWA VI,K.4. A.R.R.

Dock, -docken

M., ä.Spr., in heutiger Mda. nur im Komp., von feinen Gold- u./od. Silberfäden durchzogener Stoff: *dopltaffeten englsreckl mit laubwerg von guldem dok ausgeschniten verpremt* Mchn 1592 Mitterwieser Fronleichnamsproz. 59.

Etym.: Wohl Var. von →*Docke*; DWB II,1208.

Schmeller I,489.– WBÖ V,119.

Komp.: [**Woll**]**d.**: °*der Wolldockn* „Rocken spinnfertiger Wolle am Spinnrad" Lenggries TÖL.

A.R.R.

Tock

M.: °*a Dock* „Rüpel, poltender Mensch" Rimbach KÖZ. A.R.R.

Docke

F. **1** Puppe, Spielzeug, °Gesamtgeb. vielf.: °*s Christkindl håd an Diandl a Doggal bråchd* Buch a.Erlbach LA; „Hochzeitsscherz: ins Ehebett auf dem Kammerwagen *a Docka ens Bett legn*" Gleiritsch OVI; *Die krankn Doggerla von halm Dorf warns* Schemm Stoagass 89; *Der* *tocken wol mit im ze spilen wære, als ie diu kint erdenkent* HADAMARvL 88,351; *Puba … toccha* Aldersbach VOF 12.Jh. StSG. III,252,19; „für *claidtung zwaier Dockhen* der kleinen Prinzessin“ Mchn 1678 SCHMIDT Erziehung 452.– Phras.: *wie eine D.* schön aussehend, (über Gebühr) schön angezogen, °OB, NB, °OP, MF vereinz.: *mit dem Gwanta bist waö a Doggal* Zandt KÖZ; *außa'putzt hat dich d'Burgl, wie a Docka* MEIER Werke I,44 (Elend).– *Döi bassn zam wöi a bar Dockala* „sind sehr ähnlich“ Neukchn KÖZ.– „*As wachs'n halt koi Dockerla* … ohne Fleiß kein Preis“ Mimbach u. Mausdf 111.– Auch: Theaterpuppe, OB, NB, OP vereinz.: *Dogga* Puppe im Kasperltheater Nandlstadt FS.– Strohpuppe, °OB vereinz.: *Dogg* „Hose und alte Joppe mit Stroh ausgestopft als *Pfingstlümmel*“ Dachau; *Dock'n* „aus Stroh geformte … Puppe“ BRAUN Gr.Wb. 95.– °*Docka* „Schneiderbüste“ Pfaffenbg MAL.

2 von Menschen, v.a. weiblichen Personen.– **2a** zierlicher, niedlicher Mensch, bes. Kind, NB, °SCH vereinz.: *a liabs Dockal* Hengerbg DEG; *Dokn* „zierliches Ding“ BAUERNFEIND Nordopf. 143.– **2b** hübsches Mädchen, °OB, °NB, °OP, °MF vereinz.: *a netts Doggal* Germering FFB; *Dogga* „puppenhafte Weiblichkeit“ ED Zw. Sempt u. Isen 16 (1976) 13; *Scheid dich nicht, herzes Dockelein* 1549 ERK-BÖHME II,254.– Spruch: °*nacha bleibst hocka, himmlische Docka* „sagt man scherzhaft, wenn eine Frau sich nicht vom Sitz erhebt“ Griesbach, ähnlich °OB, °OP vereinz.– Auch Kuhname °OB, OP vereinz.– **2c** (über Gebühr) herausgeputzte Frau, °OB, °NB, °OP vereinz.: °*wia dö wieda umananddollert, bis auffallt, de Dockn die spinnate!* Schönbrunn LA; *a Dockerl* „herausgeputztes Mädchen“ SINGER Arzbg.Wb. 52; *die Weiber (sonderlich die Adelige Docken) … biß sie sich … butzen* I. ERTL, Amara dulcis. Das ist: Bitter-Süsses Buß-Kraut, Nürnberg 1712, 11.– **2d** puppenhafte, gezierte, arbeitsscheue Frau, °NB, °OP vereinz.: °*Dockerl* „Ehefrau, die vom Haushalt nichts versteht“ Nabburg.– **2e** allg. abwertend von Frauen, °OB vereinz.: °*a so a dreckige Docka* Manching IN; *Dalkerte Dockn! Gschlamperte Hadern!* ORFF Weltheater 110 (Astutuli).

3 Bund, Bündel.– **3a** Büschel, Bündel, °OB, °NB, °OP vereinz.: *Doggerl* „Roggenbüschel, oben zusammengesteckt“ O'haindlfing FS; *an Hår* [Flachs] *auf Doggn lögn* Mittich GRI; „Der nun verbleibende *Floas* wurde zu *Docken* … zusammengebunden“ Mimbach u. Mausdf 111.– **3b** Gruppe zusammengestellter Garben, °NB, MF vereinz.: *Doggerl* „Garbenmännlein mit 9 Garben“ Arnbruck VIT.– **3c** Strang, Strähne, °Gesamtgeb. vereinz.: °*a Doka Floas* „gedrehter Flachs, am Rocken befestigt zum Spinnen“ Sulzbach-Rosenbg; *½ Döckel schwartzer Zwirn* 1731 SINGER Schacht 114.– **3d**: °*Docken* „Haarknoten, Dutt“ Hart AÖ.

4 auch M., Holzstück, Klotz, Zapfen.– **4a** Spinnrocken, °NB, °OP, °OF vereinz.: *Dogga* NB.– **4b** Halterung des Kettenbaums am Webstuhl, °NB vereinz.: *Dogga* „Holz mit großem runden Loch, in dem sich der Webbaum dreht“ Gottsdf WEG.– **4c**: *Dockn* „Garnspulen am Webstuhl“ Weiherhammer NEW.– **4d** Zapfen, °OB, °NB, °OP, MF vereinz.: °*Docka* „Halt der Pflugsohle am Grindel“ Deusmauer PAR; „Über die stromseitige *Docke* … an der Wand des Schiffes … wurde nun das Seil festgezurrt“ Kelhm Oberpfalz 93 (2005) 39.– Auch: °*Docken* „Drehstock der Drehbank“ Hart AÖ.– **4e** runder Griff, °OB, °NB, °OP vereinz.: „an der Sense *Doggal* für rechte Hand, *Kriggal* für die linke“ Schwandf.– **4f** Wange eines Sitzmöbels, einer Treppe u.ä., °OB vereinz.: °*Docken* „geschnitzte Seitenbretter einer Bank“ Fischbachau MB; „*32 Dockhen* (Stuhlwangen)“ Ambg 1699 VHO 64 (1912) 100.– **4g** Verbindungsholz, Quer- od. Stützholz, °OB, °OP vereinz.: °*der Dockn* „Holz über der Wagenachse zur Auflage der Wagenbretter“ Günzlhfn FFB; *Docken* „senkrechte Hölzer zwischen Kufe und Schemel beim Schlitten“ Lauterhfn NM; *tokn* „Pfeiler an Zäunen und Geländer“ Pollenfd EIH WEBER Eichstätt 64; *Ain eingeprochen Loh verschlagen. Zwo Dockhen hindter das Lauch gemacht* 1573 Stadtarch. Rosenhm GRE 16, 67 (Kammerrechnung); *ain bar Doken an dem Well-Baum* Rosenhm 1780 C. PRIESNER, Bayer. Messing, Stuttgart 1997, 234.– **4h** Verschlußpflock eines Abflusses, v.a. eines Teichs, °OP, °OF mehrf., °OB, °NB vereinz.: °*Dogga* „Holzverschluß für den Weiherablaß“ Brennbg R; *Dö Schwemm hod an Bon … a Loh ghod … Do is a huizanö 'Dogga' drinngsteckt. Dö is zon Oloussn aussazogn woan* KERSCHER Waldlerleben 75; *So bald die Doke des Weyerabfalles gezogen* Bilanz 1782 74.– **4i**: °*Dockn* „Überlaufzapfen des Brunntrogs“ Fischbachau MB.

5 Zu- od. Abfluß, Wasserrohr.– **5a** Abfluß eines Teichs, °OP mehrf., °OB, °NB, °OF vereinz.: °*Docka* „Abfluß des Weihers mit Rohr und Rechen“ Maxhütte-Haidhf BUL; *die Dockn* SINGER Arzbg.Wb. 52; *biß an des Teichs Docken* 1673 ders. Schacht 114.– **5b** †Schleuse, Absperrung: *Das land … hat vil gräben und däm mit tocken* AVENTIN V,238,16f. (Chron.).– **5c** Röhre.– **5ca** hölzernes Wasserrohr, °OB, °NB, °OP ver-

einz.: °*Docken* Garmisch-Partenkchn; „Auch wurde eine neue *Tocke* fürs laufende Wasser zum Feuerhaus gemacht“ 1853 REINDL Geiselhöring 156.– **5cβ** hölzerne Brunnsäule, Ausflußrohr daran, °OB, °OP vereinz.: °*Dockerl* Bayrischzell MB; „am Brunnentrog oder an der *Doggn*“ Frasdf RO HuV 14 (1936) 234.– **5d**: °„*Docken* mit *Mandl* und *Weibe*, Stoßstelle, Endstück zur Verbindung von Röhren“ Pfarrkchn.
6 †weiblicher Krebs: *Unter den krebsen ... sollen die dockhen ganz undt gar verbotten seyn* Eichstätt 1615 KOCH Fischverord 9.
7 Pflanze, Pflanzenteil.– **7a** Herbstzeitlose (Colchicum autumnale): *Doga* Mettenhm MÜ.– **7b** Mohnkapsel, °NB vereinz.: *Dockerl* Wallerfing VOF.– **7c** Maiskolben: °*Doggerl* Langquaid ROL.– **7d** Blüte von See- od. Teichrose, °OP vereinz.: °*Dockerl* Weiherhammer NEW.– **7e**: °*Doggala* „Kartoffel mit Auswüchsen“ Kchnthumbach ESB.

Etym.: Ahd. *tocka*, mhd. *tocke* swf., germ. Wort unklarer Herkunft; ²DWB VI,1194f.

DELLING I,128; SCHMELLER I,488f., 1784; ZAUPSER 21.– WBÖ V,119-122.

Abl.: *Dockel, dockeln, docken, dockerln, dockern, Dockin, dockisch*.

Komp.: [**Bach**]**d.** Dim. **1** Pfln.– **1a** Gelbe Seerose (Nuphar luteum): *Bachdockerl* Cham MARZELL Pfln. III,340.– **1b** Trollblume (Trollius europaeus): *Bodoggal* KONRAD nördl.Opf. 6.– **2** Blüte der Gelben Seerose: *Bachdockerl* OP MARZELL Himmelsbrot 23.– **3**: *Bodoggal* „pumpeliges kleines Weibchen“ KONRAD ebd.

[**Pfaffen**]**d.** **1** wie →*D.*7a: *Pfaffndoggn* Herbstzeitlose Schlammersdf ESB.– **2** Blüte der Herbstzeitlose: °*Pfaffadockn* Kchnthumbach ESB.

[**Brunn**(**en**)]**d.** wie →*D.*5cβ, OB, °NB, °MF vereinz.: *Brunndogga* Baumgarten FS.

[**Putz**]**d.** wie →*D.*2c, NB, °OP vereinz.: °*Putzdokker* „Frau, die sich auffällig herausputzt“ Fürstenstein PA; *Būzdockn* AMAN Schimpfwb. 46.

WBÖ V,122f.

[**Feld**]**d.** Klatschmohn (Papaver rhoeas) u. dessen Blüte: *Fejddogal* O'weikling BOG.

[**Fisch**]**d.** Verschlußpflock des Fischteichs, °NB, OP vereinz.: *d Fischdogga rausziang* Donaustauf R.

[**Flachs**]**d.** **1**: °*Flachsdoggerl* „Büschel geernteten Flachses“ Dietkchn NM.– **2** Strang, Strähne spinnfertigen Flachses, °OB, °NB, °OP, °MF vereinz.: °*Flachsdoggala* „am Rocken befestigt“ Deusmauer PAR.

[**Fleckelein**]**d.**: *Fläggaldoggn* „Fleckerlpuppe“ KONRAD nördl.Opf. 10.

[**Glieder**]**d.** Gliederpuppe, OB, NB, OP vereinz.: *a Gliedertockn* Wasserburg.

WBÖ V,123.

[**Heu**]**d.** Heutrockengestell, °OB vereinz.: „*Heidogga* und *Kleedogga*“ O'haunstadl IN.

[**Hof**]**d.** **1** †Hofdame: *Die Königin sambt ihren verwegnen Hoff-Docken und Cammer-Weibern* SELHAMER Tuba Rustica I,376.– **2** wie →*D.*2d, NB vereinz.: *a Hofdogga* eingebildetes Weib Winzer DEG.

WBÖ V,123.

[**Holz**]**d.** **1**: *Hulzdoggn* „Holzpuppe“ KONRAD nördl.Opf. 10.– **2**: °*Holzdockerl* „gedrechselte Verzierung am Spinnrad“ Neumarkt.– **3**: °*Holzdockn* „Holzröhre“ Schwandf.

WBÖ V,123.

†[**Juden**]**d.** Judenkirsche (Physalis alkekengi): *nym ... Judentocken idest alkakengi j lot* Indersdf DAH 15.Jh. Clm 7818,fol.166ᵛ.

SCHMELLER I,1202.

[**Korn**]**d.** Dim., Gruppe zusammengestellter Roggengarben, °NB vereinz.: °*Korndockala* „aus fünf Garben“ Grafenrd VIT.

WBÖ V,123.

[**Kram**]**d.** wie →*D.*1, in Phras.: *sie richt si zamm wäi a Krammdoggal* „ist sehr eitel“ Etzenricht NEW.

[**La**]**d.** **1** wie →*D.*7a, °OB, NB vereinz.: *Laatockan* Herbstzeitlose Mintraching FS; *Ladockn* Neufahrn MAL MARZELL Pfln. I,1105.– **2** wie →[*Pfaffen*]*d.*2: „*Ladoggan* = der grüne Fruchtstand der Herbstzeitlose“ WINKLER Heimatspr. 177.– Herkunft des Bestimmungsw. unklar. Nach MARZELL ebd. wohl aus →*Laus*.

SCHMELLER I,488, 1437.

[**Laus**]**d.** **1** wie →*D.*7a, OB vereinz.: *Lausdockern* Moosinning ED; *lausdoka* „Herbstzeitlose“

nach GRUNDLER Erding 64.– **2** wie →[*Pfaffen*]-*d*.2: *Lausdogg* „Fruchtknoten der Herbstzeitlose“ Schwaig ED.

[**Lohen**]**d.** wie →[*Bach*]*d*.1a: *Låuadockerl* Cham MARZELL Pfln. III,340.

[**Maien**]**d.** dass.: °*Meiadockerl* Schnaittenbach AM.

WBÖ V,123.

[**Mais**]**d.** wie →*D*.7c, °NB, °MF vereinz.: °*Maisdoggal ausbrecha* Geiselhöring MAL; „*Maisdokkerl* (Maiskolben)“ HÄRING Gäuboden 134.

[**Mist**]**d.**: *Mistdogga* unreinliche Person Iggensbach DEG.

[**Mode**]**d.** Modepuppe, °OB, °NB vereinz.: *dö Modödocka dö haubmnarrösche*! Innviertel OB; *Mudidoggng* MAAS Nürnbg.Wb. 101.

†[**Mutzen**]**d.** dass.: *Mozendock* „eine gepuzte Docke, ein Stuzer“ WESTENRIEDER Gloss. 371.

WESTENRIEDER Gloss. 371.

†[**Nagel**]**d.** wohl best. Schmiedwerkzeug: *In der Schmidten. 1 Ahnpoß. 1 Nagltockhen* M'rfels BOG 1693 BJV 1962,213.

[**Riffel**]**d.** Riffel, °OB, °NB vereinz.: °*Riffödocka* Arnstorf EG; „*Riffeldocken* (eiserne Kämme ...)“ Inntal OB HuV 14 (1936) 287.

[**Schmalz**]**d.** wie →*D*.7a: *Schmalzdockn* Herbstzeitlose Ohlstadt GAP.

[**Stroh**]**d.** Strohpuppe: °*a Schdrohdogg* „an Pfingsten aufgestellte Strohpuppe“ Dachau.

[**Wagen**]**d.** **1** wohl Achsenende, worauf das Rad gesteckt wird, OB, °OP vereinz.: *d'Wagntock* Haag WS.– **2** metallener Zylinder, der das über die Nabe hinausgehende Achsenende umschließt: °*Wagndockn* Aidenbach VOF.

[**Wasser**]**d.** **1** Libelle: *Wasserdokn* Ahornbg KEM; „*Wassertocke* ... Wohnort: Teiche“ F.v.P. SCHRANK, Fauna boica, Bd II,2, Nürnberg 1802, 203.– **2** Dim., Pfln.– **2a** wie →[*Bach*]*d*.1a, °OB, °OP vereinz.: °*Wasserdockerl* „gelbe Seerose“ Fronau ROD; *Wasserdockerln* Schnaittenbach AM MARZELL Pfln. III,340.– **2b** Weiße Seerose (Nymphaea alba): °*Wasserdockerl* „Weiße Seerose in den Moosgräben“ Brunnen SOB; *Das Waßer-Dockelein* OP SCHMELLER I,488.– **2c** Breiter Rohrkolben (Typha latifolia): °*Wasserdockerl* Aidenbach VOF.– **3** wie →[*Bach*]*d*.2: „Blüten der Gelben Seerosen ... *Wasser...dokkerl*“ OP MARZELL Himmelsbrot 23.

SCHMELLER I,488.

[**Weiher**]**d.** **1** Verschlußpflock eines Weiherablasses, °OB, °NB, °OP vereinz.: *Waiadockng* Floß NEW.– **2** Pfln.– **2a** wie →[*Bach*]*d*.1a, °OB, °NB, °OP vereinz.: °*Waiadockerl* „kleine gelbe Wasserrose“ Schönbrunn LA.– **2b** wie →[*Wasser*]*d*.2b: °*Weiherdockerl* „große weiße Seerose“ Thanning WOR.– **2c** wie →[*Wasser*]*d*.2c, °NB, °OP vereinz.: °*Weiherdockerl* Altglashütte TIR; „Schilfkolben = *Weiherdoggala*“ BRUNNER Heimatb.CHA 153.– **2d** Kalmus (Acorus Calamus): °*Weiherdockn* Hahnbach AM; *Weihadocka* Bay. Wald MARZELL Pfln. I,112.– **3** wie →*D*.7d: °*Weiherdockerl* „Knospen der weißen und gelben Teichrosen“ Weiherhammer NEW.

[**Wiesen**]**d.** wie →*D*.7a: *Wiesndoggan* Herbstzeitlose Mettenham MÜ.

[**Wühr**]**d.** wie →[*Bach*]*d*.1a: „*wẹiadokal* Wasserrose“ nach HECHT Neunburg 34.

[**Wurm**]**d.** Dim., Entwurmungsmittel, °NB vereinz.: °*Wurmdockal* „im Laden gekauft, ähnlich wie ein Zuckerhut“ Fürstenstein PA. A.R.R.

†Tocke

F., Ziboriumvelum: *ain griene samate docken uber das h. Sacrament* 1501 Dok.Mchn.Familiengesch. 218.

Etym.: Aus frz. *toque* 'krempenloser Hut'; WBÖ V,124.

WBÖ V,124. A.R.R.

Dockel

F. **1** Puppe, Spielzeug: *Fria ham de Dianein åwei mid de Doggin gschbuid* BAUMGARTNER Wasserburg 62.– Phras.: *Hearkriachdd bisch als wia a Dockl* [(über Gebühr) herausgeputzt] WÖLZMÜLLER Lechrainer 101.

2 †wohl Knäuel od. Wickel mit (Gold- od. Silber-)Faden: *3 pùntel seydn ... und I tokel golcz* Lererb. 97.

WBÖ V,119-122. A.R.R.

Tockel
M.(?), Hausschuh, °OB vereinz.: *Doggln* Kiefersfdn RO; *dokl* Inntal OB nach MAIER südmbair. Mda. 194.– †Auch: *Dockl* „Überschuh" O'audf RO SCHMELLER I,584.

SCHMELLER I,493,584.– WBÖ V,124. A.R.R.

dockeln, -dö-
Vb. **1** spielen.– **1a** mit Puppen spielen: °*doggln* Burgthann N; *doggla* KONRAD nördl.Opf. 10.– **1b** spielen allg.: *tockln* Auerbach ESB; *dokln* „herumspielen" DENZ Windisch-Eschenbach 124.
2 herausputzen: °*si doggeln si* „Kinder schmükken sich mit Schleifchen" Degerndf RO; *dockelen* „zieren, putzen" SCHMELLER I,488.
3: *dokln* „sich geziert benehmen" DENZ ebd.
4 Puppenkleider anfertigen: *Öitz is ... Zeit woardn fiar alle Christkindla. Hoimle is docklt, gstrickt, ghäklt, gnaht ... wordn* HEINRICH Stiftlanda Gschichtla 20.

SCHMELLER I,488.– WBÖ V,125.

Komp.: [**auf**]**d. 1** wie →*d*.2, °OB, °NB, °OP, °OF, °MF vereinz.: °*de doggeid se auf!* Rechtmehring WS; *a(u)fdockln* SINGER Arzbg.Wb. 52.– **2**: „einen *āfdockln* = mit Mühe aufziehen" VOGT Sechsämter 61.

[**her**]**d.** wie →*d*.2: *herdockln* U'rohrbach EG.

[**zu-sammen**]**d.** dass., °OB, NB, °OP, °MF, SCH vereinz.: *si zam dejkln* Derching FDB; *Wenn s' nur recht schö zsammdockelt san* KREIS Münchner 82.

[**ümher**]**d. 1** wie →*d*.1a: *naou haouts niat sua ätepetäte immadogglt* SCHEMM Stoagaß 168.– **2** wie →*d*.1b: *ümadockln* „spielen, verspielt sein" SINGER Arzbg.Wb. 52.

WBÖ V,125. A.R.R.

tockeln
Vb.: °*mei gschwoina Fuaß docket* (pocht) *ganz narrisch* Endlhsn WOR.

SCHMELLER I,489. A.R.R.

docken
Vb., Büschel zum Trocknen zusammenstellen, in heutiger Mda. nur im Komp.: *docken* „besonders den Flachs" SCHMELLER I,488.

SCHMELLER I,488.

Komp.: [**auf**]**d. 1** herausputzen, OB, SCH vereinz.: *wia ma si no so auftockn mag?!* Mchn.– **2** †wie →*d*.: *aufdocken* SCHMELLER ebd.

SCHMELLER I,488. A.R.R.

tocken
Vb.: °*doggn* „pochen, von einer Wunde" Gunzendf ESB.

Etym.: Onomat.; WBÖ V,125.

WBÖ V,125.

Abl.: *Tock*, *Tockel*, *tockeln*, *Tocketze*, *tocketzen*, *Tocketzer*. A.R.R.

dockerln
Vb. **1**: *dokaln* „mit Puppen spielen" KOLLMER II,89.
2 herausputzen, OB vereinz.: *dokaln* Mchn.

WBÖ V,125.

Komp.: [**auf**]**d. 1** wie →*d*.2, °OB, °NB, °OP vereinz.: *is de aufdockerlt!* Dachau; *ǭvdokaln* „herausputzen, schön herrichten, bes. den Kopfputz" nach KOLLMER II,37.– **2** Büschel, Bündel zum Trocknen zusammenstellen, °OB, NB vereinz.: „Flachs und Hafer wurden *aufdockerlt*" O'appersdf FS.

[**zu-sammen**]**d. 1** wie →*d*.2, °OB, NB, °OP vereinz.: *s Buagai* [PN] *håd se åba zåmdoggald* Tittmoning LF; *zammdockerlt und zammzupft san s' wia zwoamal a Weltmoasterin* Mchn. Stadtanz. 8 (1952) Nr.2,4.– **2**: *a zsamdoggerlts Fuada* gut geladenes Fuder Ursulapoppenricht AM.

[**um**]**dóckerln** umhegen, gut versorgen: °*an Krankn umdoggerln* Ambg. A.R.R.

dockern
Vb. **1** mit Puppen spielen: „Einem Mädchen, das ... gern *doggert*" SIEBZEHNRIEBL Grenzwaldheimat 300.
2: *dokan* „Getreidegarben zu Haufen zusammenstellen" Aicha PA.

WBÖ V,127.

Komp.: [**auf**]**d.** herausputzen: °*ganz a Aufdokate* Tittmoning LF; *die aufdockat'n Weibsbuida* Mchn.Stadtanz. 10 (1954) Nr.3,5. A.R.R.

Tocketze
F.: °*oite Tochetz* „alter Mann, der chronisch hustet" Hart AÖ. A.R.R.

tocketzen, tuck-, toch-
Vb. **1** pochen, pulsieren, °NB mehrf., °OB vereinz.: °*da Geschwern tocketzt oiwei örga* Lenggries TÖL; °*dös dogatzt gschaid!* „Herzklopfen" Passau; *dogetzn* „toben (von Wunden oder Geschwüren)" KOLLMER II,323.
2 zittern, °OB vereinz.: *meine Füaß doggetzn ma ganz* Berchtesgaden.
3 sieden, aufwallen, °OB, °NB, °OP vereinz.: *s Wossa fangt oh zon tocketzn* Fronau ROD.
4 keuchend atmen, husten.– **4a** schwer, keuchend atmen, °OB, °NB vereinz.: °*dea hat gscheit dochatzt übern Berg afa* Fürstenstein PA.– **4b** keuchend husten, °OB, °NB, °OP vereinz.: *der Sepp tochezt ganz schlimm* Gmund MB.
5 undeutlich sprechen, °OB, °NB, °OP vereinz.: *tockatz nit aso!* Endlhsn WOR.
6: °*tochatzn* „wehleidig sein, lamentieren bei Schmerz" Frauenau REG.
7: °*i lass mi do net dochetzn* „hetzen" Polling WM.
DELLING I,128; SCHMELLER I,489.– WBÖ V,127-129.

Komp.: [**da-her**]**t.**: °*do dogetsta wos dahea* „schwafelt herum" Tuntenhsn AIB. A.R.R.

Tocketzer
M. **1**: °*Dogatza* „langsamer Mensch" Neukchn a.Inn PA.
2: °*Tocketzer* „im Wirtshaus einer, der es eilig hat, heimzukommen" Aigenstadl WOS.
3 schmerzhaftes Pochen, °OB, °NB vereinz.: °*da Zåh hat oan Tocketza nachn andan to* Schaufling DEG; *Der Dockezer* „einmaliges Pochen" SCHMELLER I,489.– Auch: „einmaliges ... Zukken, Schwanken" ebd.
4: *Dogatza, Dogatzal* „heftiger und schneller Atemstoß" Aicha PA.
5 sumpfige Stelle, °OB vereinz.: *Dogetza* „nasser Boden mit schwankender Decke" Törwang RO.
SCHMELLER I,489.– WBÖ V,129. A.R.R.

Dockin
F. **1** Puppe, Spielzeug, °OB vereinz.: °*Dockin* O'högl BGD; *und hå^n mid maine Dokina gschbäid* Nußdf Heimatb.TS 19.
2 niedliches Kind: *Dockin* „Kosename" Berchtesgaden.
WBÖ V,129.

Komp.: [**Dirnlein**]**d.**: °*Dirndldokin* „recht aufgeputztes Mädchen" Tittmoning LF. A.R.R.

†dockisch
Adj.: *dockisch* „gar nett und zierlich" SCHMELLER I,488.
SCHMELLER I,488. A.R.R.

Dod, Patin, → *Tote*.

Tod
M. **1** Tod, Aufhören, Ende des Lebens, Totsein, °Gesamtgeb. vielf.: *vaur san Dåud håd ear nu liachtö Augnblik kriagt* Mittich GRI; °*des is a froucha Doud gwen* „das Sterben war allen willkommen" Windischeschenbach NEW; *dr Doad* Derching FDB; *Freilö, an Bibgockl und an Antvogl von Doud aufwöcka, dös kann ih nöt* Bayernb. 371 (J. Schlicht); *scbntlkhfs tpdfs* [*scantlihes todes*] 9.Jh. StSG. II,199,21; *Chunrats ... vnt ... Diemuten ... tahter schuln behalter sein vntzen* [bis] *an ir bæider toet* 1289 Urk. Raitenhaslach 355; *Wer jhm selbs den todt thut ... das soll Malefitzisch gestrafft ... werden* Landr.1616 412.– Phras.: „in jene traurigen Zeiten zurück, in denen *der schwarze Tod*, die Pest, unser ... Vaterland heimsuchte" Mchn Bayerld 25 (1913/1914) 336.– *Zu T.* in einer Intensität, die das Leben bedroht, °OB, °OP, °MF, °SCH mehrf., °NB vereinz.: °*dea duat se z doat arwan* Senkenschlag DAH; *oin z taod hetsn* Fürnrd SUL; *z· tód fallen, schlagen* SCHMELLER II,1068;– Spruch: *Béßar z' dàud drunka áls z' dàud gmà'd, därf ma niad so oft wétzn* Vilseck AM SCHÖNWERTH Sprichw. 44;– übertr. über das erträgliche Maß hinaus, übermäßig, °OB, °NB, °OP, °MF vereinz.: *an Åcka ztöät dunga* Mettenhm MÜ; °*der hod se z Doud gmischt* „zu lange die Karten gemischt" Rottendf NAB; *wanns sies hättn, sie frassatn si z'toud* Inzell TS KIEM obb.Volksl. 409;– *der håd sö z Tåud gheirad* „eine böse Frau" Innerzell GRA;– in hohem Maße, aufs Äußerste, sehr, °OB, °NB, MF mehrf., OP, SCH vereinz.: °*dös schmeckt z Tod guat!* Passau; *z toad lum* über den grünen Klee hinaus loben Seligenporten NM; *Die Bäuerin is z'toud froh gwen* HALLER Dismas 87; *z· Toud wàr* SCHMELLER II,966;– °*die kann i aufn Toud nöd aussteh* Tittmoning LF.– *Der T. schaut jmdm zu den Augen hinaus* u.ä. jmd stirbt vermutlich bald, °OB, °NB vereinz.: *den schaugt da Dåad scho aus de Agn aussa* Kochel TÖL;– *jmdm sitzt schon der T. auf den Lippen / der Zunge* OP, MF

vereinz.: *daan sitzt schå da Tåud afm Lippm* blasse Lippen haben Wildenrth NEW; *dera sitzt da Daud af da Zunga* „sie ist vom Tode gezeichnet“ nach KONRAD nördl.Opf. 99.– *Mit T. abgehen* u.ä. sterben: *mit Tod abgangen* Brunnenrth IN; *Und wann wir … von todes wegen ab gen* Rgbg 1389 VHO 34 (1879) 45; *Wie ihr Herr Vatter mit Todt abgangen/ hat sie … Reichtumb ererbt* SELHAMER Tuba Rustica II,340f.– *Sich den T. antun* sich überarbeiten, °Gesamtgeb. vielf.: °*do kunt ma i an Doad adoa und no wars zweni garwat* Tandern AIC; „der *sich* … auf dem Hof *net grad an Tod antun* mußte“ SCHILLING Paargauer Wb. 114;– übermäßig viel u. schnell essen, trinken, rauchen u.ä., °OB, °NB, °OP vereinz.: °*no, etza tou da no net glei an Toud o mit de Finganudl, koa Mensch nimmt da s!* Mintraching R;– seiner Gesundheit stark schaden, °OB, °NB vereinz.: °*wer bei der Kältn draußn sei muaß, kann si ja den Tod antun* Eitting MAL; *sich n Taoud oataou* „sich eine schwere Krankheit holen“ SINGER Arzbg.Wb. 234;– °*i tua da ön Tåud å* jemandem beim Kartenspiel sein ganzes Geld abgewinnen Klingenbrunn GRA.– *Umsonst ist der T. (und der kostet das Leben)* u.ä. es gibt nichts umsonst, für alles muß bezahlt werden, °OB, NB vereinz.: *umasünst is da Toud und dea kost s Löm* Metten DEG; *Umsunst is net amal der Tod, denn der kost das Leben* Mühlrad 1 (1951) 33;– *Der Tod is a teurer Gspaß, denn der kost 's Leben* SCHMIDKUNZ Weish. 120.– *Gegen den T. ist kein Kraut gewachsen* u.ä. der Tod ist unabwendbar, OB, NB vereinz.: *fian Dåud is khoa Graud gwoksn* Aicha PA; *Grǫd gengàn Doud is kõà Graud ned gwǫxn* KAPS Welt d.Bauern 152;– *Dar Dàud kõñ zin'Schlüßlluach eini* Neuenhammer VOH SCHÖNWERTH Sprichw. 43.– °*Wenn der Nachbar schdirbt, is leicht vom Toud redn* Tittmoning LF.– *Sãn óigna Dáud kõñ ma niad séa* Neuenhammer VOH SCHÖNWERTH ebd. 44.– °*Da Daoud macht alle gleich* Weiden, ähnlich SCHÖNWERTH ebd. 43.– *Der T. ist allen gewiß*: °*da Daoud is allan gwiß* Weiden; *Dar Dàud is állan gwiss* Neuenhammer VOH SCHÖNWERTH ebd.– *Mid 'n Dàud … haod dar Oarsch Feiraobmd* Ambg ebd.

Vkde: Der *T.* soll sich durch best. Vorzeichen ankündigen (→*äugnen*, →[*an*]*melden*): Angehörige träumen vom Todgeweihten (GRI, MAL), Bilder von ihm stürzen ab od. fallen um (OB vereinz.; S. METKEN, Die letzte Reise, München 1984, 72), Uhren bleiben stehen (OB, NB vereinz.) od. ihr Ticken u. Schlagen erscheint plötzlich lauter (GRI), der Todgeweihte hat plötzlich Gänsehaut (s. Bed.3, Phras.) od. hört die Kirchenglokken läuten (DEG). „Wenn es zwischen dem Wandlungläuten die Stunde schlägt, ist ein Todesfall zu erwarten“ O'audf RO, ähnlich BÖHM Falkenbg 186. Andere auffällige Geräusche werden wahrgenommen, bes. das (dreimalige) Klopfen an Fenster od. Tür (OB, NB vereinz.; BAUERNFEIND Nordopf. 103). Auch das Klopfen des Holzwurms (→[*Toten*]*hämmerlein*, →[*Toten*]*käfer*, →[*Toten*]*uhr*) im Gebälk gilt als Anzeichen des *T.es*, ferner das Schreien des Kauzes (→[*Toten*]*vogel*), das Gackern der Hühner, das Heulen des Hundes (OB, NB vereinz.; BAUERNFEIND ebd., S. METKEN ebd., WUTTKE Volksabergl. 206). „Eine im Feld hoch ausgeschossene weiße Krautstaude zeigt den *Tod* eines Familiengliedes an“ Wdsassen TIR, ähnlich BÖHM ebd. 186, S. METKEN ebd., POLLINGER Landshut 296. „Es bedeutet den nahen *Tod* von jemandem im Hause … wenn ein heulendes Kind Gräber und Kreuze macht“ Wdsassen TIR.– Nach dem *T.* werden die Fenster geöffnet, um der Seele freien Flug zu geben (OB, OP vereinz.; O. KERSCHER, Von alten Bräuchen unserer Heimat, Straubing 2000, 39). „Abends wird im Hause des Verstorbenen ein Rosenkranz gebetet, wozu die Nachbarn und Verwandten erscheinen“ Hohenpeißenbg SOG. In der Nacht wird für den Verstorbenen eine →[*Toten*]*wache* gehalten (KRISS Sitte 153).– Der *T.* des Bauern od. der Bäuerin muß ihren Tieren, bes. den Bienen (→*Biene*), den Saaten u. Pflanzen angekündigt werden (HuV 16 (1938) 144). Dazu „muß man den Impenstock rühren od. an eine andere Stelle setzen, sonst stirbt der Imp ab“ Reisbach DGF; der Sohn od. Knecht spricht dabei die Worte: *I tua enk kund, da Vata is gstorm. Iatzt bin i für enk da. Und morgn um neune is d'Leich* HAGER-HEYN Liab 135.– Stirbt kurz nach dem Todesfall eine weitere Person, heißt es, der Tote hätte ihn nachgeholt (NB, OP vereinz.). „Bleiben einem Gestorbenen die Augen offen, so holt er bald jemand aus der Verwandtschaft nach“ Wdsassen TIR.

2 †rechtssprl.– **2a** Todesstrafe: *Geschæch aber/ daz/ daz des Gotshavses man sogetan missetat tæt/ dar vmb man rihten sold v̊ber sin leben mit dem tod* Straubing 1295 Corp.Urk. III,299,12f.; *das er zu ainem andern tod gericht würd* 1498 BREIT Verbrechen u.Strafe 45.– **2b** mit dem Tod zu bestrafendes Verbrechen: *Sonst hat man alle töd zu Prien zu richten* 1498 ebd.

3 personifizierte Gestalt des Todes, °OB, NB, OP vereinz.: *da Dåud mit da Sasd* [Sense] *und mit dar Ua* Aicha PA; *Da gnockt* [kauert] *da Tod si hi zun Deifi und vazählt* BREITENFELLNER Spinnstubengesch. 103; *DEr grimmig Todt mit seinem Pfeyl/ Thut, nach dem leben zihlen* Gesangb. 113.– Phras.: *Gevatter T.* dass., °OB vereinz.: °*Gevatter Tot* Siechendf FS.– °*Der Hausierer handelt mit allem Tod und Teufel* „allem möglichen Zeug“ Reuth WOR.– *Dürr wia da Dåud* „sehr dünn“ Passau.– *Gelb / weiß / bleich wie der T.* u.ä. von blasser, fahler Gesichtsfarbe, NB, OP, MF mehrf., OB, OF vereinz.: *kaswais wia da Dåud* Aicha PA; *bloach wiä dă Dàud* OB, NB Bavaria I,347.– *Ausschauen wie der T.* u.ä. blaß, abgemagert, krank, °OB, °NB, °OP vereinz.: °*dea schaug aus wia da Toad* Wildenroth FFB;– erweitert: *ausschauen / daherkommen wie der T. zu Ötting / Forchheim* u.ä., °OB, °NB, °OP, °MF, °SCH vielf.: °*der kimmt daher wia da Tod vo Eding* Laberweinting MAL; °*der schaut aus wöi der Dout vo Forchheim* Regelsbach SC; *Deà schaud … aus wià dà Doud z Ęęden* KAPS Welt d.Bauern 144;– *ausschauen wie dem T. (von Ötting) sein Geschäftsreisender / Bruder* u.ä. °NB mehrf., °OB, °OP vereinz.: *an Tod sei Mustaraisenda* Fürstenfeldbruck; °*der schaut aus wie dem Tod von Altötting sein Mehlreisender* Wilting CHA; *ausschaua, wej an Doud vo Eding sei' zwoata Gschäftsreisenda* JUDENMANN Opf.Wb. 19.– *Gegen den ist der T. von Ötting eine Specksau* jmd ist sehr mager, °OB, °NB vereinz.: °*gegen den is da Doad vo Eding a Specksau* Nottau WEG.– *Anhalten / ansetzen wie der T. dem Kranken* aufdringlich sein, NB vereinz.: *der setzt a wia da Dout an Kranken* Lam KÖZ.– °*Der steht eam o wöi der Tod an Krankn* auf etwas scharf sein Kötzting.– *Der T. schlägt sich dazu* jmd stirbt, OB, NB vereinz.: *då hat si der Toad drzugschlågn* er ist gestorben Garmisch-Partenkchn;– übertr. das Spiel ist verloren: *jetzat schlagt si der Dout … dazua – – aus is!* SCHOLL Dachauer Gesch. 7.– *Dem T. (von Ötting) davonkommen* u.ä. eine schwere Krankheit überstehen, knapp dem Tod entgehen, °OB vereinz.: °*dea is an Toud vo Eding auskemma* Garching AÖ;– *dem T. (von Ötting) von der Schaufel springen* u.ä. °OB, °NB, °OP vereinz.: °*der is an Tod vo Eding grad no über d Sansn gsprunga* Teisendf LF; °*der isn Doud vo da Schafl å* Trausnitz NAB; *Dem Doud vo dâ Schaufi schbringâ* CHRISTL Aichacher Wb. 49.– *Dem Tod zurennen* „vermessene Tollkühnheit" Schloßbg RO;– *dea schbujd do min Dod* „ist waghalsig" Lamsöd WS;– *Tod und Teufel nicht scheuen* Kchdf MAI.– *Jmd ist gut um den T. schicken* u.ä. langsam, langweilig, °OB, °NB, OP vereinz.: *du wast guat um an Dåud schika, do deaft ma lenga lebn* Bruck ROD; *a langweiliger Bader is guat auf'n Tod ausschicka* Wdmünchn. Heimatbote 20 (1989) 64; *Wärst gut um den Tod schicken* BUCHER Kinderlehre 40.– *Der T. nimmt alles mit* verändert alles endgültig: °*da Daoud nimmt allas mit* Weiden; *Dar Dàud nimd állas mid* Ambg SCHÖNWERTH Sprichw. 43.– *Der T. pfuscht einem jeden ins Handwerk* bringt alles durcheinander: °*da Toud pfuscht an jeden ins Handwerk* Wdsassen TIR; *Dar Dáud pfuscht an àidan ins Hándwèrk* Neuenhammer VOH SCHÖNWERTH ebd. 44.– *An Dàud is ma niad màir wós* [als] *d' Haud schuldi* Neuenhammer VOH ebd.– °*An Toud sei Uhr hot a andere Zeit ois wia de mei, aba sie geht leida richti* Tittmoning LF.– *Schaurd óin d' Haud, lăft óin dar Dàud übar 's Gró* Neuenhammer VOH SCHÖNWERTH ebd.– *Wèr 'n Dàud fürht't, dén huld ar bál* Neuenhammer VOH ebd.– *Wèrn dar Dàud geigt, dèr braucht niad láng z' dántzn* Neuenhammer VOH ebd.– *Nao'n Dàud seinar Sichl wáhst kâñ Grós* Neuenhammer VOH ebd.– *Wao dar Dáud áckard, braucht ma niad z' sà'n* Neuenhammer VOH ebd.– °*Dös muaß eahm der Tod lassen* „man muß es ihm gönnen" Schaufling DEG.– Reim: °*sooft da Tåd z Eding umamaht, oans d Augn vodraht* Gotteszell VIT.

4 Brand, Getreidekrankheit: °*Tod* Rupertigau.

5 kleiner Brotlaib aus Teigrest, °OB, °NB, °OP vereinz.: *da Toud* „weil er der letzte ist" Pastetten ED.

Etym.: Ahd. *tôd*, mhd. *tôt* stm., Abl. zur selben germ. Wz. wie →*tot*; PFEIFER Et.Wb. 1435.

Ltg: *dǫud* u.ä., vereinz. *dęǫd* (MÜ), *dǫid* (DGF, GRI, REG), ferner *dǫad* westl. OB, SCH, *dǭd* OB, NB, im Gesamtgeb. ugs. *dōd*.

DELLING I,128; SCHMELLER I,586.– WBÖ V,129-132.

Abl.: *Todel*[1], *tödlich*.

Komp.: [**Äpfel**]**t.**: *e.pfe*ⁱ*.tot* „eine Art Pfannkuchen, aus dem Reste von Teig und Apfelschnitzen" DIETL Erg.Schmeller I,29.

[**Baum**]**t.** Efeu (Hedera helix), °OB vereinz.: °*Bamtoud* Kchseeon EBE; *Ba(u)mtaoud* O'roning ROL Bayerwald 24 (1926) 164.

[**Bier**]**t.** scherzh. Trinker: °*Bierdoud* Grafing EBE.

[**Dackel**]**t.**: *Dackltåud* „unerfahrener Jäger" Naabdemenrth NEW.

[**Drohnen**]**t.** Drohnenschlacht: *Drohnatod* Tutzing STA.

[**Flieg(en)**]**t.** Fliegenpilz (Amanita muscaria), °OB mehrf., NB vereinz.: °*da Fliagndoud* Hirnsbg RO; *Floingdoud* Piegendf ROL; „Ein Haufen Fliegen summt … zur Kommode … wo auf dem flachen Teller rot der *Fliegentod* liegt" Altb.Heimatp. 55 (2003) Nr.43,25; „wird … der giftige Fliegenschwamm … auf öffentlichem Wochenmarkte als sogenannter *Fliegentod* verkauft" Mchn A. STERLER, Darstellung der Fortschritte u. des gegenwärtigen Zustandes der Pharmacie in Baiern, München 1818, 29.

SCHMELLER I,586.– WBÖ V,132.

†[**Vogel**]**t.** Samen des Echten Schierlings: „*Vogeltod* nannten die Oberpfälzer die hochgiftigen Samen, weil sie damit … Sperlinge vergifteten" 19.Jh. STADLBAUER Heilpflanzen Opf. 45.

[**Gänse**]**t.**, [**Gänslein**]- **1** Ausbleiben von Gänsenachwuchs: *Der Antlaßpfinzta* [Gründonnerstag] … *Vor allem soll's nicht regnen an dem Tag, sonst regnet's … den Gansltod* PAF SCHLICHT Bayer.Ld 117.– **2**: „Gänse … geschlachtet … Deshalb nannten wir den Herbst … *Gänsetot*" Harlesbg NEW Servus in Stadt & Ld 2013, H.11, 58.– **3** Scharfer Hahnenfuß (Ranunculus acris): *Gänstod* Schrobenhsn Bayer.Heimatschutz 31 (1935) 35.

[**Hennen**]**t.** **1** Nachtschattengewächs.– **1a** Bittersüß (Solanum dulcamara): *Hennentod* Berg SOB MARZELL Pfln. IV,355.– **1b** Schwarzer Nachtschatten (Solanum nigrum): °*Hejnnatoad* Tandern AIC; *Hennatod* BzbV 1 (1912) 7.– **2** Sodbrennen: *mi brent da Henadåud* Ruhstorf GRI.
WBÖ V,132.

[**Hühner**]**t.** Herbstzeitlose (Colchicum autumnale): °*an Hühnatout darfan d Küah nöt dawischn, do rinnas ganz aus* „haben starken Durchfall" Reichersbeuern TÖL.

[**Kegel**]**t.**: *Kegeltod* „Kegel*schieber*, der recht viele Kegel trifft" Dt.Gaue 41 (1949) 31.
WBÖ V,132.

[**Maus**]**t.** **1** Tod der Maus, nur in Phras. *auf M.* in hohem Maße, heftig, OB, NB, OP vereinz.: *arbeitet auf maustot* M'lstetten FFB; *aber der Hund eahm* [dem Hasen] *glei 'nach auf maustot!* Fliegende Bl. 157 (1922) 133.– **2** †Mäusegift: *Maustôd* SCHMELLER I,586.– **3** Schwätzer, °OB vereinz.: °*dös is a richtiga Maustout* O'högl BGD; *Mausdaoud* „unaufhörlicher Schwätzer" HELM Mda.Bgdn.Ld 157.– Bestimmungsw. wohl volksetym. aus nd. *murs* 'gänzlich'; KLUGE-SEEBOLD 610.
SCHMELLER I,586.

[**Roß**]**t.** wohl wie →[*Gänse*]*t.*3: *Roßtout* Weidach AIB.

[**Sau**]**t.** **1** Zeit, Tag der Schweineschlachtung.– **1a** (Tag vor dem) Tag des hl. Thomas, 21. Dezember, NB, °OP vereinz.: *Saudåud* „weil in allen Höfen ein Schwein geschlachtet wird" Aicha PA; *da Thomas-Tåg is da Sau-Toud* KREUZER Rinchnachmündt 47.– **1b**: *Sautoud* „Samstag vor hohen Festen wie Kirchweih" Truchtlaching TS.– **2** wie →[*Hennen*]*t.*1b: „der giftige *Sautod*" BzBV 1 (1912) 7.
WBÖ V,132.

[**Schaf**]**t.** Zeit der Schafschlachtung: *da Schåuftåud* „in der Herbstweide und vor der Einwinterung (August bis November)" Naabdemenrth NEW.

[**Schwammen**]**t.** scherzh. eifriger Pilzsammler: *Daou schaut jeda Schwammataoud aaf saa fröihe Plaatz naou an Maipüls* HEINRICH Gschichtla u. Gedichtla 30.

†[**Weiber**]**t.**: *Weibertôd* „Mann, dem schon mehrere Ehweiber gestorben sind" SCHMELLER I,586.
SCHMELLER I,586.

[**Wider**]**t.**, Pfln., →[*Wider*]*tat*.

[**Wurm**]**t.** Wermut (Artemisia Absinthium): *Wurmtot* Regen. F.M.E.

Död, Pate, →*Töte*.

Dodel, Patin, weibliches Patenkind, →*Totel*[1].

Todel[1]
M. **1** Leichenwärter: °*Toudei* Königssee BGD; *Daodei, Doudei* „Leichenwärter" HELM Mda. Bgdn.Ld 50.
2 personifizierte Gestalt des Todes: „der Tod … *Toudl* … genannt" Altb.Heimatp. 50 (1998) Nr.44,6. F.M.E.

Todel[2], dummer, langweiliger Mensch, →*Tottel*.

todeln[1], nach Tod riechen, ereignislos sein, →*toteln*[1].

todeln[2], schwätzen, viel reden, →*totteln*.

Toderer[1], ängstlicher, schwatzhafter Mensch, →*Tatter(er)*.

Toderer[2], langweiliger Mensch, →*Totterer*[1].

Töderling[1], schwacher Mensch, Kuhfladen, → *Dederling*[1].

Töderling[2], Giftpilz, → *Töterling*[1].

tödlich
Adj. **1** den Tod verursachend: *a tötliche Blessur* Wdsassen TIR; *deidle* nach Funk Irgertshm 60; *Jst daz ein gesezzner Pvrgær einen menschen tœtlichen wundet* Passau 1299 Corp.Urk. IV, 539,44; *so offt einer entleibt oder Tödtlich verwundt würdet* Landr.1616 816.
2 †sterblich: *der menniske ist tôtlîch* Kaiserchr. 125,2422; *als wir dann all tödlich sind* Aventin I,139,26 (Bayr.Chron.).
3 †dem Tod entsprechend: *mit amächtigclichen si zu der erden saig* [sank] *tödlicher varb erplichen* Füetrer Persibein 62,232.

Etym.: Mhd. *tôtlich, tœtlich*, Abl. von → *Tod*; Kluge-Seebold 919.

Schmeller I,586; Westenrieder Gloss. 583.– WBÖ V,133f.

Komp.: †[**un**]**t.** **1** lebendig, lebend: *unser heilant von dem tode erstunde, untötlicher* O'altaicher Pred. 26,2.– **2** unsterblich: *dadurch wir dan auß tötlichen untötlich und götter werden mögen* Aventin IV,12,25f. (Chron.).

Schmeller I,586. F.M.E.

tofetzen, pochen, schlagen, → *tobetzen*.

Toff, Kreisel, → *Topf*[2].

toff, †tofft
Adj., heftig, hurtig, stark, °NB, °OP vereinz.: °*mei Nachbar is tof* Traidendf BUL; *toff, tofft* um Mchn Schmeller I,590.– Auch: °*tof tof!* „mach schnell!" Weihmichl LA.

Etym.: Aus jidd. *tow* 'gut' (Wolf Wb.Rotw. 330); WBÖ V,134. Anders Schmeller I,590.

Schmeller I,590.– WBÖ V,134.

Abl.: *toffig*. F.M.E.

Toffel[1] → *Pantoffel*.

Toffel[2] → *Christoph(orus)*.

Toffel[3] → *Kartoffel*.

doffeln
Vb. **1** schwätzen, viel reden, °NB vereinz.: *douffen* „plappern, in der Regel ohne Sinn" Birnbach GRI.
2 dahinstolpern, taumeln: *dovln* Kollmer II,323.

Etym.: Zur selben germ. Wz. wie nl. *doffen* 'anpochen, stoßen, schlagen', idg. Herkunft; vgl. Schw.Id. XII,633f. (töfflen). Anders WBÖ V,134.

Abl.: *Doffler*. F.M.E.

toffig, tofftig
Adj. **1** heftig, hurtig, stark, °OB, °NB vereinz.: °*der ist vielleicht toftig worn* Arnstorf EG; *Dà gêts toffi* „z.B. das Wasser ... da fließt es schnell, stark" um Mchn Schmeller I,590.
2: °*dees is tofte* „gut" Bogen.

Schmeller I,590. F.M.E.

Doffler
M., Schwätzer, Vielredner: *Douffla* Birnbach GRI. F.M.E.

Dogge
F. **1** Dogge, °OB vereinz.: *Doggn* Fürstenfeldbruck; *so fielen auch hin und her die Jag-Hund/ grosse und kleine Docken/ umb/ wie die Mucken* Selhamer Tuba Rustica II,158.– Phras.: *Ulmer D.* Deutsche Dogge, OB vereinz.: *Uima Doggn* Ingolstadt.
2 †: *Das Doggə-l* „Hündchen" Eichstätt Schmeller I,493.

Etym.: Aus engl. *dog* 'Hund'; Kluge-Seebold 208.

Schmeller I,493.

Komp.: [**Tiger**]**d.** gefleckte od. getigerte Dogge: *Tigadoggn* Fürstenfeldbruck. F.M.E.

Dohle → *Tahe*.

Dohne
F. **1** †Zug, Atemzug: *vorwellent sich ym dÿ nasenlöcher das sÿ kain don adtem mugen gehaben* Aldersbach VOF 15.Jh. Clm 2783,fol.104[r].
2 Dohne, Schlinge zum Vogelfang, OB, OP vereinz.: *Dona* Ingolstadt.

Etym.: Ahd. *dona* 'Ranke, Sehne', mhd. *don(e)* 'Gerät zum Vogelfangen, Spannung' stf., germ. Bildung zur selben idg. Wz. wie → *dehnen*; Et.Wb.Ahd. II,717f.

Schmeller I,515f.

Abl.: *-don*. F.M.E.

dohnen

Vb. **1** angeschwollen, gebläht sein, sich dehnen: *doahn* Naabdemenrth NEW; *Der dohnt or(d)ntle* „zu einem, der … übermäßig viel … gegessen hat" BRAUN Gr.Wb. 95; *Essen, daß man dohnt* HÄSSLEIN Nürnbg.Id. 57; *Der paum trinchet gar vil fåuchten in sich … vnd trinchet der als vil, daz sein důnne rinden dont* KONRADVM BdN 408,1f.; *das in di adern donen* Aldersbach VOF 15.Jh. Clm 2783,fol.124r.

2 †streben, trachten: *daz ich zuo dere wárheite done* O'alteich BOG MAURER relig.Dicht. I,381, 7 (Vom Himmelreich).

3 †spannen: *Vor donen möchte brechen ià mìner triuwen snůre gèn der vil reinen* HADAMARVL 71,284.

Etym.: Ahd. *thonên*, mhd. *donen*, germ. Bildung zur selben idg. Wz. wie →*dehnen*; Et.Wb.Ahd. II,723f.

HÄSSLEIN Nürnbg.Id. 57; SCHMELLER I,515.– WBÖ V,152.

Komp.: †[**be**]**d.** sich aufblähen: *Wan ein kueh bethan wil. Gib yhr sachsenkraut zu esen … so balt sie angelofen ist* HÖFLER Sindelsdf.Hausmittelb. 46f. F.M.E.

Doidel

M., abwertend von Menschen: *Öitza wird der Doidl bal fimfasiebzich und naou is er nu eifersüchti!* SCHEMM Die allerneistn Deas-Gsch. 31.

Etym.: Herkunft unklar. F.M.E.

dokterln

Vb. **1** †medizinische Behandlungen durchführen, bes. mit Hausmitteln od. ohne ärztliche Ausbildung: *er docterlt ein wenig* „Den Artzt machen" DELLING I,128; *den Krankenwärter … mit … zu den Leuten genommen habe, weil derley Brüder durch ihr Aerztln und Docterln die Frauen am glücklichsten einnehmen* 1778 BUCHER Werke VI,463.

2 †: *er docterlt jetzt schon ein Jahr* „Oefters Arzneymittel brauchen" DELLING ebd.

3 nach Medikamenten riechen: °*des Medikament duat herin doktalan* Reit i.W. TS.

DELLING I,128.

Komp.: [**um-ein-ander**]**d.** wie →*d.*1: *das nette kleine Buzerl … an dem grad die Höfangin umeinanderdokterlt hat* PEINKOFER Werke II,51. F.M.E.

doktern

Vb. **1** medizinisch behandeln, in ärztlicher Behandlung sein.– **1a** medizinische Behandlungen durchführen, bes. mit Hausmitteln od. ohne ärztliche Ausbildung, °NB, °OP vereinz.: °*de doktern alweil selber* Kötzting; *Də' Schində' vo˜ Au doktə't scho˜ längər als dreiss·g Jàr* SCHMELLER I,498.– **1b** (häufig) in ärztlicher Behandlung sein, zum Arzt gehen, °OB vereinz.: °*i muaß allerwei doktern* Ramsau WS; *Dees ęwege Doggdàn bringd me nã um* KAPS Welt d.Bauern 148; *doktern* „den Arzt brauchen" SCHMELLER ebd.– **1c** †: „Medizin nehmen. *Er doktə't scho˜ lang*" ebd.

2 (nutzlose) Versuche anstellen, endlos mit etwas beschäftigt sein, °OB, °NB, °OP vereinz.: °*doktern* „herumprobieren" Tirschenrth.

3 kluge Ratschläge geben: °*hört endlich mit eurem Doktern auf* Aidenbach VOF.

4 beim Kartenspiel zuschauen, °OB, NB vereinz.: *doktan* Außernzell DEG.

DELLING I,128; SCHMELLER I,498.– WBÖ V,137.

Komp.: [**um-ein-ander**]**d. 1** medizinisch behandeln, in ärztlicher Behandlung sein.– **1a** wie →*d.*1a, °OB, °NB vereinz.: °*umananddoktern* Reut PAN.– **1b** wie →*d.*1b, OB, OP, SCH vereinz.: *an ålde Greischn* [Frau] *dokdat scho jarweis ummanand* Friedbg.– **2** wie →*d.*2, °OB, NB, OP vereinz.: °*geh, dokta net so lang umanand* Rottau TS.

WBÖ V,137.

†[**hin-ein**]**d.**: *Er doktə't auf Trau˜staə˜ 'nei˜* „er braucht einen Arzt oder Medicinen aus Traunstein" SCHMELLER I,498.

SCHMELLER I,498.

[**ver**]**d.** für Arztbesuche ausgeben, verschwenden: °*er is a reachtr Brauchr* [Verschwender], *und sie verdocktert äus* Mering FDB; *Sei˜ Və'mögng və'doktə'n* SCHMELLER I,498.

SCHMELLER I,498.– WBÖ V,137.

[**hin**]**d.** wie →*d.*2: *es hot scho da Urgroßvadda und da Großvadda und da Vadda dro hi'dokdad* BAUER gut bayer. 168.

[**mit**]**d.** wie →*d.*4, °OB, °OP vereinz.: °*i tua grod a wenge mitdoktan* Kammer TS.

[**her-um**]**d. 1** medizinisch behandeln, in ärztlicher Behandlung sein.– **1a** wie →*d.*1a, °OB, °OP vereinz.: °*der docktert was rum mit sein Zeug!*

Flintsbach RO; *Doch jahrelang homs nur rumdokdat* Altb.Heimatp. 61 (2009) Nr.17,10.– **1b** wie →*d.*1b, OB, NB vereinz.: *rumdoktern* Essenbach LA.– **1c** †: *er doktə't überàll rum* „er braucht einen Arzt oder Medicinen … von verschiedenen Orten her" SCHMELLER I,498.– **2** wie →*d.*2, °OB, °NB, °OP, MF vereinz.: °*dokter doch it* [nicht] *so rum* Bayersoien SOG; *habts* [ihr] *an uns rumdoktert und rumprobiert* QUERI Pfanzelter 7.

SCHMELLER I,498.

[**umher**]**d.** **1** wie →*d.*1b, OB, NB vereinz.: *der doktert scho lang uma* Perlesrt WOS; *Die Hinkat, mit der ihra Voda soviel umadoktern hat müass'n?* MEIER Werke I,310.– **2** wie →*d.*2, NB, OP, MF vereinz.: *umaradoktan* Pommelsbrunn HEB.

WBÖ V,137.

[**wegher**]**d.** durch Heilbehandlung entfernen: *i soll dir die Warz'n … weggadoktern?* FRANZ Lustivogelbach 42. F.M.E.

†Doktinger
M., scherzh. Gelehrter: *es seyen nit alle Doctinger/ die hinten hinab unter dem Hut ein Heubl tragen* SELHAMER Tuba Rustica II,62. F.M.E.

Doktor, Dokter(er)
M. **1** Gelehrter, Träger eines Doktortitels: °*Dokter* „der den Titel besitzt" Passau; *Ich Johann Castner der Ertznei doctor* Mitte 16.Jh. Jber HVS 10 (1907) 111.– Spruch: *Griaß Good, Herr Doggda – mir hockt a* „Ich bin verärgert" ILMBERGER Fibel 47.– Auch scherzh. Brillenträger: *da Hea Dokda* Haimhsn DAH.
2 Arzt, °OB, °NB, °OP mehrf., °Restgeb. vereinz.: °*s Fiawr losd idd* [nicht] *noch, do muasch um an Dokdr schikcha* Thaining LL; *da Dokta håd gsågt, das ea mera Bewögang måucha soi* Mittich GRI; °*du, Doggda, wos kannd i für a Krankad habm?* Wdmünchen; *koa'n Dokta brauchn d'Leit* DINGLER bair.Herz 107; *Eins doctors oder phisicus aide* Stadtr.Ambg II,151; *welche khranchet von zwen doctorn nit erkhendt worden* 1633 HAIDENBUCHER Geschichtb. 104.– Phras.: *viel Docter, viel Narren* „wenn man … viele Menschen um Rat frägt: so hört man von einem jeden eine andere Meinung" DELLING I,128.– *À guàdà Doggdà dàschboàd àn Pfoàrà … veij Vàsęę-gãng* „Bei einem guten Arzt werden die Patienten wieder gesund" nach KAPS Welt d.Bauern 148.– *A gunger Dokter mou zwäi Gottsacker hom* SCHEMM Dees u. Sell 247.
3 nicht studierter Heiler, Bader, OB, NB, OP, MF vereinz.: *Hea Dokta* Kchdf PAN.
4 Quacksalber, schlechter Arzt, OB vereinz.: *der Hr. Doktor* Wolnzach PAF.
5 †Schimpfw.: *Verbalinjurien … Hexe, Doktor* Haarbach VIB 2.H.17.Jh. VHN 58 (1925) 158.
6 im Kartenspiel.– **6a** Spieler, der lange überlegt: °*bist du a Dokterer!* Autenzell SOB.– **6b** Spieler, der anderen in die Karten schaut: *Dokterer* Ursulapoppenricht AM.

Etym.: Mhd. *doctor* stm., aus lat. *doctor* 'Lehrer, Lehrmeister'; PFEIFER Et.Wb. 235.

DELLING I,128; SCHMELLER I,498.– WBÖ V,135f.

Abl.: *dokterln, doktern, Doktinger, doktorieren.*

Komp.: [**Augen**]**d.** Augenarzt, NB mehrf., OB, OP, OF vereinz.: *i muaß zum Angdokta af Båssa ai* Zwiesel REG.

WBÖ V,136f.

[**Bauern**]**d.** **1** Landarzt, OB, SCH vereinz.: *Bauandokta* Tölz.– **2** wie →*D.*3, OB vereinz.: *Baurndouktar* Derching FDB.– Auch grober Arzt: *Bauandokta* „geht nicht besonders fein mit den Leuten um" Mchn.

WBÖ V,136.

[**Bein(er)**]**d.**, [**Beinlein**]- Heilkundiger für Knochenbrüche u.ä., OB, NB vereinz.: *Boadockta* O'nzell WEG; „Man nannte ihn nur den *Boandldoktor* vom Samerberg" Altb.Heimatp. 6 (1954) Nr.1,3.

[**Zehn-pfennig**]**d.** wie →*D.*3: *Zehnpfeningdokta* Barbier Passau.

[**Bein-bruch**]**d.** wie →[*Bein(er)*]*d.*, OB, NB, OP vereinz.: *der Boanbruchdokter* Wasserburg.

WBÖ V,137.

[**Tröpfelein**]**d.** Naturheilkundiger, Homöopath: °*iatz gehö gönt* [bald] *zom Tröpfaldockta, vüalleicht håt der a Mittl gön mei Krånkåt* Wimm PAN; *Tröpfldoktor* SCHLICHT Bayer.Ld 384.

[**Veterinär**]**d.** Tierarzt: *ma konn doh an Veterinärdokter dees teuer Geld net gebn* QUERI Pfanzelter 90.

[**Vieh**]**d.** **1** dass., °OB, °NB, OP, SCH vereinz.: *ea will a Vöichdockta wean* Wdmünchen; *da Viech-*

dokta … hot eahm an Fuaß eigipst Altb.Heimatp. 65 (2013) Nr.10,10.– **2** Schutzpatron des Viehs.– **2a**: °*Viechdoktor* „hl. Leonhard" Siglfing ED.– **2b**: °*Viechdoktor* „hl. Wendelin" ebd.– **3** grober Arzt: *daß er hoffntle ned aa so a Viechdokta is* Tochtermann Oiß wos Recht is 24.
WBÖ V,137.

[**Impf**]**d.** Impfarzt, OB, NB, OP vereinz.: *Imbfdogda* Kchasch ED.
WBÖ V,136.

[**Kräuter**]**d.**, [**Kräutlein**]- **1** Naturheilkundiger, OB, NB, OP vereinz.: *Kräutldokta* Rgbg.– **2** wie →*D.*3, OB, NB vereinz.: *Kräuterdoktor* Penzbg WM.

[**Mühl**]**d.**: °*Muidokta* „einer, der Mühlen repariert" Benediktbeuern TÖL.

[**Seich**]**d. 1** wie →[*Kräuter*]*d.*1, OB, NB vereinz.: *Soachdokta* „stellt die Krankheit aus der Untersuchung des Urins fest" Volkenschwand MAI.– **2** wie →*D.*3, OB vereinz.: *Soachdok̃ta* Epfenhsn LL.

[**Wund**]**d.** Wundarzt: *Wunddokta* Aicha PA.

[**Wunder**]**d. 1** Wunderheiler, °OB, OP, MF mehrf., NB vereinz.: *Wundadoktor* Wiesau TIR; *Zon Wundadokta* Graf Werke XI,1,508.– **2** wie →[*Kräuter*]*d.*1, OB, NB, OP vereinz.: *Wundadokta* Seeon TS.– **3** wie →*D.*3, OB, NB, OP vereinz.: *Wunderdoktor* Tyrlaching LF.
WBÖ V,137.

[**Zahn**]**d.**, [**Zähne**]- Zahnarzt, °OB, NB, OP, MF vereinz.: *jetzt deafi zum Zahndokta ge, dea wead mi weida schindn* Adlersbg R; *is da Xaver wieda zum Zahndokta aufe* Valentin Werke I,56.
WBÖ V,136. F.M.E.

doktorieren
Vb. **1** medizinische Behandlungen durchführen, bes. mit Hausmitteln od. ohne ärztlich Ausbildung, °OP, °OF vereinz.: *dokterirn* Schönwd REH; *ihr eigentliches Gewerbe … das Doctoriren* Kern Haberfeldtreiber 12.
2 in ärztlicher Behandlung sein: *dogdarian* Konrad nördl.Opf. 10.

Komp.: [**her-um**]**d. 1** endlos herumprobieren: *herumdoktrirn* Pfrentsch VOH.– **2** wie →*d.*2: *dokteriert herum* Pollenfd EIH. F.M.E.

Doktorment
N., Medikament, Medizin, °OB, °NB, °OP, °MF vereinz.: °*då hast åba vui Doktåmenta beianånd* Lenggries TÖL; *Dǫktamenda* Helm Mda.Bgdn. Ld 57.
Etym.: Kontamination aus →*Doktor* u. →*Medikament*. F.M.E.

dol →*da*[1].

Tolak
M. **1** alberner, kindischer Mensch, °MF mehrf., °OB, °NB, °OP, °OF vereinz.: °*du bist a richtiga Tolack* Nagel WUN.
2 ungeschickter, unbeholfener Mensch, °NB, °OP vereinz.: °*Tojack* „Tollpatsch" Eging VOF.
Etym.: Wohl aus tschech. *tulák* 'Strolch, Landstreicher'; vgl. Suddt.Wb. III,444. M.S.

Tolandel, dummer, kindischer Mensch, →*Tollindel*.

Tolbe, Groppe, →*Tolpe*.

Dolch, -en, †Dolich
M. **1** Dolch, Messer: *an olda Dolcha* altes, schlechtes Taschenmesser Roding; *Dolch* Braun Gr.Wb. 96; *sollen Sy den Knaben kaine Tölich noch waidner* [Jagdmesser] *gestatten zetragen* Rgbg 1697 VHO 78 (1928) 51.
2 Vorrichtung zum Schneiden von Heu: °*der Dolch* „dolchartiges Messer mit zwei Handgriffen" Bayrischzell MB.
Etym.: Herkunft unklar; Kluge-Seebold 209.
Schmeller I,502.– WBÖ V,137. F.M.E.

Dolde, Dolle, -en
F., M. **1** Dolde, Blüten- od. Fruchtstand, °SCH vielf., °OB, °NB, °OP mehrf., °Restgeb. vereinz.: °*der Birnbam håt schene Doidn* Taching LF; °*der Holler hat heuer schöne Doina* Bayerbach MAL; °*der Kläi hot Doln, der Hopfa a* Pertolzhfn OVI; *wenn de Dollen … abbissen san* Thoma Werke III,284.
2 Wipfel, Baumkrone: *Der … Dolln, Dojn* „buschige Krone eines Baumes" Schmeller I,502; *in doldō arhapani* 8./9.Jh. StSG. I,128,26; *so habent die von Peysenperg die Recht … daß sy wol mugent Holz hawen … daß der Told felt in den*

Rötenpach Peiting SOG 1435 Lori Lechrain 139.
3 Quaste, OB, NB vereinz.: *Doidn* Dachau; *Döllerl* „Quaste von zusammen gewundenen Fäden aus Gold, Silber oder Seite, Wolle" Delling I,129; *die tolden zu den 4 lebenknopf* Frsg 1481 Sammelbl.HV.Frsg 11 (1918) 58.
4 Schwanz des Federviehs, °OB, °NB vereinz.: °*de Henna låßt an Doin henga, de håd ebbs* Dachau.

Etym.: Ahd. *toldo* swm., mhd. *tolde* sw/stf., swm., Herkunft unklar; Kluge-Seebold 209.

Delling I,129; Schmeller I,501f.– WBÖ V,138f.

Abl.: *doldicht*[1].

Komp.: [**Frucht**]**d.**: °*Fruchtdoldn* „traubenartiger Fruchtstand" Kemnath.

[**Gras**]**d.** Blütenstand von Gräsern, °OB, °NB vereinz.: °*Gråsdoin* Dachau.

[**Haber**]**d.**, [**Hafer**]- Haferrispe, °OB, °NB, °OP, °MF vereinz.: *Habadoin* Kirn PAN.

[**Hasel**]**d.** Haselkätzchen: *Hasldoin* Schnaitsee TS DWA X,38.

[**Hennen**]**d.** Schwanz der Henne: °*Hennadoin* Dachau.

[**Holler**]**d.** Blüten- od. Fruchtstand des Holunders, OB, °NB, °SCH vereinz.: *Holladoidn* Ingolstadt.

[**Hopfen**]**d.** Hopfendolde, °OB, °NB, °OP, °MF vereinz.: °*Hopfadoin* Vornbach PA; „Die *Hopfendolde* soll nicht geöffnet sein" Schweiger Hopfazupfa 118.

[**Klee**]**d.** Kleeblüte, °OB, °OP, °MF vereinz.: °*Kleedoin* Euernbach PAF. F.M.E.

Doldel, -i, -o

M. **1** dummer, ungeschickter Mensch, °OB, °OP, °MF mehrf., °Restgeb. vereinz.: °*den Doide kannst ja nirgends alloa hischicka!* Wettstetten IN; *a rechta Doldl* Fürnrd SUL; *Die Dolden nämli, woaßt, du Dolde ... De san ganz wichti* Ehbauer Weltgschicht I 78.
2 langsamer, schleppend gehender Mensch, °OB, °OP vereinz.: °*a langsama Doidl* Pipinsrd DAH.
3 alberne, kindische Person, °OB, °NB, °OP, °MF vereinz.: °*des isch so a Doldi* Eresing LL; *Doldä ... du!* MM 07./08.10.2000, J2.
4 grober, taktloser Mensch, °OB vereinz.: *a Doitl sein* Lenggries TÖL.
5 übermäßig gutmütiger Mensch, °OB, °OP, °MF vereinz.: °*er macht ihm seinen Doide* O'stimm IN; *Maansd gwiß, i mach dein Doldi* Maas Nürnbg.Wb.101.

Etym.: Wohl Kurzf. zum Vorn. *Berthold*; Thür.Wb. VI,134.

Abl.: *doldicht*[2]. F.M.E.

doldicht[1], **-ig, dollicht**

Adj., voll, schwer vom Fruchtstand, °OB, °NB vereinz.: °*der Howan is heier doidat* Wettstetten IN. F.M.E.

doldicht[2]

Adj., ungeschickt: *doitat* Erling STA. F.M.E.

Dole, Dolen

F., N. (SC), †M. **1** Dole, meist hölzernes Wasserleitungsrohr, °OB, °NB, °OP, °MF, °SCH vereinz.: °*Doin* Benediktbeuern TÖL; *In cloacas dolun* O'alteich BOG 11.Jh. StSG. II,292,4; *Zur Abführung des Dachwassers von der Kürchen ... erfordert die Notdurft einen Tollen ... zu fertigen* Ambg 1699 VHO 64 (1912) 99.
2 †Dachrinne: *nuosci ł dolun* Tegernsee MB 11.Jh. StSG. I,416,50f.

Etym.: Ahd. *dola* swf., mhd. *tol(e)* sw/stf., Herkunft unklar; Kluge-Seebold 209.

Hässlein Nürnbg.Id.57; Schmeller I,501.– WBÖ V,140.

Abl.: *dolen*[1]. F.M.E.

dolen[1]

Vb.: °*dolen* „durch Dolen eine Wiese entwässern" Pfarrkchn. F.M.E.

†dolen[2]

Vb., dulden, ertragen: *Vbi du uradriz* [Verdruß] *dolen uuellest* Wessobrunn WM 11.Jh. SKD 164,1 (Geistliche Ratschläge); *daz ich minn vnd reht last vnd tol* Wald AÖ 1299 Urk.Raitenhaslach 403; *da von vnpreis er mües dolen!* Füetrer Persibein 98,364.

Etym.: Ahd. *dolôn, dolên*, mhd. *doln*, germ. Wort idg. Herkunft; Et.Wb.Ahd. II,714-717.

Schmeller I,501. F.M.E.

Doletschen, Mißratenes, → *Dolotsch*.

Dolf → *Adolf*.

dolicht, taub, → *toricht*.

dolken, undeutlich reden, → *dalken*.

toll

Adj. **1** seiner Sinne nicht (ganz) mächtig.– **1a** rasend, tollwütig, OB, NB vereinz.: *a tolla Hund* Ingolstadt; *So die Küh dol werden ... Reisen an den strengen* HÖFLER Sindelsdf. Hausmittelb. 24; *traf er ein tollen Hirschen an* SELHAMER Tuba Rustica I,190.– **1b** †töricht, nicht bei klarem Verstand: *doll* „unweltläufig, aberwitzig" DELLING I,130; *was Er geschriben, sey auß Thollem: Vnbesunnem Khopf beschechen* 1622 StA Ambg Fürstentum Obere Pfalz, Regierung – Dreißigjähriger Krieg 599.– **1c** betrunken, berauscht, ä.Spr., in heutiger Mda. nur in Phras.: *I waiß nit mocht inß pier oß* [so] *doll* Landshut um 1650 Jb.Schmellerges. 2012 33,15.– Phras.: *t. und voll* u.ä. übermäßig voll: *sich tulavul fressen* SINGER Arzbg.Wb. 126; *sich voll und doll anzechen beschädigt den Gesund* GEMINIANUS MONACENSIS, Geistlicher Weeg-Weiser gen Himmel, Bd II[,1], München 1679, 412.– **1d**: *doll* „schwindelig" SCHEMM Neie Deas-Gsch. 148.– **1e** zornig, wütend: *Mach me niat tool* „nicht zornig" SINGER ebd. 238.
2 ausgelassen, fröhlich: *Tou nea(r neat gåua sua toll!* BRAUN Gr.Wb. 662; *Das ist ein toller Kerl* „lustiger, spaßhafter Mensch" DELLING I,129.
3 gut, tüchtig, groß.– **3a** besonders gut, großartig: *Du håust oowa heint an tolln Hout aaf!* BRAUN ebd.; *Das war ... ja dena doll* „das wäre ja etwas ganz besonderes, ausserordentliches" DELLING ebd.; *Den Senff kan ein jeder bauen; dran hat man ein tolle Artzney* SELHAMER ebd. 85.– **3b** tüchtig, brav: °*ein toller Kerl* „ein tüchtiger Mensch" Nürnbg; *dàs Deənl ... dé ... hàlt si' rècht tóll* OB SCHMELLER II,192.– **3c**: *tål* „groß" Kaltenbrunn GAP.

Etym.: Mhd. *tol*, germ. Wort unklarer Herkunft; KLUGE-SEEBOLD 920.

DELLING I,129f.; SCHMELLER I,601f.– WBÖ V,140-142.

Abl.: *tollen, tolletzen, Tolli, tollicht*.

Komp.: [**manns**]**t.**, [**mannichtes**]- lüstern auf Männer, °OB, °OP, °MF vereinz.: °*döi is mannatstoll!* Schwandf.

[**weibs**]**t.** lüstern auf Frauen, °OB, °OP vereinz.: °*weibstoll* Eschenbach. F.M.E.

Tollak, kindischer, ungeschickter Mensch, → *Tolak*.

Tolle, Groppe, Kaulquappe, → *Tolpe*.

tollen

Vb., tollen, ausgelassen spielen, OB, °OP vereinz.: °*tollts niat sua!* Kemnath.

WBÖ V,142.

Komp.: [**aus**]**t.** dass.: *austoin* O'audf RO.

[**umher**]**t.** dass.: °*umhertollen* Eging VOF. F.M.E.

tolletzen, -esten

Vb., lärmen: °*tolllästen* Kchnthumbach ESB. F.M.E.

Tolli, Tollen, Toll

M. **1** dummer, ungeschickter Mensch, °OP vereinz.: °*so ein Doli!* Gunzendf ESB.
2 †Sonderling: *Du bringst nix außer aus den Doll'n* GUMPPENBERG Loder 50.

WBÖ V,143.

Komp.: [**Tauben**]**t.** wie → *T*.1: °*Daamdoli* Erbendf NEW. F.M.E.

tollicht

Adj. **1** tüchtig, °OB, °OP vereinz.: °*mei Freund ist tolat* Traidendf BUL.
2 dumm, ungeschickt, °OB, °OP vereinz.: °*toiat* Halfing RO. F.M.E.

Tollindel, -andel

M. **1** dummer Mensch: *Dolindl* Laaber PAR.
2: °*Dolandl* sich kindisch benehmender Erwachsener Schwandf.

Etym.: Wohl Spielform zu → *Tolli*. F.M.E.

Tollpatsch → *Tolpatsch*.

Tolm[1]
M., dummer, einfältiger Mensch: °*Tolm* „unbeholfener Mensch" Weiherhammer NEW; *So a Dolm!* Altb.Heimatp. 16 (1964) Nr.35,7.

Etym.: Wohl wie älter schriftsprl. *Dolm* 'Betäubung' zur selben idg. Wz. wie →*Dell* 'Dampf'; DWB II,1229.

SCHMELLER I,505.– WBÖ V,143f.

Abl.: *Tolmer, Tolmes, tolmig.* F.M.E.

Tolm[2], Groppe, Kaulquappe, →*Tolpe.*

Tolmer
M. **1**: *Dolma* „Dummkopf" Hessenrth KEM.
2: °*Dolmer* „seltsamer Mensch, Eigenbrötler" Erbendf NEW. F.M.E.

Tolmes, -ö-
M., dummer, einfältiger Mensch, °OP vereinz.: °*dean Dolmas kånnst ållas zoudraua* „verrückter Kerl" Windischeschenbach NEW. F.M.E.

Dolmetsch, †Dulmetsch, -metz
M. **1** Dolmetscher, Übersetzer: *der Dolmatsch* WINKLER Heimatspr. 40; *die Römer haben ... ir gewerb getriben durch hundert und dreissig tulmätzen* AVENTIN IV,673,28f. (Chron.); *hab den ganzen Durchzug* [Truppendurchzug] *beistannt thon mit Dulmatsch begert ergezikhait* [Entschädigung] 1596 Stadtarch. Rosenhm PRO 139,77.
2 †Erklärer, Ausleger: *das ist der Mosche ... der groß warhaftigest fürnämlichest weißsag, gehaimer dulmez, prophet* AVENTIN ebd. 155,10-12.

Etym.: Mhd. *tolmetsche, tolmetze* swm., wohl aus dem Ungarischen; STEINHAUSER Slaw. 43.

SCHMELLER I,505; WESTENRIEDER Gloss. 591.– WBÖ V,144.

Abl.: *dolmetschen.* F.M.E.

dolmetschen, †dulmetschen, -metzen
Vb. **1** dolmetschen, übersetzen: *Do das die kriesten von den gefangen haiden durch yr tulmåtschen verstunden* HARTLIEB Dial. 166,8f.
2 gebrochen sprechen, undeutlich reden.– **2a** eine Sprache gebrochen sprechen, NB, OP vereinz.: *dojamatschn* Zwiesel REG.– **2b** undeutlich reden: *doimatschen* Bodenmais REG.

SCHMELLER I,505.– WBÖ V,144f.

Komp.: †[**ver**]**d.** wie →*d.*1.: *Der verdulmäzt die ganz bibl* AVENTIN IV,1125,18 (Chron.).

WBÖ V,145. F.M.E.

tolmig
Adj. **1** †betäubt, bewußtlos: *slueg sy an wer als das tolmig vich ernider* FÜETRER Chron. 113,3f.
2 unbeholfen: °*tolmig* Weiherhammer NEW. F.M.E.

Dolores
Vorn., übertr. Aß der Kartenfarbe Gras: „*Dolores* – die Schmerzensreiche" PESCHEL Schaffkopfen 49. F.M.E.

Dolotsch, †-letschen
M. **1** Kranker, mit einem Gebrechen Behafteter: °*a Dolotsch!* Laaber PAR.
2 †: „mislungenes Machwerk. *Dé Schouh sán' lautə'ne Doletsch·n*" Bay.Wald SCHMELLER I,501.

Etym.: Herkunft unklar.

SCHMELLER I,501. F.M.E.

Tolpatsch, †-patz
M. **1** ungarischer Fußsoldat, ä.Spr.: *Und hat doch heut erst die Tolpatschen vertrieben mit seiner Partisan* M. ROHRER, Die Mär von Lenggries, Karlsruhe 1931, 47; *haben ihne drey bewaffnete Tolbatzen feindlich überfallen* J.F. v.WAMPL, Fortsetzung Der Hülff- vnd Gnaden-Zaichen ... Bey der H. Capell vnd Gotts-Hauß Alten-Oetting, München 1698, 226.
2 abwertend, v.a. von Menschen.– **2a** dummer, ungeschickter Mensch, °OB, °NB, °OP, MF vereinz.: °*Doibodsch* Simbach PAN; *Dollpatsch* KOLLER östl.Jura 19.– Phras.: *linka Tolpatsch* „Linkshänder" Wiesau TIR.– Schnaderhüpfel: *gäi niat so laut aini, es krácht jå da Bodn, du bist hålt a Dolbatsch, host Schua niat aszogn* Bruck ROD, ähnlich °DEG.– **2b** langsamer, langweiliger Mensch, OB, OP vereinz.: *Dolpatsch* Steindf FFB.– **2c** übertrieben gutmütiger Mensch OB, NB, OP vereinz.: °*Dolbodsch* O'wappenöst KEM.– Auch: *a Tolpåtsch* „ein gutmütiges unbeholfenes Tier" Wasserburg.– **2d** kindischer Mensch, °OB, °NB, °OP, OF vereinz.: °*da Schorsch is a richtiga Tolpotsch* Wiefelsdf BUL.
3 †: *Tolpatsch* „großer, plumper, unförmlicher Schuh" SCHMELLER I,603.
4 Mumps: *Dolpatsch* Mehlmeisel KEM.

Etym.: Aus ungarisch *talpas* 'Fußsoldat' mit volksetym. Anschluß an →*toll* u. →*Patsch*; PFEIFER Et.Wb. 1436.

SCHMELLER I,603; WESTENRIEDER Gloss. 108.– WBÖ IV, 512-514.

Abl.: *tolpatschicht*. F.M.E.

tolpatschicht, -ig

Adj., ungeschickt, OB, OP, OF, MF vereinz.: *dolbatschad* Pavelsbach NM; *tolpatscheg* SOJER Ruhpoldinger Mda. 39.

WBÖ IV,514. F.M.E.

Tolpe, Tolle, -en, Tolm

M., †F. **1** Groppe, °OB, SCH vereinz.: *Tolp* Derching FDB; *Dolbba* U'schondf LL Ammersee-Heimatbl. 3 (1927) 43; *Dol, Dolm* „Breitkopf, Fisch, der sich besonders in hellem Quellwasser unter den Steinen aufhält" M'nwd GAP SCHMELLER I,505; „*Dohlen* (Kaulköpfe. Cottus Gobio)" Kochelsee SCHRANK Baier. Reise 99.

2 Barsch: *Dulm* Garmisch.

3 Grundelart.– **3a** Steinbeißer, °OB vereinz.: °*Doin* Stephanskchn RO.– **3b** Schlammbeißer, °OB vereinz.: °*Doin* Schliersee MB.

4 Kaulquappe, OB vereinz.: *Tulm* M'nwd GAP; *Doin* Weidach AIB DWA V,22.

5 Feuersalamander, OB, NB vereinz.: *Dolm* Bodenmais REG.

Etym.: Wohl Abl. zur selben idg. Wz. wie mhd. *tëlpen, tëlben* 'graben'; DWB XI,1,1,650. In Bed. 5 wohl zu →*Olm* mit agglutiniertem best. Art.

Ltg.: *doin* OB, *dol* (GAP), *dolm* (REG), *dulm* (GAP), *dolba* (LL), *dolb* u.ä. (FDB).

SCHMELLER I,501,505.– WBÖ V,143f.

Abl.: *Tölpel*², *Tolper*.

Komp.: [**Loch**]**t.** wie → *T.* 1: *Lochtolpen* Fürstenfeldbruck.

[**Rotz**]**t.** wie → *T.* 4: °*Rotzdolln* Heufd AIB. F.M.E.

Tölpel¹**, Tolpel**

M. **1** abwertend von Menschen.– **1a** dummer, ungeschickter Mensch, °NB mehrf., °OB, OP, °MF vereinz.: *a Toipö* Metten DEG; *Geh weita ... Toipi, lapperter!* GRAF Dekameron 50; *Also meinet diser Heydnische Tölpel/ er wolte die gantze Stadt leicht überrumplen* SELHAMER Tuba Rustica II,229.– Phras. *gelinker T.* Linkshänder: *a glinga Tölpl* Schwabsoien SOG.– †Auch best. Gestalt im Hochzeitsbrauch: „Wettlauf, dessen Ziel die ... Hochzeitsleute sind; einer der Bursche spielt ... den *Tölpl*; er ist der letzte ... und wird ... bald gezogen, bald getragen" DAH, FFB OA 35 (1875/1876) 216.– **1b** übertrieben gutmütiger Mensch, OB, NB, °OP, MF vereinz.: *Tölpi* Bayrischzell MB.

2 Drehkrankheit, daran leidendes Schaf.– **2a** †Drehkrankheit: „Er sprach den Segen ... wider den *Tölpel* oder den Gehirnbrand der Thiere über ihn" BUCHER Werke V,223f.– **2b**: *a Döllpi* „an der Drehkrankheit leidendes Schaf" O'alting STA.

3 Mumps, geschwollene Wangen, °OB, °NB, OP, SCH, OF vereinz.: °*das Kind hat an Doipe* Rottal.

4 Kinderkreisel, °OB, °NB vereinz.: °*Toipi* Dingolfing; *Duipe* Bischofswiesen BGD DWA I, 27.

5: °*Dölbl* Vorrichtung zum Dörren von Obst Vohenstrauß.

6 †spanisch-burgundischer Philippstaler: *Hab ime 6 Dölpl geben Zu 20 Pazen* 1598 Stadtarch. Rosenhm PRO 140,5.

7 †in Phras.: *Einen über den Tölpel werfen* „ihn übervortheilen, übertölpeln" SCHMELLER I, 603.

8 in der Fügung *Passauer T.* best. Steinkopf in Passau, in Phras. u. übertr.– Phras. *einen Kopf wie der Passauer T. haben* u.ä. einen großen, dikken Kopf, NB vereinz.: *an Schell håm wia da Bassauatejpö* Aicha PA.– Übertr.: großer Kopf, volles Gesicht, OB, NB vereinz.: *a Påssauer Dölpl* Mchn.– *Da Passaua Tölpl* „Mumps" Ingolstadt.– †Etwas von großem, gewaltigem Ausmaß, Ungetüm: „Ist das Exordium zu lang, zu groß, so wird aus der Predigt leicht ein *Passauertölpel*" BUCHER Werke III, 1. Abtheilung, 209.– Dummer, ungeschickter Mensch: *Passauer Tölpel* Passau; *Passauertölpel* Baier.Sprw. I,63.– *Passauer Tölpl* „gutmütiger Mensch" Passau.– Ortsneckerei für die Einwohner von Passau, NB vereinz.: *du Passaua Dejpö* Passau; *Patauer Tölpel* BRONNER Schelmenb. 141.

Etym.: Aus mhd. *dörpære, dörpel* 'unhöfischer Mensch' stm., mnl. Herkunft; PFEIFER Et.Wb. 1436. Anders KLUGE-SEEBOLD 920.

DELLING I,56; HÄSSLEIN Nürnbg.Id. 132; SCHMELLER I, 603.– WBÖ V,145.

Abl.: *tölpelhaft, tölpeln, tölplerisch*.

Komp.: [**Passau**]**t.**: *da reinste Passautölppl* aufgedunsenes Gesicht Hengersbg DEG.

[**Bauern**]**t.** **1** wie → *T.*1, OB, NB vereinz.: *Båandeibbe* Kötzting.– **2** wie → *T.*3: *Bauandöüpi* Tölz; *Bauern Tölpel* OB BzAnthr. 13 (1899) 99.
WBÖ V,145.

[**Pfingst**]**t.**: *Pfingstdeibbö* „Spätaufsteher am Pfingstmontag" Schwaibach PAR.

[**Merk-es**]**t.** Nasenstüber: *Miakstöppö af d Nosn* Hengersbg DEG.
WBÖ V,145. F.M.E.

Tölpel[2]
M., Steinbeißer: °*Töipl* Weilhm.

Komp.: [**Bauern**]**t.** best. Fisch: *Bauerntölpel* „Fisch im Kochelsee" Delling I,58.
Delling I,58. F.M.E.

Tolpelein, kleiner Butterlaib, → *Talpe*.

tölpelhaft
Adj., ungeschickt, OP vereinz.: *dölplhaft* Hauzenstein R. F.M.E.

tölpeln, -olp-, -alp-
Vb., schwerfällig, unsicher gehen, °OB, °NB, °MF vereinz.: °*döibben* „wie ein Tölpel gehen" Chieming TS.
WBÖ V,146.

Komp.: [**an**]**t.**: *antüipön* einen dumm und beleidigend anreden Deggendf.

[**über**]**t.** übertölpeln, °OB, °NB, °OP, °MF vereinz.: *i loß mö nöt üwadoipön* Metten DEG; *Uebertölpeln* „Betrügen" Zaupser Nachl. 41.
Zaupser Nachl. 41.– WBÖ V,146. M.S.

Tolper, -ll-
M. **1** Groppe: *Dolper* Starnbergersee Delling I, 129.
2 wohl Steinbeißer: °*der Doller* Uffing WM.
Delling I,129. F.M.E.

Tölperer, -olp-
M., jmd, der schwerfällig, unsicher geht, °NB, °MF vereinz.: *a so a Doiparer!* Breitenbg WEG.
M.S.

tölpern, -ol-, -al-
Vb., schwerfällig, unsicher gehen, °OB, °NB, °OP, °MF vereinz.: °*dåipern* „schief daherkommen" Reit i.W. TS.
Etym.: Abl. zur selben Wz. wie → *Tölpel*[1].

Abl.: *Tölperer*.

Komp.: [**da-her**]**t.** dass., °OB, °NB, °OP, °MF, °SCH vereinz.: °*der doipert daher wiara Bsuffana* Regen. M.S.

tölpicht, -ol-, -al-
Adj., ungeschickt, unbeholfen, °OB, °NB, °OP vereinz.: °*da Lenz hot an doipatn Gang* Lenggries TÖL; *dǟlpat* nach Angrüner Abbach 22.– Auch: *dǟlpat* „ungebildet" nach ebd.
Etym.: Abl. zur selben Wz. wie → *Tölpel*[1]. M.S.

tölpisch
Adj. **1**: °*a tölpischer Bua* kindisch Barbing R.
2 †tölpelhaft: *die si … für die barbaros, das ist für grob, wild, tölpisch leut hielten* Aventin I,346,25f. (Dt.Chron.).
Etym.: Abl. zur selben Wz. wie → *Tölpel*[1]. M.S.

tölplerisch
Adj.: *si recht töllplarösch ahschtelln* „unbeholfen" Hengersbg DEG. M.S.

Dolstel
M., ungeschickter Mensch, Rüpel, °NB vereinz.: °*Doistl* Winklsaß MAL.
Etym.: Herkunft unklar, möglicherweise Spielform von → *Delsterling*. F.M.E.

dölstig, dunstig, teigig, → *delstig*.

Tolze
F., Erd- od. Schneeklumpen, °OP vereinz.: °*i mou erscht mei Dolzn untaschlogn!* „schwere Batzen unten an den Holzpantoffeln" Kchndemenrth NEW.

Komp.: [**Schnee**]**t.** Schneeklumpen: °*Schnöidolzn* Weiherhammer NEW. F.M.E.

tolzen
Vb., schwerfällig gehen, schwanken, °NB, °OP, °OF vereinz.: °*der dolzt üwer d Wiesn* Brand

WUN; *waoun die Mannsbilder ... mit ihnen durchn Sal dolzn sua kreizaquer* SCHEMM Stoagaß 146.

Etym.: Wohl Spielform von →*tolletzen*; Thür.Wb. VI,139.

Abl.: *Tolze, Tolzer.*

Komp.: [**daher**]**t.** dass., °NB, °OP, °OF, °MF vereinz.: °*der dolzt daher wie wenn an Rausch hout* Kemnath. F.M.E.

Tolzer

M.: °*der Dolzer* „unbeholfen gehender Mensch" Brand WUN.

WBÖ V,146. F.M.E.

Dom[1], Tum

M., N., Dom, Bischofs- od. Stiftskirche, OB, NB vereinz.: *da Dumm* Klinglbach BOG; *Die Binschgauer gängen um den Thum herum* um 1820 ERK-BÖHME III,549; *do:m* KILGERT Gloss. Ratisbonense 59; *Pey den pinn versten ich ainen iegleichen tům, da ain pischoff weisel ist der chorherren* KONRADvM BdN 323,5f.; *auf den altar sand Maria Magdalena in unnserm taim ... alhie* Frsg 1487 Sammelbl.HV.Frsg 11 (1918) 41.– †Auch Dombauhütte: *Daz vierde schaf schivlen sie alle iar geben zv dem werche vf daz tůme* Rgbg 1296 Corp.Urk. III,528,22f.

Etym.: Ahd., mhd. *tuom*, aus lat. *domus* (*ecclesiae*), schriftsprl. Form aus frz. *dôme*; KLUGE-SEEBOLD 209f.

SCHMELLER I,604; WESTENRIEDER Gloss. 108, 581.– WBÖ V, 146. A.S.H.

Dom[2] →*Daumen.*

dom →[*da*]*oben.*

Doma(l) →*Thomas.*

Tomate

F., Tomate, °Gesamtgeb. vereinz.: °*Domaatn* Illschwang SUL; *Tomate* DWA XI,K.11.

Etym.: Aus frz. *tomate*, indianischer Herkunft; KLUGE-SEEBOLD 920.

DWA XI,K.11. A.S.H.

Domaxel

(Genus?), Dampf- od. Rohrnudel, °OP (ROD) vielf.: °*heid gits Dommaxl und eigmochte Zwäschbm dazou* Altenkreith ROD.

Etym.: Herkunft unklar. A.S.H.

Tombak

M. **1** Tombak: °*Tombak* „Legierung, Messing" Grafing EBE.

2: *Tombak* „minderwertiges Produkt, z.B. Uhrkette, Figur" Passau.

Etym.: Aus nl. *tombak*, malaischer Herkunft; DUDEN Wb. 3920.

WBÖ V,149.

Abl.: *tombaken.* A.S.H.

tombaken, dumbachen

Adj., aus Tombak, unecht (von Schmuck o.ä.), °OB, °NB, OP vereinz.: °*dumbacha* Berchtesgaden; *a dumbaggana Ring, dea schwoaz wead* Schöllnstein DEG; *dumbǫxy* „nur dem äußeren Anschein nach von Qualität (etwa ein nur vergoldeter Ring, eine Uhr ohne Steine)" nach DENZ Windisch-Eschenbach 126; *die hat eine goldene Uhr ... bin ich weniger, als sie, daß ich nur eine Dompakene haben soll?* BUCHER Pferderennen 16f.

WBÖ V,149. A.S.H.

Domine

M. **1**: *Domine* Teufel Fdkchn M.

2 Reimwort in Abzählversen: *Eni beni suprodenö, difö dafö domine* Lindbg REG REIMEIER Kinderreime Ndb. 34.

Etym.: Aus lat. *domine*, Vokativ von *dominus* (→*Dominus*); DWB II,1235. A.S.H.

[**tibi**]**domine**, Fluch, →*tibidomine.*

Dominikaner

M., Angehöriger des Dominikanerordens, OB, OP vereinz.: *Dumanekana* Wdmünchen. A.S.H.

Dominus

M. **1**: °*jetzt bin i der Dominus* „Gewinner beim Eisstockschießen, Kartenspielen" Eslarn VOH.

2: °*der hot an Dominus* „Rausch" Laaber PAR.

Etym.: Aus lat. *dominus* 'Herr, Hausherr'; DUDEN Wb. 843. A.S.H.

Dommel

F.: *Domön* „Rohrdommel" O'audf RO.

Etym.: Ahd. *-tum(b)il*, mhd. *-tumel* stm., onomat.; SUOLAHTI Vogeln. 385 (Rohrdommel). A.S.H.

don[1], daran, → *[da]an*[1].

don[2] → *da*[1].

Ton[1]
M. **1** Ton, Tonstufe.– **1a** Ton, Klang, Laut, °OB, °NB, °OP vereinz.: *du lus amoi am Herz, da hörst koan Ton mehr* Schönbrunn LA; °*dös hot an Dåu!* „von Böllerschüssen" Stulln NAB; *Va weidn hea a Gloggn leit, da Wind 'n Dou heawaaht* SCHWABENLÄNDER Woldnoo 128; *Den don oder daz clæppern fůrht er* KONRADvM BdN 297,24f.; *dein nam gibt uns gar suessen don* Tegerns.Hym. 15,14.– Phras.: *einen T. hören* Schmerz spüren, °OB, °NB, °OP vereinz.: *wia da Zehn aufghört hat* (wehzutun), *hab i kan Ton mehr ghört* Neustadt KEH.– **1b** Tonstufe: *den Ton a angebn* „auf der Violine" Passau.– Phras.: *den T. angeben* tonangebend, führend sein: *an Ton angebn* Passau; „Stolz ... *Er will überall den Ton angeben*" Baier.Sprw. II,115.– °*Jetzt wird auf einem anderen Ton gepfiffen* „geht es strenger zu" Passau;– °*jetzt pfeift ein anderer Ton* Thanhsn TIR.
2 Rede-, Sprechweise, Tonfall: *ön an åndan Tån iwage*ⁿ „gröber oder höflicher reden" Aicha PA; *dean Taou, dean waou die Maich immer oaschlegt* SCHEMM Neie Deas-Gsch. 119.– Phras.: *der gute Ton* „Umgangsregeln in der Gesellschaft" Passau.– *Es geht aus / auf / in einem anderen T.* u.ä. auf andere, strengere od. schwungvollere Art u. Weise, °OF vielf., °OP mehrf., °Restgeb. vereinz.: °*öitz göits bal af an andan Ton* Stefling ROD; *Üwermorng, Bou, gäihts fei wieder aasaran annern Taou* SCHEMM Stoagass 159.– Übertr. in adv. Fügung *seinen T.* u.ä. in gewohnter Weise: *Blaouß d'Hanna haout si im dees ganze Griad nix gschert und haout ihrn Taou zougarwet* ders. Dees u. Sell 221.
3 Wort, Äußerung, °OB, °OP, °OF vereinz.: °*döi sagt koin oinzinga Dou* Weiden; *Öitza häiare koin Taou mäiha* „nichts mehr davon" SINGER Arzbg.Wb. 234; *was er grosser sünd ir melt, der sagt sie kain tun in der welt* Rgbg um 1500 FISCHER Mären 339,43f.– Phras.: °*dicke Töne redn* „angeberisch daherreden" Chiemgau.– *Keinen T. mehr hören wollen* u.ä. keine Widerrede, keine Störung mehr dulden, Drohung, °OB, °OP vereinz.: °*koan Ton mecht i mehr hörn – schaug, daß d'as Bett eikimmst!* „zu Kindern" Halfing RO;– *Oan Ton no, dann kriagtz ihr dreckats, langhoorigs Gsindel aa Gscheite in eier Bietels-Fotzn* Schwandf Oberpfälzer Heimatspiegel 26 (2002) 52.– °*Der laßt koan Ton mehr hern* „gibt keine Nachricht, kein Lebenszeichen von sich" Polling WM.– *Keinen T. von etwas verstehen* kein Wissen, keine Kenntnis von etwas haben, °OB, °NB vereinz.: °*der versteht vo dem koan Ton* Bogen.
4 Geschmack, Schmerz.– **4a** sinnlich wahrnehmbarer Geschmack, °OB, °OP, °SCH vereinz.: °*an Doa hou* „unangenehmen Geschmack" Bernbeuren SOG; °*däi Suppn hout doch goar koan Tou*ⁿ Dietfurt RID.– **4b** körperlich empfundener Schmerz, °OB vereinz.: °*koan Ton mirk i mer an mein weher Fuaß* Endlhsn WOR.
5 gute Beschaffenheit, Schwung, Geschicklichkeit, Wissen, meist in den Fügungen *einen / keinen T. haben* u.ä.– **5a** gute Beschaffenheit, Nutzen, °Gesamtgeb. vereinz.: °*dös håt an Dua* Peiting SOG; °*des haout koin Dou neat, wennst as Heu umschlagst* „nach dem Regen" Sulzkchn BEI.– Auch in der Fügung *keinen T. machen* nichts zustandebringen, beitragen, °OB, °OP vereinz.: °*der macht koan Ton zu der Arbeit* Pemfling CHA.– **5b** innerer Schwung, innere Kraft, °OB, °NB, °OP, °OF, °MF vereinz.: °*des houd an Dou*ⁿ „geht flott" Sulzbach-Rosenbg; °*er had kan Dou za da Orwed* Regelsbach SC; *Dös haout koin Taou* „keinen rechten Schwung" SINGER Arzbg.Wb. 234.– **5c** Geschicklichkeit, °Gesamtgeb. vereinz.: °*dea Knecht hot koin Tou zua Arwat* Traidendf BUL; „Von einem schlechten Arbeiter ... *Däa haout koin Taou zara Arwet*" SINGER ebd.– **5d** Wissen, Kenntnis, °OB, °NB, °OP vereinz.: °*der håt ja koan Ton davon* „versteht von einer Sache gar nichts" O'högl BGD.

Etym.: Mhd. *dôn* stm., aus lat. *tonus*; KLUGE-SEEBOLD 920.

Ltg: *dǫu(n)* u.ä. OP (dazu TÖL; DEG; WUN; HEB, SC), *dū(n)* (HEB, SC), *doa(n)* u.ä. OB (dazu MAI, PA; CHA, R; GUN; A, FDB), *dua(n)* (FFB, LL; NM; FDB), *dē* (WEG), daneben ugs. *dō(n)*, *dǭ(n)* u.ä.

SCHMELLER I,516.– WBÖ V,150f.

Abl.: *tönen*. A.S.H.

Ton[2], Lehm, Ton, → *Dahen*.

Ton[3], **Tom**
M. **1** Lippenblütler.– **1a** Hohlzahn.– **1aα** Kleiner Hohlzahn (Galeopsis tetrahit), °OB (v.a. S) mehrf., °NB, °OP vereinz.: °*do is a Haufn Doa*ⁿ *wida drin* Weilhm; °*Dam* Tirschenrth; *dãu* BRÜNNER Samerbg 63.– Phras.: °*da steckst an Dau*ⁿ *drinna* „in einer verwickelten, mißlichen Lage" Hagnbg MB.– Reim: °*da Doa, dea stäat*

aloa Peißenbg WM.– Bauernregel: °*der Doa macht s Korn kloa* ebd.– **1aβ** Ackerhohlzahn (Galeopsis ladanum), °OB vereinz.: °*da Dau* O'haching M.– **1b** Taubnessel (Lamium): „der *Dau(n)*" Leizachtal 56.
2 Kreuzblütler.– **2a** Ackersenf (Sinapis arvensis), °OB vereinz.: *Dau* Niklasrth MB.– **2b** Hederich (Raphanus raphanistrum): °*Doa* Bayersoien SOG.
3 Korbblütler.– **3a** Gemeine Gänsedistel (Sonchus oleraceus): *Dau* Elbach MB.– **3b** Ackerdistel (Cirsium arvense), in der Bauernregel: *Da Toa* (die Ackerdistel) *macht as Korn kloa* BAUER Oldinger Jahr 91.– **3c** Große Klette (Arctium Lappa): *Doa* Kohlgrub GAP.
4 Windenknöterich (Polygonum convolvulus): °*Dau* „Wickel im Getreide" Lam KÖZ.

Etym.: Zur selben germ. Wz. wie →*Tod*; MARZELL Pfln. II,550f.

SCHMELLER I,513.– WBÖ V,150.

Ltg: Mit Fortsetzung von mhd. ô, z.T. mit volksetym. Anschluß an →*Tau* od. →*Dorn* (MARZELL Pfln. II,551), *dǭ̃* (BGD), *dǫu(n)* (TS, WOR; FDB), *dau(n)* u.ä. OB (dazu KÖZ, VIB, VIT), *doa(n)* u.ä. (FFB, GAP, SOG, WM, WOR; BOG, DEG, KEH, KÖZ), *dǫ̈un* (ED), wohl aus Pl. *dą̄m* (TIR).

Komp.: [**Un**]**t.** wie →*T.* 1aα: °*Undau* Bonbruck VIT. A.S.H.

-don, -dom

M., nur im Komp.: [**Über**]**d. 1** Leichentuch, NB (v.a. Bay.Wald) mehrf., OB, OP vereinz.: *der Überdam* O'teisendf LF; *Üwatoa* „aus Gaze" Haselbach BOG; „Zuletzt wird er mit … dem *Uebadou~*, zugedeckt, mit welchem er später … in den Sarg gelegt wird" OP Bavaria II,322; *daz wir der werlte süllen tôt sîn und ist uns der überdon … über diu ougen gezogen* BERTHOLDvR II,273,9-11.– Auch: „für einen *Ueberthan* an ihrem Sarge, das weiße Spitzenpapier" REINHARDSTOETTNER Bayerwd III,354.– **2**: *Üwadam* „Taufschleier, der über das – bei Buben blaue, bei Mädchen rote – Seitentuch gedeckt wird" HELM Mda.Bgdn.Ld 251.– **3** loser Mantel, Schal, NB vereinz.: *da Überta(n)* Deggendf.– **4**: °*Überdo(n)* „weiße Baumwolldecke als Bettüberwurf" O'piebing SR.– **5** †Schweißtuch: *sveizdv̊ch. l vberdono* Aldersbach VOF 12.Jh. StSG. III,259,60.– Ahd. *ubardono*, mhd. *überdon* swm., Abl. von →*Dohne*; ²DWB VI,1203.

SCHMELLER I,606.– WBÖ V,151. A.S.H.

[**Wider**]**ton**, Widertonmoos, →*-tan*[1].

dona, näher her, →*danher*.

†Donat

M., Laienbruder, Oblate: *Am ersten sagen dy schuld| dy gest vnd nouitzen ob sy da weren. darnach dy conuerßen vnd donaten* Tegernsee MB nach 1519 Cgm 1148,fol.16[r].

Etym.: Aus mlat. *donatus*; Frühnhd.Wb. V,936.

SCHMELLER I,515; WESTENRIEDER Gloss. 109.

Abl.: *Donatin*. A.S.H.

†Donatin, -ätin

M., Laienschwester, Oblatin: *Schwöster Catharina Prenerin. donätin in dem adelichen Stifft vnd Closster Nidern schenefeldt* 1632 HAIDENBUCHER Geschichtb. 94.

SCHMELLER I,515. A.S.H.

Donau

F. **1** Flußname: *Doana* OB (v.a. N), NB (dazu PAR, R, RID, ROD; ND), *Douna* (AÖ, IN; BUL, PAR, RID; EIH, HIP), *Dona* (DAH, FS, RO, TS, WM; AM, BUL; EIH, GUN), ferner *Donao* OB, MF u. ugs.– Phras.: *i wollt, i waar in der Donau* „wüßte von der Geschichte nichts" Ernsgaden PAF.– *Den wenn i im Arsch hätt, den würd i in d'Donau scheißn* „ich kann ihn nicht leiden" Wolnzach PAF.– Schnaderhüpfel, Reime: *Vo drentahoi* [jenseits] *der Doana, do mog i koa Mensch* (Mädchen), *dö ha'm himmilange Hax'n und Krag'n wia dö Gäns* Bay.Wald HuV 13 (1935) 233.– °*Eantahoi da Doana, do is net wia do, do lafan d'Diandl Buaman strumpfsockate no* Lalling DEG.– °*Drenta da Doina, da huißt's hoit am Gai, da is ma oina liaba wia da herent drei* Deggendf.– *Aus is mit mia und im ganzn Refia, wenn Donau aitrocknet, nå haiertn mia* Bruck ROD.– *Donau is ins Wasser gfalln, der Rheinstrom is vobrennt. Dou is der Wiener Stefansdom mit Strou zum Leschn grennt* OP I. PRÖLS, Der Ochs im Luftballon, Nabburg o.J.[, 42].– Bauern- u. Wetterregel: *Licht Doana – finsterer Wald? Bauer, führ 's Heu hoam, der Regen kommt bald* Germannsdf MILLER Lkr.WEG 25.– Spiel: „*Schmalz über die Donau fahren* … Burschen knien sich eng nebeneinander … so dass ihre Rücken eine Brücke bilden … einer … schlägt einen Purzelbaum über die Brücke" OBERWALLNER Truhe 81.– Vkde: Neugeborene kommen auf der *D.* geschwommen (PA), der Storch (R) od. *s wöid Wei* (Hebamme) *hods aus-*

sado un hods so uns brochd Aicha VOF.– Als Tiern. bei großen Hunden SCHMELLER I,517, vgl. HDA IV,483.
2 Aß der Kartenfarbe Gras, in Phras.: °*i spej mit der blauen Donau* Reichertshsn FS.

Etym.: Ahd. *Tuonouwa*, mhd. *Tuonouwe, -owe, -awe*, idg. Herkunft; Altdt. Namenb. Die Überlieferung der Ortsnamen in Österreich u. Südtirol von den Anfängen bis 1200, Bd I, Wien 1999, 265.

SCHMELLER I,516f.– WBÖ V,1009f. A.S.H.

dondern → *donnern*.

Done → *Dohne*.

Donel, Reh, Hirsch, → *Dam*.

donen[1], angeschwollen sein, sich dehnen, → *dohnen*.

donen[2] → *donnern*.

tönen
Vb., klingen, tönen, schallen: *Von dem kupfer ... Daz hillt* [hallt] *wol vnd dônt* KONRADVM BdN 515,16f.; *Do Achilles das dönen hort'* FÜETRER Trojanerkrieg 84,281.

Etym.: Mhd. *dœnen*, Abl. von → *Ton*[1]; KLUGE-SEEBOLD 920.

WBÖ V,153. A.S.H.

tönern → *dähe(r)n*.

doni, weg, → *danhin*.

Toni → *Anton(ius)*.

Donisl → *Dionys(ius)*.

Tonister → *Tornister*.

Tonne, Tunne
F., Tonne, Faß, in ä.Spr. häufig als Hohlmaß, OB, NB, °OF vereinz.: °*a Dunna* „großes Holzfaß, in dem Fleisch eingesalzen wird" Röthenbach WUN; *a Tunna vull Kraut* KRAUS lusti 53f.; *Cratere tunna* Tegernsee MB 11.Jh. StSG. II,635,53; *ain yede tunnen ir ... füll ... hab* 1465 KOLLER Eid 111.

Etym.: Ahd. *tunna* stf., mhd. *tunne, -o-* sw/stf., aus mlat. *tunna, -o-*, wohl kelt. Herkunft; PFEIFER Et.Wb. 1438.

WBÖ V,153.

Komp.: [**Aschen**]**t.** Mülltonne, OB vereinz.: *Aschntonna* Ottendichl M.

†[**Brühe**]**t.** Trog zum Schweinebrühen: *1 große Briehe Tonnen ... 1 dergleichen Tönnl* Hohenbg REH 1701 SINGER Vkde Fichtelgeb. 158.

[**Fleisch**]**t.** Surfaß: °*Fleischdunna* „aus Stein" Neuhs REH.

[**Kehricht**]**t.**, [**Kehrach**]- wie → [*Aschen*]*t.*, OB, NB, OP vereinz.: *Keradunna* Hessenrth KEM.

[**Kraut**]**t.** Krautfaß: °*Grautuna* Mehlmeisel KEM.

[**Müll**]**t.** wie → [*Aschen*]*t.*: °*z'Rengschbuag howe gmoant, i ho en XY gsehng, wöi i nu amol hischau, is a Mülltonna gwen* „Schnaderhüpfel" Seubersdf PAR. A.S.H.

Donner(er), Donder(er), Donrer, Don, Du-
M. **1** Donner, Donnerschlag, °Gesamtgeb. vielf.: °*hoscht heint Nocht den groußn Darra gheart?* Wettstetten IN; *an Donnara håts ta, daß ma gmoat håt, d'Welt geht z'Schädn* Simbach PAN; °*hast den Blitz gsegn, jetzt kummt glei der Du* Rdnburg; *Doárá(rá)* „ein Donner ... Donnerrollen" ANGRÜNER Abbach 25; *Schlog af Schlog da Dunna follt* SCHUEGRAF Wäldler 54; *Tonitrvum donêr* Aldersbach VOF 12.Jh. StSG. III,112,19; *Der tonr chůmt von erdischem vaizten dunst, da von die fevr in den lůften werdent* KONRADVM BdN 117,20f.; *Die feind wurden von got durch donder und pliz erschreckt* AVENTIN IV,201,24 (Chron.).– Ausrufe: (*beim / zum*) *D.!* u.ä. Ausruf des Erstaunens, unangenehmer Überraschung od. Verärgerung, °OP, SCH vereinz.: °*o Dunnerer, is des hoaß!* Eslarn VOH; *du werscht do beim Dunda koa Kindal net griang!* Hörmannsbg FDB; *bey'n Dundə' 'nei~! 's Dundə's! 's Dundə's eini~ á'!* SCHMELLER I,517; *Ui Dunne*[r]*!* VOGT Sechsämter 42;– „Kein Fluch ist dem Oberpfälzer ... so geläufig wie: *Dunar unz Weda*" SCHÖNWERTH Opf. II,23;– *D. und Doria!* OB, NB vereinz.: *Donna und Doria!* Arrach

KÖZ; *Donner und Doria* Niedermair Glonn 274.– Bauern- u. Wetterregel: „*Fráya Dunar, spáyda Hungar* … frühe Gewitter [machen] reiche Aerndte“ Neuenhammer VOH Schönwerth Opf. II,126, ähnlich °OB, °OP vereinz.– Vkde: „beim Rollen des *Donners* sagen die Kinder: *Petrus schiebt Kegel* oder *fährt Unsere Liebe Frau spazieren*“ Schlappinger Niederbayer I,5, *da Himmivata tuat greina* [zürnen] Reichersbeuern TÖL.

2 Blitzschlag: *vom Dunner derschlagn wern* „vom Blitz getroffen“ Berchtesgaden.– Phras.: *soll der Dunner dreinfahrn* „Verwünschung, Ausruf der Verärgerung“ Allersdf ROL.– Spruch: °*schmeiß Schlappschuach außi, z'Viechhausn hod da Do eigschlågn* Halfing RO.

3 verhüllend für →*Teufel*, Bed. 1a, nur in Phras.: *dös Weisbüd hot an Dunda* „ist sehr böse“ Gartelsrd AIC.– *Jmdn / etwas holt der D.* u.ä. jmd, etwas findet (durch den Teufel) ein schlimmes Ende: *den holt der Dunda a scho amol* Weng FS; „wie ihn … bei einem schweren Gewitter *der Dura gholt*, daß er spurlos verschwunden sei“ Fischhsn MB Zwiebelturm 4 (1949) 137.– *Etwas ist zum D. holen* u.ä. ist zum Verzweifeln, ruft Entsetzen, Empörung hervor: *zin Dunna hual!* „Ausdruck der Verärgerung“ M'rteich TIR; *Dees iis zan Dunna huul'n!* Braun Gr.Wb. 107.

4 †: *Dunder* „Plunder, schlechte Waare“ Zaupser Nachl. 15.

Etym.: Ahd. *donar*, mhd. *doner, donre, dunre, tonr* stm., germ. Wort idg. Herkunft; Kluge-Seebold 210.

Ltg: *dǫna, dǭ-* u.ä. OB, NB, OP, SCH (dazu PEG, WUN; HEB), *dǫana* (AÖ, TS; LAN, WOS; NM), *duna, dū-* u.ä. OB, NB, OP, SCH (dazu FÜ, LAU, SC, WUG; WUN), *dǫnara, dǭ-* u.ä. (ED, FFB, IN, LL, TS; BOG, GRI, PA, PAN, REG; ESB, KEM, NEW, NM, SUL; WUN), *dunara, dū-* u.ä. (AÖ, BGD, LF, STA; DEG, ROL; NM, VOH), ferner mit Nasalschwund od. Nasalierung (Lg. § 46c3, d, e u. K.23) *dǫra, dǭ̃-* u.ä. OB, NB (dazu BOG; CHA; WUG; FDB), *dǫara* NB (dazu AÖ, ED, GAP; R, ROD), *dõura* (GAP), *dūra* (MB), *dǫ̃r, dǫ̃ar* u.ä. (GAP, MB, RO, TÖL, WS; NEN), *dour* (GAP), *dūr* (RO), *dǫarara* (KEH), *dõu-* (GAP), *dǭ(n)* (AIB, EBE, RO), *dǫ̃a* u.ä. (KEH; RID, TIR), *dū̃* (RID), mit epenthetischem *-d- dunda* (AIC, FS; SR; EIH, WUG; FDB), *dǫa(r)da* (AÖ), *dǫ̃axda* (MÜ), *dǫ̃axdara* (AÖ, BGD, LF).

Delling I,129; Schmeller I,517, 533; Zaupser 22, Nachl. 15.– WBÖ V,153-155.

Abl.: *donnerisch, donnieren.* A.S.H.

Donneretz, Dorz

M., Donner, Donnerschlag, °OB, °NB, °OP vereinz.: *der Darz* Traunstein. A.S.H.

donneretzen, dor(et)zen

Vb. **1** als Donner hörbar werden, °OB, °NB, °OP vereinz.: °*es darzt, boid werds regna* Inzell TS; „Wenn ein Gewitter aufzieht und es … donnert … *daretzn*“ Neuötting AÖ PNP 67 (2012) Nr. 278,62.

2: °*darazn* „knirschen“ Bganger EBE. A.S.H.

Donneretzer, Doretzer

M.: °*Dårazer* „Donner“ Pauluszell VIB. A.S.H.

donnerisch, du-, dunderisch

Adj. **1** gewittrig: *het wiads no dånnerösch* „kommt noch ein Gewitter“ Bischofsmais REG.

2 †verflucht, verdammt: *Daweil hat Goaßbökkerl Dees dunderisch, ganz Dem Deandl am Köpfel Abkifelt* [abgenagt] *sein Kranz* Pangkofer Ged.altb.Mda. 52.

3 außerordentlich, sehr: *dunnerisch aufputzt* „auffallend nobel gekleidet“ Passau.

Schmeller I,517.– WBÖ V,155. A.S.H.

-donnerlitzen, -du-

Vb., nur im Komp.: [**auf**]**d.**: *a(u)fdunnalitzn* „aufbegehren“ Singer Arzbg.Wb. 23.– Wohl Spielform von →*tummelitzen* 'fluchen, schimpfen' in Anlehnung an →*Donner(er)*. A.S.H.

donnerln

Vb.: *iaz do˜rlts fescht* „donnert es stark“ Thaining LL Lech-Isar-Ld 12 (1936) 38. A.S.H.

donnern, dondern, donren, du-, donen

Vb. **1** als Donner hörbar werden, °Gesamtgeb. vielf.: °*doancht hats wia nöt gscheid* Garching AÖ; °*wead glei a Weda kemma, darrd houds scho* Buch a.Erlbach LA; *Es himmazt* [blitzt] *und tort* Hubrich Schindeldach 138; *warvmb donrt ez niht in dem winter sam in dem sumer* KonradvM BdN 120,11f.; *mues dondern und plizen, hageln und schauern* Aventin IV,995,13 (Chron.).– Phras.: *schauen wie eine Gans / Kuh, wenn es donnert* u.ä. dumm, einfältig, °OB, °OP vereinz.: °*schaua wäi Goans, wenn dannat* Wdsassen TIR; *Dreischaugn wia d'Gäns, wenns donnert* „wenig schlau“ Wagner Zuwanderung 9;– *einen Buckel wie eine Katze machen, wenn es donnert* u.ä. sich ängstlich verhalten, OB, °OP vereinz.: °*dea macht an Bugl wöi a Katz wenn's dannat* Sulzbach-Rosenbg; *Er macht an Buckl wia a Katz, wenns donnert* Wagner ebd. 10.–

Dunnert hats scho, iatz weads glei einschlagn da fehlt nicht mehr viel, bis gerauft wird Ingolstadt.– Bauern- u. Wetterregeln: *Bols* [wenn es] *in die noggadn Bäuma doart … kràign d Bäuarinna koa Schmolz* Brunner Heimatb.CHA 158;– *Wenn's hinter de(n) noggadn Hollerstau'na dhort, wiard koa Koufouda* Siebzehnriebl Grenzwaldheimat 291;– °*donnerts in die leeren Stauden, schneibts in die vollen* „wenn die Blätter dran sind" Bayersoien SOG;– *Wén 's übar di blàußn Hóslnußstauarn dánard, gidd 's vil Hurn* Eschenbach Schönwerth Sprichw. 23.– Übertr.: *da donnerts* „gibt es Streit" EngelsbgTS.
2 ein donnerähnliches Geräusch hervorbringen: *sen üwer uns sechs graouße Fliecher in Richtung Nordn gfluang. Dees haout dunnert!* Schemm Internist 36.
3 schimpfen: *dunnern* Mögeldf N; *Mein weib … Plitzt vnd dunert vmb im hauß* Landshut um 1650 Jb.Schmellerges. 2012, 33,21-33.

Etym.: Ahd. *donarôn*, mhd. *donren*, *dunren*, zur selben Wz. wie →*Donner(er)*; Et.Wb.Ahd. II,719.

Ltg, Formen: *dǫnan*, *dǭ-* u.ä., auch *dǫn(a)ra* (FFB, LL, SOG, WM; A, FDB), *dǫunan* (PAR), *doana* (NM, TIR), *dǫanan* (VIB; NM, PAR, TIR), *dāna* (HIP), ferner *dunan*, *dū-* OB, NB, OP, MF (dazu DON, ND), *dǫrn*, *dǫan*, *darn* u.ä. OB, NB, südl.OP, SCH (dazu EIH), *dǭn*, *dōn* u.ä. OB, NB (dazu BEI; FO, PEG), *dourn* (GAP; DON), *dạ̄rn* (FFB), *dǫra*, *da-* u.ä. (FFB, LL, SOG, WM), *dõura* (SOG), *dõula* (LL), *dǭ̃axdn* (AÖ, BGD, LF, RO, TS), *dundan* (VOH).– 3.Sg., Part.Prät. *dǫnad*, *dǭ-* u.ä., auch *dǫnaʃ̌t* (MB, RO, TS), *dǫnarad* (LL, SOG), *dounad* (DON), ferner *dunad*, *dū-* Gesamtgeb., *dūnaʃ̌t* (BGD, RO), *dunarad* (LL), *dǫad*, *dǫrd* u.ä. OB, NB, OP, SCH, *dourd* (GAP, MB, TÖL; ND), *dǫ(r)ʃ̌t* (FFB, STA, MB, RO), *dūšd* (RO), *dō̃rad*, *dǫ-*, *dõa-* (SOG; DEG), *dǫand* (LF; PA; NM, PAR, TIR), *dǫanad* (TIR), *dǭ(n)d* südl. OB, östl.NB (dazu N), *dǫu(n)d* (AÖ; DON), *dạ̄(n)d* u.ä. (IN; REG; EIH, HIP, WUG), *dǭ̃axd* (AÖ, BGD, LF, MÜ, TS), *dǭxd* (WS, TS; GRI, PA), *dǫixd* (AÖ).

Delling I,129; Schmeller I,516f., 533; Zaupser 22.– WBÖ V,153-155.

Abl.: *Donneretz*, *donneretzen*, *Donneretzer*, *donnerln*.

Komp.: [**auf**]**d.** **1** refl., sich aufdonnern, °OB, °NB, °OP, °MF vereinz.: *wia sö dös Bedldiandl hai^{n}t aufdonnat hâd* Mittich GRI; *sakra Wunna, iis döi heint aafdunnat!* Braun Gr.Wb. 107.– **2** auferlegen: *s Gricht hat ihm vier Jahr aufdonnert* Passau.

WBÖ V,157.

[**ver**]**d.**: *verdonnert* „verurteilt, Kundensprache" Traunstein.

WBÖ V,157f. A.S.H.

†donnieren
Vb.: *Donirn* „fluchen" Bay.Wald Schmeller I, 516.

Etym.: Abl. von →*Donner(er)*, auch zu →*donnern* möglich; WBÖ V,155.

Schmeller I,516.– WBÖ V,155. A.S.H.

Tonsur
F., Tonsur, OB, NB, OP, SCH vereinz.: *bo dö Kapaziner werd da Hoarbodn obn asgschert, dös hoaßt ma dö Tonsur* Cham.– Übertr.: *a Donsua krejng* „kahle Stelle am Haarwirbel oder Hinterkopf" Kötzting.

Etym.: Aus mlat. *tonsura* 'Scheren, Schur'; Fremdwb. V,287. A.S.H.

Tópas
M., Topas: *'to:pàs* [4]Zehetner Bair.Dt. 348; *Von dem thopazi* KonradvM BdN 500,17; *Der Topatz … ist von Natur so schön/ daß er keines säubern brauchet* M. Stainmayr, Rationale Apostolicvm, Dritter Thail, München 1684, 180.

Etym.: Mhd. *topâz(j)e* st/swm., aus lat. *topazus*; Kluge-Seebold 921. A.S.H.

Topf[1]**, †Topfe, Tüppen**
M. **1** Topf, Hafen, °OP (v.a. NO), °OF vielf., Restgeb. vereinz.: *a erdana Dupf* Neukchn VOH; *der eisara Duapf* Kaiserhammer WUN; *Eisn … des is in der Mitt gwen wej a Ofaring und da han Tepf dringhängt* Wettzell VIT BJV 1952,30; *der Topf* OP Schmeller I,1055; *Die salben … wolt ich auch machen ein grossen tüppen vol* Füetrer Trojanerkrieg 52,126f.; *Ein mensch, der … Ein topfen voll mit wasser hat* Rosner Passionssp. 35.– Phras.: „[Scherzhafte Antwort] Auf die Frage … *Was hast du gekocht? … Einen Topf in den anderen*" Reinhsn R U. Kanz u.a., Die Heimat auf der Zunge tragen, Regensburg 2012, 84.– *Jeder T. findet seinen Deckel* u.ä. jeder, alles findet das passende Gegenstück: °*jeda Tuapf find sein Deckl* Wdsassen TIR; *Za jeedan Tuapf gi(b)tt's an påssnd'n Deck'l* „für jedes (heiratsfähige) Mädel gibt es den passenden Mann" Braun Gr.Wb. 686;– erweitert: *Es ist kein Topf so schief, als daß kein Deckel draufpassen würde* „für jedes Mädchen und jeden Burschen [kann] ein Partner gefunden werden" Christl Aichacher Wb. 267.– *Kleine Töpflein laufen bald über* u.ä. kleine Menschen od. Kinder brechen leicht in Zorn od. Tränen aus, °OP vereinz.: °*kloina Tipfla lafm leicht iwa* „eine

kleine Person ist schnell zornig" Wdsassen TIR; „Von kleinen Kindern, die leicht zum Weinen zu bringen sind ... *kloina Tüpfla la(u)fm bal(d) üwa*" SINGER Arzbg.Wb. 242.– Spiel *T. schlagen* mit verbundenen Augen u. einem Kochlöffel einen umgedrehten Topf mit einer Belohnung finden: *Tuapfschlong, fröiher war unter dean Tuapf tatsächli a Gockl, spaater haout ma blaouß an Gockl ... kröigt, wenn ma an Tuapf troffm haout* SCHEMM Stoagaß 107.
2 Dim., (große) Tasse, Trinkgefäß, °nördl.OP, °OF vielf.: *mia trinkn no a Tipfl Kaffee* Tirschenrth; *a Tipfl ... is zwar niat sua schäi ower gräißer wöi a Tassn* SCHEMM ebd. 85.– Phras.: *dea håud s Dipfl brochng* „jemanden unwiderruflich beleidigt, verärgert" M'rteich TIR.
3 Dim., Nachttopf, bes. für Kinder, °OB, °OP vereinz.: °*Töpfal* Hohenpolding ED; *Bevor da Kloane ins Bett geht, schickstn no aufs Topfal!* BINDER Bayr. 214.
4 Blumentopf, OB, NB vereinz.: *Topf* Vilsbiburg.
5: °*Topf* Spieleinsatz, der nicht ausbezahlt wird, sondern für das folgende Spiel liegenbleibt Tölz.
6 †Teich, Quelltopf: *in den Töpfen, vnd verfallnen Wassern, welche vom Lech ... kainen Eingang oder Ausgang Wassers haben ... vischen* Mchn 1569 LORI Lechrain 390.
7 (am)Teichablaß.– **7a** trichterförmiges Loch in der Abzugsrinne, °OB vereinz.: °*da Topf ghert gricht* Lenggries TÖL; *Der Topf* „das Loch an der Grundrinne eines Weihers" OB SCHMELLER I,614; *Zu ablassung des wassers aus dem graben Zu den grundtrinnen Vnd döpfen* 1613 MHStA HR II, Fasz.1, fol.177ᵛ.– **7b** Zapfen zum Verschluß des Lochs in der Abzugsrinne, °OB vereinz.: °*da Doupf gheat füan Alaf* „zum Abdichten mit einem Rupfen umwickelt" Dachau; *Der Topf* „der darein fallende Zapfen" OB SCHMELLER ebd.– **7c** gesamte Abzugsvorrichtung, °OB, °OP vereinz.: °*den Topf mouß ma afmacha, af das olaffa kon* „wenn zuviel Wasser im Weiher ist" Schnaittenbach AM; *Der Topf* „die ganze Vorrichtung sammt den Docken oder Stützbalken" OB SCHMELLER ebd.

Etym.: Neben westl. ahd. *dupfen, duppen*, mhd. *tupfen* stm./n., östl. mhd. *topf* stm., Herkunft unklar; KLUGE-SEEBOLD 921.

Ltg: *dōbv* u.ä., ferner *duabv* nö.OP, OF, *dūbv* (ESB, NM, VOH).– Dim. *depf(a)l* (ED; AM, ESB, KEM, R, SUL), *depfi* (RID), *depfai* südl.OB, *dipf(a)l* OF (dazu KEM, TIR, VOH, WEN), *diabvl* (VOH), ohne Uml. *dopfal* (M; PAN; NEW).

DWA VIII, K.9f.– SCHMELLER I,613-615.– WBÖ V,158.

Abl.: *töpfeln, -topfen, Töpfer(er)*.

Komp.: [**Paten**]**t.** vom Paten geschenkte Tasse: *bis zo da Haouchzet haout ma an Patnkind allerhand schenkn möin ... an Patntaaler, a Patntipfl* SCHEMM Stoagaß 116.

[**Pip**]**t.** Wasserbehälter mit Auslaufröhre: °*Piptopf* Wassergefäß, das sich die Holzknechte umhängen konnten Erding.

[**Blech**]**t.** Blechtopf: *dö Blechduapf* Thumsenrth NEW; *Bleechtuapf* SINGER Arzbg.Wb. 38.– Phras.: *a Stimm wöi a Bleechtuapf* „scheppernde Stimme" ebd.

[**Blumen**]**t.**, [**Blümlein**]- **1** Blumentopf, °Gesamtgeb. vereinz.: *Bleamladopf* M'nwd GAP; °*der Bloumatuapf* Falkenbg TIR; *Blumatopf* Pölling PREINL Neumarkt 38.– **2** Aß der Kartenfarbe Gras, °NB vereinz.: *Blumentopf* „Grasaß beim Schafkopfen" Neustadt KEH.

[**Ein**]**t.** Eintopfgericht, °OB, °SCH vereinz.: °*Ejtoupf* Thierhaupten ND.

[**Fett**]**t.** Schmalztopf, nur in Phras.: *Er ... tritt ... glei nu amal in Fettuapf ei* [erregt Unwillen durch eine unbedachte Äußerung] SCHEMM Neie Deas-Gsch. 27.

[**Honig**]**t.**, [**Hönig**]- Honigtopf: *Drent steht da große Henigtopf* DINGLER bair. Herz 138.– Lied: °*ja und in Honichdöpferl sitzt a Frauankäferl, i zöigs aßa und schlecks o, doch va dera Jausn tout ma heit nu grausn, as woa koi Frauankäferl, as woa a Schwo* Sulzbach-Rosenbg.

[**Kaffee**]**t.** meist Dim., Kaffeetasse, OP (v.a. TIR), OF vielf.: *es Kaffeetipfl* O'thölau WUN; *die Maich* [PN] ... *röihert bedächti in ihrn Kaffeetipfla* SCHEMM Neie Deas-Gsch. 38.

[**Käse**]**t.** **1** Tontopf zur Aufbewahrung von Quark: *Kăsduapf* KONRAD nördl.Opf. 78.– Phras. *weiß / blaß wie ein K.* sehr blaß u.ä., OP (TIR) mehrf.: *blaß wöi a Kaasduapf* Schloppach TIR.– **2** jmd, der sehr blaß aussieht: °„willst du nicht mehr der *Kastopf* der Klasse sein, dann laß dich auf der Sonnenwiese sanft bräunen" Weiden; *Kăsduapf* „Bleichgesicht" KONRAD ebd.

[**Klapper**]**t.** Klappertopf (Alectorolophus), °OB, °NB, °OP, MF vereinz.: °*Klåppatobf* Wimm PAN; „*Klappertopf* oder *Klaff* ... dessen Samen Mehl und Brod blauschwarz färben, ohne ... der

Gesundheit schädlich zu sein" Bay.Wald Bavaria II,113.
WBÖ V,158.

[**Knödel**]**t.** Topf für Knödel: °*Knialaduapf* Selb; *der Knialtuapf is in der Stubm gleng* SCHEMM Die allerneistn Deas-Gsch. 9.

Mehrfachkomp.: [**Ge-kochte-Knödel**]**t.**: *Kochda-Kniala-Duapf* „Kochtopf für gekochte Kartoffelknödel, d.h. der Knödelteig enthält gekochte durchgedrückte Kartoffeln" FalkenbgTIR Wir am Steinwald 7 (1999) 83.

[**Mehl**]**t.** Topf für Mehl, nur in Phras.: *de is in Mehltopf gfalln* „stark gepudert" Traunstein.

[**Milch**]**t.** Milchtopf, OB, NB, OP, OF vereinz.: *der Milchtuapf* Neuhs REH.– Ortsneckerei für die Einwohner von Hiltershf TIR: *Hültashuafa Mülchtöpf* Oberpfalz 70 (1982) 67.

[**Nacht**]**t.** Nachttopf, OB, °NB, °OP, °OF, °MF vereinz.: *Nochtdupf* Hshm NM; „Dieses *Nachttöpferl* des Fürsten Sowieso ist noch vollständig erhalten" Schrobenhausener Ztg 167 (2017) Nr.88,27; *1 Nachttopf* Tölz 1800 StA Mchn Briefprot. 11265,fol.28v (Inv.).

†[**Rahm**]**t.** Topf für Rahm: *Rahm Topf von Kupfer* WUN 1739 SINGER Vkde Fichtelgeb. 133.

[**Reiber**]**t.** Tontopf, in dem Schnupftabak gerieben wird: „Den Rückstand tut er wieder in den *Reibertopf*" Hangenleithen REG Altb.Heimatp. 60 (2008) Nr.21,25.

[**Schmalz**]**t.** wie →[*Fett*]*t.*, OP, OF vereinz.: *Schmolzduapf* Floß NEW; *In Vuagl-Jastar* [Vogelnester] *und Schmólzdüapf sól ma niad oft guckn* Neuenhammer VOH SCHÖNWERTH Sprichw. 46.
WBÖ V,158.

[**Schnabel**]**t.** meist Dim., kleiner Topf mit Schnabel zum Ausgießen, OP (TIR) vielf.: *Schnowldipfl* Konnersrth TIR.

[**Schnürpfel**]**t.** Dim., dass.: °*Schniabfldibfl* Selb; *a Schnirpfltipfl* „kleiner Topf mit Ausguß" SINGER Arzbg.Wb. 207.– Zu →*Schnürpfel* 'Schnabel zum Ausgießen'.

[**Seich**]**t.** wie →[*Nacht*]*t.*, °OP vereinz.: °*der Soachduapf* Tirschenrth; *Sahchtuapf* SINGER ebd. 194.

[**Drei-seidel**]**t.** Trinkgefäß von eineinhalb Liter Fassungsvermögen, nur im Scherzv.: *mei Schatz, dös is a olda Zipfl, dea håut a Nosn wej a Draiseidldipfl* [von außerordentlicher Größe], *dea håut a Gsicht wej a Ufaluach, owa gfalln tout ea mea duach* Wunsiedel.

[**Wasch**]**t.** Waschkessel, OP vereinz.: *Waschduapf* Wondreb TIR.

[**Wasser**]**t.** Gefäß, Topf, in dem Wasser erhitzt wird, OP, OF, MF vereinz.: *Wassatuapf* mit Wasser zum Verdunsten Brand WUN; *waal er ... saa Wassertipfl ... aafm Kanuna-Iafala stäih ghat haout* SCHEMM Stoagass 151. A.S.H.

†Topf², **Toff**

M., Kreisel: *Topf* M'nwd GAP SCHMELLER I,614; *(Turbo) cholz ... tobf* Tegernsee MB 11.Jh. StSG. II,660,2f.; *turbo ... 'toff'* AVENTIN I,401,11 (Gramm.).

Etym.: Ahd. *topf(o)*, mhd. *topf(e)* st/swm., aus afrz. *topet* 'Kreisel', germ. Herkunft; KLUGE-SEEBOLD 921.

SCHMELLER I,614. A.S.H.

töpfeln

Vb. **1**: °*dipfln* „viel Bier trinken" Selb.
2: °*die tut gern depfän* „kochen" Thanning WOR. A.S.H.

Topfen, **Topf**, **Toppen**

M., Quark, Frischkäse, °OB, °NB, °OP (außer N), MF (v.a. EIH), °SCH vielf.: °*mit an olte Doppe gejts guate Nurl* Kohlgrub GAP; °*Mul hapma schde låusn, dasa Dopfa woan is* Geisling R; *Strizl ... Nimmst drei Pfund Mehl, a Pfund Topfn, zwoa Oar ... an Germ* HALTMAIR Hartpenning 49; *Der Topfen* „die feste Substanz von saurer Milch nach Absonderung der Molken" SCHMELLER I,615; *So wirt ein topfen dar aus* Rott WS EHLERT Mchn.Kochbuchhs. 266; „Darum soll man die Milch ... mit etwas Zukker essen, so wird aus der Milch kein *Topf* im Magen" SCHREGER Speiß-Meister 66.

Etym.: Mhd. *topfe* swm., möglicherweise zu →*Topf*¹ od. →*Topf*²; KLUGE-SEEBOLD 921. Od. zu →*Tupf(en)*; PFEIFER Et.Wb. 1438?

Ltg: *dopfa, dopfm* u.ä., ferner *dōbva* NB (dazu AÖ, ED, LF, MÜ), *duabva* (VOH), *dopf* (FFB, TS; AM), *dopa* (GAP, SOG), *dopm* (GAP).

DELLING I,129; SCHMELLER I,615; ZAUPSER 77.– WBÖ V,159.

Abl.: *topf(e)rig, topfig*.

Komp.: †[**Eier**]**t.** wohl Speise aus Eiern u. Quark: *Auf den hochheiligen Ostertag ... jedem ... zur Nachricht* [Nachspeise] *Ayrdopfen* Pfarrkchn 1608 Altb.Heimatp. 10 (1958) Nr.12,4.

[**Kartoffel**]**t.**: *kårtuffəl-tǫpfa* „Kartoffelbrei" Eichstätt nach WEBER Eichstätt 68.

[**Käse**]**t.** wie → *T.*: *Kastopfen* Engedey BGD.
WBÖ V,159.

[**Milch**]**t.** dass.: *Mulltopfa* Wallkfn MAL.

[**Rahm**]**t.**: „Sahnequark ... *Rahmtopfen*" BEKH Richtiges Bayer. 126. A.S.H.

-topfen
Vb., nur im Komp.: [**um**]**t.** umtopfen: °*topf de Bleame um* Halfing RO. A.S.H.

Töpfer(er), To-, Töpfner
M., Töpfer, Hafner, °OB, NB, OP, MF vereinz.: °*da Depfara macht des irda Gschirr* Hirnsbg RO; *Döpfna* Stadlern OVI; *Tepfer* nö.OP, OF DWA IX,K.6f.; *den 14 Aprilis ... ist ... bey Jacob Fromadern, Töpffern, durch seinen Brenn-Ofen-Schloth ... eine Feuers-Brunst ... entstanden* Thiershm WUN 1725 Heimat an der Hohen Warte, hg. von F.W. SINGER, Thiersheim 1982, 76.

Etym.: Mhd. *töpfer, topfer* stm., Abl. von → *Topf*[1]; PFEIFER Et.Wb. 1438.

DWA IX,K.6f. A.S.H.

topf(e)rig
Adj., quarkig, °OB vereinz.: *a dopfriga Butta* Staudach (Achental) TS; *dobvrig* Klingsmoos ND nach SBS XI,242. A.S.H.

topfig, -icht
Adj., quarkig, OB vereinz.: *der Kas is z'jung, topfi* Wasserburg; *ein topfete milch oder butter* AVENTIN I,348,4f. (Dt.Chron.).

WBÖ V,159f. A.S.H.

Doplet, Doppelbecher, → *Duplet*.

Doppel[1]
1 M.(?): °*Doppe* „mit einer Stoffsohle besetzter Strumpf" Dachau.
2 N.(?): °*Doppel* „Schafkopfspiel, in dem der Preis nach dem Erhalt der ersten vier Karten verdoppelt ist" Biberbach WÜM.
3 †M., Dublette, mit Glas unterlegter Edelstein: *die goltschmid sollen auch durchaus khainen tobel oder glaß, gefärbt oder ungefärbt ... in gollt nit versetzen* 1558 M. FRANKENBURGER, Die Alt-Münchner Goldschmiede u. ihre Kunst, München 1912, 449.

Etym.: Abl. von *doppel* (→ *doppelt*); [2]DWB VI,1245. Anders WBÖ V,160.

WBÖ V,160. A.S.H.

†Doppel[2]
M. **1** Würfelspiel, Glücksspiel: *sô wellent etelîche mit hôchvart umbe gân, der mit topel, der mit trügenheit* BERTHOLDvR II,214,3f.
2 Behälter für den Einsatz beim Wettrennen: *yeglichs versigelts phärd, soll in den Toppel an dem Tuech geben ainen vnngerischn guldn* Mchn 1448 Bayerld 21 (1910) 613f.

Etym.: Mhd. *toppel*, aus mnl. *dobbel*, zur selben Wz. wie → *Dübel*; [2]DWB VI,1244.

SCHMELLER I,528.– WBÖ V,160.

Komp.: †[**Wucher**]**d.** Wucher, Betrug: *Solhs bringen die J[uden] mit irem wůechertoppl schier umbsonst an sy* 1518 Urk.Juden Rgbg 352.
A.S.H.

Toppel, Rauch, → *Tobel*[1].

Töppel
M. **1** Geschwür, °OB, NB, °OP vereinz.: °*des werd a richtiga Töppel* Brunnen SOB.
2: °*mei Döppel* „angeschwollener Finger" N'höcking LAN.

Etym.: Nebenf. zu → *Düppel* 'Beule, Geschwür'. A.S.H.

†Doppele
F., Gespielin, Prostituierte: *von ainem priester, der ungelewmpt ward von ainer toppeln* HARTLIEB Dial. 268,1f.

Etym.: Abl. von → *doppeln*[2]; Frühnhd.Wb. V,961.
A.S.H.

doppeln[1]
Vb. **1** mit einem Belag versehen.– **1a** besohlen, °OB, °NB, °OP, SCH vereinz.: °*deinö Schua deafsd zan Dowön doa, oana had scho a gloas Loh* Grafenau; *Schouch dopla* „auf dem vorderen Sohlenteil neue Sohlleder aufnageln" Naabdemenrth NEW; *de àwetretnă Schuhă gheăn dobbet* FEDERHOLZNER Wb.ndb.Mda. 57; *Aufs negst gilts d'schuech … müests ohne daß bald dopplen lassen* W. RINSWERGER, E Funere Phœnix, Bd III, Stadtamhof 1730, 101.– Phras.: *jmdm die Schuhe im Gehen d. können* u.ä. jmd ist, bewegt sich langsam, schwerfällig, °OB vereinz.: °*a sechana, dem wo'sd undam Geh d'Schuah dobben kost* Rechtmehring WS; *I geh scho so langsam, daß ma da Schuasta beim Laafa d' Schuah doppln kannt* G. UMRATH, G'schichtn aus dem Isarwinkel, Lenggries 1998, 65.– Auch (Strümpfe) mit einer Stoffsohle besetzen, °OB, °NB vereinz.: °*Strumpf doppeln* Ziegelnöbach PAF; *Strümpf doppeln* SCHMELLER I,528; *Strimpf … Fünff pahr dopelt, für iedes 6 dl* 1679 POSCHINGER Glashüttengut Frauenau 54.– **1b** mit einem Flicken versehen, °OP vereinz.: °*da Hosnbodn wird doppelt* Haselbach BUL.– **1c** mit einer Bretterlage verstärken: „besser gestellte Bauherren ließen ihr Türblatt mit einem rautenförmigen Belag kunstvoll *doppeln*" Wdmünchn.Heimatbote 24 (1991) 11.
2 verdoppeln.– **2a** doppelt so groß machen, in heutiger Mda. nur im Komp.: *doppeln* SCHMELLER ebd.– **2b** beim Schafkopf nach dem Austeilen der Hälfte der Karten den Spielwert verdoppeln, °OB, °NB, °OP, °MF vereinz.: °*i dowet* Steinach SR; *dopln* „den Gewinn … vor Spielbeginn verdoppeln" nach DENZ Windisch-Eschenbach 124.
3 mit mind. zwei Peitschen knallen im Brauch →*Wolf auslassen*: „Das *Doppeln* … erforderte eine … Kraftanstrengung, wenn zwei … bis zu vier im Takt *schnalzen* mußten" WEISS Bauernjahr Kirchdf.Ld 31.

Etym.: Abl. von *doppel* (→*doppelt*); [2]DWB VI,1249.

DELLING I,129; SCHMELLER I,480,528.– WBÖ V,160f.

Komp.: [**an**]**d.** wie →*d.*2b: °*adowen* Vilshfn.

[**auf**]**d. 1** besohlen, (Flicken) aufsetzen, flicken.– **1a** (Schuh-, Stoffsohle od. Flicken) aufsetzen: °*a Flek wird afdoppelt* „auf Hosen oder Strümpfe" Pertolzhfn OVI; „Der Schuster hatte immer wieder ein Paar Sohlen *aufzudoppeln*" SAUER Arbeiten Bayer.Wd Abb.54.– **1b** wie →*d.*1b, °OB, °OP vereinz.: °*Hosnbodn aufdoppeln* Falkenbg TIR.– **2** wie →*d.*2b, °OB, °NB, °OP vereinz.: °„es kann mehrfach *aufdoppelt* werden, dabei legen mehrere Spieler ein Geldstück auf den Tisch" Rdnburg.– **3**: °*der is heit wieda aufdowet* „aufgeputzt" Taching LF.

[**aus**]**d.**: °*ausdoppeln* eine Einlage in den Hosenboden machen Eining KEH.

[**der**]**d.** mit Flicken vollnähen: °„ein Kleidungsstück ist *dadowöd*" Germannsdf WEG.

WBÖ V,161.

[**ver**]**d. 1** wie →*d.*2a, OB vereinz.: *an Ghåilt vadopln* Kochel TÖL; *fatopln* SCHWEIZER Dießner Wb. 39.– **2** refl., doppelt so groß werden: *Hefedoag … Bal'er se nacha verdopplt hat* Altb.Heimatp. 67 (2015) Nr.38,2.

WBÖ V,161.

[**kreuz**]**d.** beim Schafkopf nach dem Austeilen der Hälfte der Karten den Spielwert (mehrfach) verdoppeln, °NB, °OP vereinz.: *kreuzdoppeln* „jeder kann auslegen, durch ein Geldstück anzeigen, daß der Spielwert verdoppelt ist" Schorndf CHA; „Schafkopf-Tarif … in Fußballerkreisen: *Zwickl, Fünfer mit Kreuzdoppeln*" Bayerwald-Echo 72 (2016) Nr.180,33.

[**nach**]**d.** beim Schafkopf den bereits verdoppelten Spielwert nochmals verdoppeln: °*nachdoppeln* Metten DEG. A.S.H.

†doppeln[2]
Vb., Würfelspiel, Glücksspiel betreiben: *ez sî mit tanzen unde mit topeln* BERTHOLDvR I,21,20f.; *Toppeln. ludere cum taxillis* Voc.Teutonico-Latinus gg.vi[v].

Etym.: Mhd. *topeln*, aus mnl. *dobbelen*, gleicher Herkunft wie →*Doppel*[2]; [2]DWB VI,1250. Anders KLUGE-SEEBOLD 212.

SCHMELLER I,528.– WBÖ V,160.

Abl.: *Doppele, Doppler*[2].

Komp.: †[**ver**]**d.** wucherisch, betrügerisch verhökern: *di J*[*uden*] *bringen frembd nadlen her, di doch nit gerecht und gůet sind, verkaůfen und vertoplen dieselben* 1518 Urk.Juden Rgbg 353.

SCHMELLER I,528. A.S.H.

doppelt, †doppel
Adj. **1** zweifach, OB, °NB, OP, SCH vereinz.: *a dowida Lausbua* „ist ungezogen und hat Läu-

se“ Vachendf TS; *åis doupelt secha* Derching FDB; *Dees wollt' i', daß i' doppit waar ... Den andern ließ i' arbetn, I' thaat spatzirn geh'* Kobell Ged. 227; *Ein vergolte alte doplete Scheurn* Mchn 1581 MJbBK 16 (1965) 124 (Inv.).– Phras. *d. genäht hält besser* es ist gut, sich doppelt abzusichern, OB, °NB vereinz.: °*dobbed gnahd hoid bessa* Neufraunhfn VIB; *Dopp'lt gnaht hölt bessa!* Braun Gr.Wb. 97.
2 beim Schafkopf im Spielwert verdoppelt, °OB, °NB vereinz.: °„wenn alle Spieler *weiter* sagen, ist das nächste Spiel *a Doppelter*“ Aufkchn ED; °*i spui doppöt* M'rfels BOG.
3 M., Zwiefacher mit Wechsel von jeweils zwei Zweiviertel- u. Dreivierteltakten: „an der Altmühl ... und ... im Schambachthale ... je nach dem Rhythmuswechsel ... *Einfacher, Doppelter, Dreifacher*“ Bavaria II,315; „Diese Stücke ... heißen einfach *Bayerischer oder Doppelter*“ sö.OP Zwiebelturm 8 (1953) 59.

Etym.: Aus afrz. *doble*, mit *-t* aus Part.Prät. von →*doppeln*[1]; Kluge-Seebold 212.

Schmeller I,480.– WBÖ V,161f.

Abl.: *Doppel*[1], *doppeln*[1], *Doppler*[1].

Komp.: [**dri**]**d.** **1** dreifach (besohlt).– **1a** dreifach, NB vereinz.: *a dridobldö Bålngat* „drei Palmbuschen auf den Enden eines dreiästigen Steckens, besonders geschätzt“ Zandt KÖZ; *drīdoped* nach Funk Irgertshm 38; *muest alles dritopalt bezalt werden* Rgbg 1522 Chron.dt.St. XV,226,19f.– Schnellsprechv.: *Springt der Hirsch über'n Bach, brockt ihm vom Birnbaum drei dridoppelt birnbaumbraun Blätterblättl ab. Sagt der Fuchs: „Das ist ein Mann, daß er ihm drei dridoppelte birnbaumbraun Blätterblättl abbrocken kann“* Pollinger Landshut 342;– *Es springt d gaißPokh ÿbern bach brokht mir dreÿ dridopelte blizblabe braunPer Pletter ab. ds ist mir ein braver mann, der mir die dreÿ dridopelte Plizblaue Praunper bletter nennen kan* Ingolstadt 18.Jh. Cgm 1806, loses Bl.– **1b**: *dridobelt* „dreifach gesohlt, von Schuhen“ Passau.– **2** †: *dridoppelt* „sechsfach“ Schmeller I,563.– **3** hinterhältig, verschlagen: *derselbig ist ein ganz ein Zwiegenähter und Driedoppelter* Hofmiller Helmbrecht 42.– **4** außerordentlich, hochgradig, heftig: *i gida oanö, åwa glei a dridobbede* starke Ohrfeige Neukchn KÖZ; *ein solcher Luag'nschippel, ein ausg'schaamter ... ein dreidoppelter* Partenkchn GAP Bayerld 30 (1918/1919) 95.

Schmeller I,563.– WBÖ V,162.

†[**zwie**]**d.**: *zwi-doppelt* „vierfach“ Schmeller II, 1170.

Schmeller II,1170.– WBÖ V,162f. A.S.H.

Toppen →*Topfen*.

toppen[1] →*toben*[1].

toppen[2], pulsieren, →*toben*[2].

Doppler[1]

M. **1** erneuerte Schuhsohle: *der Doppler kimmt teia* Passauer Dreiflüsseschreiber 38.
2 beim Schafkopf in die Tischmitte gelegte Münze u.a. als Zeichen dafür, daß der Spielwert verdoppelt wird: °„bei guten Karten kann man einen *Doppler* (Münze, Streichholz) legen“ Vohenstrauß.

WBÖ V,163f. A.S.H.

†Doppler[2], **Doppeler**

M., Würfler, Glücksspieler: *die toppeler und spiler* BertholdvR II,118,38; *Ein topler gelds vnd guts verschwender* Ein newer Dialogus/ Auff das Vnchristliche lügenhafftige Buch Hans Albrechten Gnardians, [wohl Regensburg,] 1563, fol. B4[v].

Etym.: Mhd. *topelære* stm., Abl. von →*doppeln*[2]; [2]DWB VI,1259.

WBÖ V,163f. A.S.H.

Tor[1]

M. **1** Dummkopf, törichter Mensch: *als wenn die torn die weisen leren wellent* KonradvM BdN 264,16f.
2 †geistig Behinderter: *Di den geprechen habent von gepurt, daz sint di naturleichen torn* ebd. 524,21.
3 †Taubstummer: *Tèrál* südl.OB Schmeller I,619; *unsinnig laeut und plinden und toren und die nicht gehórent und stummen* 1340 Stadtr.Mchn (Dirr) 333,27-334,1; *DIe hernach geschribne Personen ... vnsinnig/ blind/ thorn* Landr.1616 164.

Etym.: Mhd. *tôr(e)* swm., westgerm. Bildung; Kluge-Seebold 921.

Schmeller I,619.– WBÖ V,167.

Abl.: *Torel, -töreln, toren, Törer, torhaft, toricht, törisch, torlich*. A.R.R.

Tor[2]
N. **1** Tor, (große) Öffnung für einen Zugang, torartige Absperrung davon, auch Torflügel, °Gesamtgeb. vereinz.: °*bei da Feiawehr griangs neie Dejra* G'holzhsn RO; *käman guate Jåhr, wie d Doua vo selt auf- und zuagengand* „Spruch, wenn einer gähnt" Haid LAN; *am Godsacka ... nix wia naus bain hinter'n Törl* Dingler bair.Herz 144; *daz tôr des paradyses daz hat Crist hivte enspêrrit* Spec.Eccl. 55,1f.; *zu den torn ... innderthalben der stat mauern* 1456-1464 Stadtr.Ambg II,271; *weilen die Stadt mehrer Thörer/ als nur eines hatte* M. Dalhover, Miscellanea, Bd I, Ingolstadt [1700], 511.– In Örtlichkeitsnamen nach einem (ehemaligen) Tor in Befestigungsanlagen, z.B. *Isartor* (M).
2 Felsentor, OB vereinz.: *a Toar* Staudach (Achental) TS.
3 Fußballtor, Balltreffer dahin, °Gesamtgeb. vereinz.: °*des Taoua gilt niat!* Selb; *der Sepp schiaßt ... sei Tor* Altb.Heimatp. 61 (2009) Nr. 12,25.
4 übertr. großer Mund, °OB vereinz.: *der hat a richtis Toar* Siegsdf TS.

Etym.: Ahd., mhd. *tôr* stn., germ. Wort idg. Herkunft; Kluge-Seebold 921.

Ltg, Formen: *dǫua, dǫur* u.ä. OB, NB, OP, OF (dazu ND), vereinz. *dẹǫr* u.ä (WEG, WOS), *dǫia, döia* (AÖ, LF), dazu, z.T. jünger, *dǭa, dōa* u.ä. OB, NB, OP, MF, SCH, auch *dā̃a* u.ä. (GRI, PA, PAN), vgl. Lg. § 11a, b, ferner *dūa* NB (v.a. NW), MF (dazu ESB, KEM, NEW, SUL; FO, PEG).– Pl. wie Sg., auch mit Suff. *-ra* u.ä. Gesamtgeb., mit Uml. *dẹ̄a* u.ä. Gesamtgeb., auch *dẹ̄ara* Gesamtgeb., vereinz. *dǫuan, dǭan* u.ä. OB (dazu EG, GRA, MAL; N; A), auch *dẹia* (VIB; NEW, RID, TIR; REH, WUN), *dẹian* (VOH), *dẹira* (AIB, IN, MB, PAF, RO; BUL, PAR), *dǫira* (MB, TÖL), *doana, deana* (ROD).

Schmeller I,619.– WBÖ V,164f.

Komp.: †[**Burg**]**t.**, [**Bürge**]- Stadttor: *diu burgetor hiezen sie ûf sliezen* Kaiserchron. 346,14635; *10 deklachen ubers purigtor herzů̊* Passau 1400 VHN 45 (1908) 42 (Zolltarif).

Schmeller I,276.– WBÖ V,165.

[**Tenn(en)**]**t.**, [**Tenns**]-, [**Tennt**]- **1** Tor, Einfahrt des Stadels, °OB mehrf.: °*hosds Dehnadoua zuagschbiad?* Anzing EBE.– Phras.: *ein Maul wie ein T.* großer od. weit aufgerissener Mund, °OB mehrf., °NB vereinz.: °*a Maü wia a Tennator* Pfarrkchn;– *das Maul aufreißen wie ein T.* weit, °OB vereinz.: °*is scho miad, reißt s Mäu auf wiara Tennator* Hzkchn MB.– „Vers beim Hutschen ... *Oan rei, oan naus, beim Tennator naus, ischt no it* [nicht] *gar drauß, aber jetzt ischt a draußt*" Dießen LL Dt.Gaue 14 (1913) 230.– **2** übertr.– **2a** großer od. weit aufgerissener Mund, °OB, °NB vereinz.: °*geh moch dei Tenttoar zua!* Innernzell GRA.– **2b** (großes) Auge, °OB vereinz.: °*mach deine Tennator auf!* Thanning WOR.

WBÖ V,166.

[**Esch**]**t.**, **Ester** Zauntor, °OB vereinz.: *Eschta* Valley MB; „den Fahrwegen öffnet sich ein Gatter (*Öschta*)" Leizachtal 204; *so sollen ... die öster und valter angehengt sein* Winhöring AÖ 1594 Grimm Weisth. VI,139.– Zu →*Esch* 'Ackerflur'.

Schmeller I,161.– WBÖ V,166.

[**Fall**]**t.**, **Falter**, [**Ge-fall**]- auch M. (MÜ; EG). **1** selbständig zufallendes Tor v.a. in (Weide-) Zäunen, °OB, °NB, OP vereinz.: *da Foidda* Aspertsham MÜ; *s Feital* Buch a.Erlbach LA; *dod'l* [dort] *göid Is öitza sched* [nur] *Bo dem sel'n Faltar au'i gschled* [gerade] Lautenbacher Ged. 43; *der frowen Pflegær/ sol vns ... die/ die di misstat begangen habent antbv̊rten hier ovz fv̊r daz valltor* Landshut 1296 Corp.Urk. III,503,11-13; *Es sollen auch alle Falter zu gebührender Zeit ... angehängt werden* N'traubling R 1584 Hartinger Ordnungen II,742.– Phras.: *da Adlberga mocht a de Breman s Foita auf* „um die Zeit des Adelberger Markts [in Taufkchn ED] kommen die ersten Bremsen" Erding.– „Heiklen Tischgenossen wird ... angedroht, *an Broutkorb* bzw. *as Fellterl ... häicher ... zi henk'n*" Oberpfalz 80 (1992) 142.– **2** †wohl Schleuse in einem Wasserlauf: *an dem Graben ... bis in das Valter bey dem Grafeneder mit Vleiß raumen* O'aichbach LA 1521 Hartinger ebd. I,311.– Ltg: *våltα, vǫita* u.ä.; Dim. *vaital* (DAH, ED, M, MÜ; DGF, LA, VIB), *vǫ̈ltal* (NEW), *vǫital* (DGF, PAF).

Delling I,163; Schmeller I,705; Westenrieder Gloss. 177; Zaupser Nachl. 17.– WBÖ V,166.

Mehrfachkomp.: [**Pfarrer-fall**]**t.** in Phras. *das P. überspringen* u.ä. Ehebruch begehen: *üwas Pfarrafåjddal umöschbringa* Reisbach DGF; *s Pfoàrà-fǫiddàl ... iwà-schbringà* Kaps Welt d. Bauern 9.

– †[**Sau-fall**]**t.** Gatter des Schweinepferchs: *öhnhel* [drüben] *... bäm Saufolter ... ist mein huet ... olls ä lauther dräkh worn* Landshut um 1650 Jb.Schmellerges. 2012,39,44-46.

[**Grindel**]**t.** Scheunentor mit rundem Torpfosten (→*Grindel*): °*Grinddltoa* Langdf REG.

[**Haus**]**t.** Haustor: *s Hausdoua* Staudach (Achental) TS.– Phras.: *der traut si net fürs Haustor aussa!* „ist sehr feig" Neubeuern RO.
WBÖ V,166.

[**Himmel(s)**]**t. 1** Himmelstor: *das grosse Himmels-Thor* Selhamer Tuba Tragica II,367.– **2**: *Himmltoa* Regenbogen Burglengenfd.

[**Hof**]**t.** Hoftor, °OB, NB, OP, SCH vereinz.: „im großen *Hofdua* ist eine kleine Öffnung, *s Hofdial*" Tretting KÖZ; *Huafdaua* Tirschenrth Oberpfalz 24 (1930) 229; *biß zue dem hoffthor vor der vest* Kösching IN 1527 Grimm Weisth. III,634.
WBÖ V,165.

[**Scheunen**]**t. 1** wie →[*Tenn(en)*]*t.*1, OB, OP, OF, MF, SCH vereinz.: *Scheinatur* Solnhfn WUG.– Phras.: *ein Maul wie ein Sch.* großer od. weit aufgerissener Mund, °Gesamtgeb. vereinz.: °*a Mei wia a Scheinadoa* Krailling STA;– °*der sperrt sei Maal af wöi a Scheinator* „weit" Weiden, ähnlich °OB, °OP vereinz.– °*Der hat a Vootz wia a Scheunator* „ist ein Klugschwätzer" O'stimm IN.– °*Ea schaugt drein wia-r-a Kuah vor n neua Scheunetor* „völlig verdutzt, verständnislos" Mchn.– **2** übertr.– **2a** wie →[*Tenn(en)*]*t.*2a, °OB, °OP vereinz.: °*reiß dei Scheunantor net so weit auf!* Mauerbg AÖ; *reißen Sie Ihr Scheunentor nicht so weit auf* Altb. Heimatp. 6 (1954) Nr.4,6.– **2b** abwertend Frau: *A sechas alts Scheunator, a sechas grauslichs* Th. Widmann, Die Baiern im Vorhimmel, Donauwörth 1947,59.

†[**Schlag**]**t.,** [**Schläge**]- wie →[*Fall*]*t.*1: *do man di schlachtorr macht* 1394 Stadtarch. Rgbg Ungeltbuch 1394,fol.11r.
Schmeller II,518.

[**Schub**]**t.** schiebbares Tor, °OB, °SCH vereinz.: °*Schubteara* „die großen schiebbaren Stadeltore" Wettstetten IN.– Phras.: °*der hat a Maul wia a Schubtor* „einen großen Mund" Hohenpolding ED.– Auch durch Schubtore abgetrennter Raum: *Schubdour* Heuschober im Stadel Rechtmehring WS.

[**Schupfen**]**t.** Tor des Schuppens, °OB, NB, OP vereinz.: *Schupfmdaoa* Floß NEW; *ums Schupfertoua blost da Wind* Tremmel Ziagwagl 96.
WBÖ V,165.

[**Stadel(s)**]**t. 1** Tor, Einfahrt des Stadels, °Gesamtgeb. vielf.: *Ståualdår* Pocking GRI; *Stodltoar* O'baar ND; *As Stodltaouer war ower zou* Schemm Stoagaß 144.– Phras.: *wie ein S.* groß, von Öffnungen, v.a. Augen, Ohren, Mund, od. vom Kopf, °Gesamtgeb. vielf.: °*Augn hot a wia a Stadltor* Endlhsn WOR; °*der hot a Goschn so graos wöia a Stodltor* Neumarkt; °*der hout a Maal wöi a Schdodlstur* Rohr SC;– *das Maul / die Augen aufreißen wie ein S.* u.ä. weit aufreißen, °OB, °NB, °OP mehrf., °Restgeb. vereinz.: *gej då schbreitzt d'Aung af wia-r-a Schtådltor* „vor Erstaunen" Zwiesel; *s mą̄l ą̄vraiſn wei a šdōdldǫua* „beim Gähnen oder Schimpfen" nach Denz Windisch-Eschenbach 257;– °*der reißt s Maü auf wia a Stådltoar* „ist ein Großsprecher" Tödtenrd AIC, ähnlich °OB, °NB, °OP vereinz.– *Den sei Maü sicht aas wia an obrennds Stadldoa* „ihm fehlen alle Zähne" Cham.– *Er håt a Gwissn wia a Stådltor* „weites Gewissen" Wagner Zuwanderung 13.– *Dö schaut so dumm drei wie a Stadlthor!* Schlicht Dorftheater 54, ähnlich PAN.– *A groß Schdodldor hon* „ein reicher Bauer sein" Haimhsn DAH.– *Dea kå mit sein Schell a Stoldoar airena* „mit seinem dikken breiten Kopf" Aicha PA.– *Jmdm mit dem S. winken* u.ä. (einem geistig Schwerfälligen) unmißverständliche Hinweise geben, °OB, NB, °OP, MF vereinz.: °*mou ma dir mit Stoltåua winkn?* „bist du schwer von Verstand?" Sulzkchn BEI; *Dir mouß mas … midm Stadldoar winka* Oberpfalz 68 (1980) 214.– **2** übertr.– **2a** wie →[*Tenn(en)*]*t.*2a, °OB, °NB, °OP vereinz.: *mach dei Schdodldoa zou!* Cham.– **2b** wie →[*Tenn(en)*]*t.*2b, °OB vereinz.: °*Schdoohldeera* „große Augen" Wolfratshsn; *itz schaugt's wieder, itz reißt's enkri* [eure] *Stadelthor auf* Müller Lieder 77.– **2c** großer Kopf: *dea is ogrumplt mit sein Ståltor* Frsg; „Auffällig großer Kopf … *Stadeltor*" Stemplinger Altbayern 45.– **2d**: °*moch dei Schdodldoua zua!* „deine Hosentür" Perach AÖ.
Schmeller II,733.– WBÖ V,166f.

[**Stadt**]**t.** wie →[*Burg*]*t.*: *Doh Churfüascht Max'l is schoo längst Zon Stodtthoa auße gween* Schuegraf Wäldler 93; *daß die Statt Thor Sommerszeit nachts um 10 Uhr … gespöhrt … werden* 1754 Schrobenhsn.Stadtrechtsb. 74.
WBÖ V,165. A.R.R.

Dorant, Dauram
M., Scharfes Berufkraut (Erigeron acer): *Dauram* Schaufling DEG BJV 1957,153.

Etym.: Aus mlat. *orontium* 'Kleines Löwenmaul'; MARZELL Pfln. I,350.

WBÖ V,168. A.R.R.

tor(d)eln → *torkeln*.

†Torel
M.: *der ... To'l* „der Taubstumme" südl.OB SCHMELLER I,619.

SCHMELLER I,619. A.R.R.

-töreln
Vb., nur in Komp.: †[**an**]**t.** befallen, überkommen: *əs* (ein Übel, eine Krankheit) *hâut mi' a͂ə-tèiə'lət* OP SCHMELLER I,619.– Nach SCHMELLER ebd. Abl. von → *Tor*[1].

SCHMELLER I,619.

[**um-ein-ander**]**t.** wild herumrennen, herumspringen (vom Rind): *sie daialn umanand* Schnaittenbach AM. A.R.R.

doren → *donnern*.

toren, tören
Vb. **1** wild herum- od. heimrennen, herumspringen (vom Rind), °OB, °OP vereinz.: °*bei der Hitz fångt s Viech s Dårn å* Lenggries TÖL; *'Küə hams Tárn à͂gfangt* NB SCHMELLER I,619.– Übertr.: °*tua do nöt dö ganz Zeit darn!* „renn nicht dauernd im Haus herum" Reichersbeuern TÖL.
2 †zum Narren machen: *unnutzez claffen ... daz mich vil dicke tœret* HADAMARVL 39,158.
3 †betäuben, einschüchtern: *Kain Schuß wolt sy nit thoren* 1522 HARTMANN Hist.Volksl. I,1.
4 †taubstumm sein: *ân hœren ân sprechen ... in solchem tœren* HADAMARVL 86,347.
5 heimführen, nach Hause treiben, °OB vereinz.: *darrn* „das Vieh bei Hitze unter Dach bringen" Kochel TÖL.

Etym.: Mhd. *tôren* 'töricht sein', Abl. von → *Tor*[1]; WBÖ V,169. Bed.5 Abl. von → *Tor*[2]?

SCHMELLER I,619.

Komp.: [**be**]**t. 1**: *betäuert* betäubt Neunkchn NEW.– **2** †wohl taub, schwerhörig machen: *daz ore des totlichen libes des nich nehoret die wile iz des werltlichen geludemes* [Lärms] *doz* [Getose] *betoret* O'alteich BOG 1174 MAURER relig. Dicht. I,391,21f. (Vom Himmelreich).

SCHMELLER I,619.– WBÖ V,169.

[**ein**]**t.** wie → *t.*5: °*heut san d Brem arg letz, da wern ma de Küah bald eindarn müassen* Lenggries TÖL.

[**ver**]**t.**: *in Schnäj vadäjert* im Schnee verlaufen Eschenbach. A.R.R.

Dorer → *Donner(er)*.

Törer
M.: *a Deara* fahriger Mensch Wdmünchen.

Komp.: [**Fruh**]**t.**: °*Fruaderer* Vorabend der Hochzeit, Polterabend Erding.

[**Weiber**]**t.** Schürzenjäger: °*a Weiberdeara* Klingen AIC; *Weibə'tèrə'* „Mannsperson, die den Weibspersonen nachläuft" SCHMELLER I,619.

SCHMELLER I,619. A.R.R.

Dorf
N. **1** Dorf, Ortschaft, °Gesamtgeb. vielf.: *duiras Duif duri grent* Fdkchn LF; *i vading mi ö Deafa aussi* Haidmühle WOS; *is näa sua a klois Daffl* Wildenrth NEW; *Hom mir ned a scheas Darf, ha?* ILMBERGER Fibel 42; *„Der Weiler*, in Altbayern ... *Dèrffl"* SCHMELLER II,887; *Oppido thórf* Rgbg 10.Jh. StSG. II,332,66; *gut*/ *ze holtze*/ *ze dorfe*/ *vnd zeuelden besuht* [genutzt] *vnd unbesuht* Dachau 1288 Corp.Urk. II,338,43f.; *Die pfarrkirch in dem darf zu Ebersperk* 1418 Abh Mchn 23 (1906) 616 (Jägerb.).– Phras.: *abgebrenntes D.* u.ä. viele Zahnlücken im Mund, OB, NB vereinz.: *dea hod an abrenndz Doaf* Mchn;– *i dean sein Mal schaut's aus wöi i an obrenntn Doaf* Naabdemenrth NEW.– *Des is a spanisch Dorf* seltsam Wasserburg.– *Ins D. gehen* u.ä. zur geselligen (abendlichen) Zusammenkunft, OB, °NB, OP, MF vereinz.: *is Doaf geh* „zum Plaudern abends in andere Häuser gehen" Kötzting; *„ins Dorf gehen* ... Singen, Zeitunglesen, Kartenspielen, Stricken, Nähen" BRUNNER Heimatb.CHA 166;– *der tuat nix als an ganzn Tåh ins Doaf geh* „von einem Faulen" Tittling PA;– *der mecht ma a ins Daf ge* „vereitelt meinen Plan" Hiesenau PA.– *Da möcht ma scha moan, als ghörat iam s ganzö Darf* „er tut recht groß und protzig" Rottal.– *Das D. auskehren* u.ä. geschwätzig über andere reden, °OB, °NB, °SCH vereinz.: °*de oit Gret kehrt a allamoi as ganz Dorf aus* N'viehbach DGF;– sich abends (nach dem Gebetläuten) im Dorf herumtreiben, °OB,

°NB, °OP vereinz.: °*der kihrt s Dorf nomai durch* Brunnen SOB.– *Auf / über die Dörfer gehen* u.ä. als Alleinspieler keine Trumpfkarte, sondern eine Farbe ausspielen, °OB, °NB, °OP, °MF vereinz.: °*iatz gejt er iwa Derfer* Hohenkemnath AM.– *Von jedem Dorf einen Hund* „Von jeder Farbe (mindestens) eine Karte" PESCHEL Schaffkopfen 120.– *Wià glẽànà s Doàf, wià bissegà d Hundd* „Der Unscheinbare macht gerne durch wichtiges Getue auf sich aufmerksam" KAPS Welt d.Bauern 54.– °*Zöich as Doaf a, nåu lafn da d'Haisa nåuch!* „Antwort auf die Frage, was man zu einem bestimmten Anlaß anziehen soll" Sulzbach.– Tanz: *9 Dörfer* „Zwiefacher" Neunkchn KÖZ.– Häufig in u. als ON.
2 †Gehöft, Landgut: *Rura … uilla thorf* 8./9.Jh. StSG. I,242,34f.; *er hiet ein dorf gechauffet, da muͤst er hin* O'altaicher Pred. 121,9f.
3 Gesamtheit der Dorfbewohner, °OB, NB, OP vereinz.: *von dem redd do s ganze Darf* Peißenbg WM; *Rusticam dǫrf* [*dorf*] Tegernsee MB 11.Jh. StSG. II,748,12.– †Auch dörflicher Rechtsverband: *Wo zway dòrffer mit einander kriegent umb ein gemayn* [Gemeindegrund] Obb.Landr.1346 99; *so solle zwischen dem Dorff/ vnd jhm/ ein kundtschafft … gehalten werden* Landr.1616 312.

Etym.: Ahd., mhd. *dorf* stn., germ. Bildung wohl idg. Herkunft; KLUGE-SEEBOLD 212.

Ltg: *dǫav* u.ä. OB, NB, OP, OF, MF, *duav* NB, OF (dazu M; KEM, NEW; HEB, LAU, N), mit Übergang zu *-ô-*, vgl. Lg. § 5g3, *då̄(r)v*, *dåf* u.ä. OB, sw., südl.NB, MF, SCH (dazu CHA, KEM, NEW, RID; WUN), *dǫu(r)v* (BOG, PA), *dęǫv* (WEG, WOS; WÜM), ferner *duiv* (AÖ, LF), *duirev*, *dua-* (LF), *derf* (GAP, TÖL).– Pl. *deava*, *derfa* u.ä. OB, NB, MF, SCH, *diava* OF (dazu BOG, EG, KÖZ, LA, VIT; ESB, KEM, TIR; HEB, LAU, N), *dęǫva* (WEG), *dạ(r)fa* (ED, TS; CHA, NEW, NM, SUL, TIR; HEB, N).

SCHMELLER I,538f.; WESTENRIEDER Gloss. 109.– WBÖ V, 169-171.

Abl.: *dörfeln*, *-dorfen*, *Dorfer*(*er*), *Dörfler*, *Dorfner*, *Dorfschaft*.

Komp.: [**Anger**]**d.** Angerdorf, °OB, °NB vereinz.: °*Angerdörfer* „mit freiem Platz inmitten des Häusergevierts" Grafenau.

[**Aus**]**d.** zur Pfarrei gehörendes Dorf, Filialgemeinde, °OB, °NB, °OP vereinz.: *ön Asdeaffan* St.Englmar BOG.

[**Außer**]**d.** dass., °OB vereinz.: °*Außadorf* Brunnen SOB.

[**Bauern**]**d.** **1** Bauerndorf, Gesamtgeb. vereinz.: *af a so a gscheads Båandoaf mâche ned häradn* Kötzting.– Phras.: *Zähne / ein Maul wie ein abgebrenntes B. haben* u.ä. viele Zahnlücken, OB, °OP vereinz.: *wenn du dei Mai aufmachst, dann siechts aus wie a abrennts Bauerndorf* Mchn.– *A Kält wäi af an Bauerndorf* „eisige Kälte" Weiden.– **2** übertr.: °*o mei, du bringst a solchene Bauerndörfer zamm* „überdrehter Faden beim Spinnen, der kleine Spiralen bildet" Altenmarkt TS.

WBÖ V,171.

[**Berg**]**d.** Bergdorf, OB, NB, OP vereinz.: „*die Beagdeafa* auf den Hängen des Jura und *die Deafa in Gai*, der Donauebene" Ingolstadt.

WBÖ V,171.

[**Bettel**]**d.** armes Dorf, OB, NB vereinz.: *Bedldeafe* „dort wohnen meist Taglöhner und kleine Leute" Erding.

WBÖ V,171.

[**Pfarr**]**d.** Dorf mit Pfarrkirche, OB, NB, OP vereinz.: *Bfårdårf* „darauf sind die Bewohner meist stolz" Simssee RO; *dass … in ain thail meiner Pfarrdörffer … die so hoch verbottene … Rokkenstüben* [gesellige Zusammenkünfte] … *getriben werden* Pullenrth KEM 1702 Wir am Steinwald 10 (2002) 133.

WBÖ V,171.

[**Filial**]**d.** wie →[*Aus*]*d.*, OB, NB, OP, °MF vereinz.: *Filöaidoaf* Rattenbg BOG.

[**Be-halten**]**d.** scherzh. ON, in Phras.: °*der is niat von Gembooch* [wohl Gebenbach AM], *der is äiha vo Pfaltndoarf* „von einem Geizhals" Weiden.

[**Hütten**]**d.** Dorf mit einer Glashütte: *Hobelsberg is a Hittndoaf* Haidmühle WOS.

[**Kirch**(**en**)]**d.** Dorf mit Kirche (u. Pfarrei), OB, NB, OP, OF vereinz.: *Kiachadoaf* „nur einige Gottesdienste im Jahr, auf jeden Fall zum Patrozinium" Altfalter R; *i' geh ins Studier'n … und aft werd' i' so g'scheid wiar unser Herr Pfarrer im Kirchadorf drunt'* MEIER Werke I,409 (Natternkrone); *das in etlichen kirchendorfern nur in der funften oder sechsten wochen ein predigt geschicht* Neuburg 1566 Die evangelischen Kirchenordnungen des XVI. Jh., hg. von E. SEHLING, Bd XIII, Tl 3, Tübingen 1966, 133.– Als ON OB, NB vereinz.

WBÖ V,171.

[Mittel]d., [**Mitter**]- mittlerer Teil des Dorfes, OB, NB, °OP vereinz.: *im Mitterdoaf* O'nzell WEG.– Als ON NB, OP vereinz.

WBÖ V,171.

[**Nachbar(n)**]**d.** Nachbardorf, OB, NB vereinz.: *s Nochbandoaf* Hengersbg DEG.

WBÖ V,171.

[**Ober**]**d.** Oberdorf, OB mehrf., °NB, °OP, SCH vereinz.: *dö vam Owadarf* Einsbach DAH.– Als ON OB, NB, OP vereinz.

WBÖ V,171.

[**Schul**]**d.** Dorf mit Schule, NB, OP vereinz.: *a Schüüdoaf* Beilngries.

WBÖ V,171.

[**Unter**]**d.** Unterdorf, OB mehrf., °NB, °OP, SCH vereinz.: *gea ns Unddrdarf na!* Mering FDB.– Als ON OB, OP vereinz.

WBÖ V,171. A.S.H.

Torf, Torft, †Zurft

M. **1** Torf, Torferde, °OB mehrf., °NB, OP, MF, SCH vereinz.: °*da Dorf werd min Dorfmessa aussaghebt und aufkastlt* [aufgeschichtet] *zun Drickna* Hirnsbg RO; *brauner, grauer, schwarzer Doft* „je nach Schicht" Essenbach LA; *Duaf* Eschenbach; *Wo ma a Karlshuid neigehd, hod oana oiwei an Doif … a Elshausn* [Edelshsn SOB] *rausgfiahd* Karlshuld ND Böck Sagen Neuburg-Schrobenhsn 88; *wegen … entdeckung einer brennenden erdart oder so genanten Turf* Mchn MHStA GR fasc.473/57 (Br. 8.5.1758).
2 †Erdscholle: *Terga zurft* Tegernsee MB 11.Jh. StSG. II,626,62.

Etym.: Ahd. *zurft*, germ. Wort wohl idg. Herkunft. Heutige Form über die Schriftspr. aus mnd. *torf*; Pfeifer Et.Wb. 1439.

WBÖ V,172.

Abl.: *torfeln, -torfen, torfig.*

Komp.: [**Brenn**]**t.** Torf als Brennmaterial, OB, OP vereinz.: *Brenndorf* Pfrombach FS; „Die Leistung einer guten Stechergruppe beträgt 15-20 Waggon *Brenntorf* pro Jahr" Bayerld 35 (1924) 213.

[**Preß**]**t.** in Form gepreßter Torf, OB, NB, °OP vereinz.: *Preßtorf* „wird eher trocken" Schloßbg RO; „*Preßtorf* v. Haspelmoor [FFB]" Vierundzwangzigste Nachweisung über den Betrieb der Königlich Bayer. Verkehrs-Anstalten, München 1876, 16.

[**Darr**]**t.** in einer Darre getrockneter Torf: „den Torf durch künstliche Erwärmung zu trocknen, oder sogenannten *Darrtorf* zu bereiten" Ueber Gewinnung u. Benützung des Torfes in Bayern, hg. vom Central-Verwaltungsausschuß des polytechnischen Vereins von Bayern, München 1839, 58.

[**Filzen**]**t.** heller, grobfaseriger Torf aus der oberen Bodenschicht: *Fuizndorf* Rechtmehring WS.

[**Hand**]**t.** von Hand gestochener Torf: *Handtorf* Traunstein; „In dem Moore … wird zur Zeit nur eine geringe Menge *Handtorf* gewonnen" Haspelmoor FFB Landwirthschaftliche Jb. 7 (1878) 691.

[**Hart**]**t.** dunkler, schwerer Torf aus der unteren Bodenschicht: °*Hoatdårf* „dritte Schicht" Dachau.

[**Maschin(en)**]**t.** maschinell gepreßter Torf, OB, NB vereinz.: *Maschientorf* Traunstein; „Der auf dem Felde ausgebreitete *Maschinen-* und *Baggertorf* … kann erst nach längerem Lagern *aufgekastelt* [aufgeschichtet] werden" Bayerld 35 (1924) 215.

[**Model**]**t.** wie →[*Preß*]*t.*, OB vereinz.: *Modltorf* Traunstein; „der in Kästchen oder Rahmen geformte *Streich-* oder *Modeltorf*" Ueber Gewinnung u. Benützung des Torfes in Bayern, ebd., 57.

[**Moder**]**t.** Torf aus der mittleren Bodenschicht, OB, NB, OP vereinz.: *Moderdorf* Walkertshfn DAH; „Das Schleissheim'er Moor … mit durchweg gutem *Modertorf* … ein sehr beliebtes Brennmaterial Münchens" Landwirthschaftliche Jb. 7 (1878) 691.

[**Moos**]**t.** wie →[*Filzen*]*t.*, OB, NB, SCH vereinz.: *Moostorf* „zum Einstreuen" Bischofsrth WOS.

[**Mull**]**t.** dass., OB vereinz.: *Muitorf* Ebrach WS.

[**Schub**]**t.** wie →[*Preß*]*t.*: *Schubtorf* Esting FFB.

[**Sommer**]**t.** wie →[*Filzen*]*t.*: °*Sommadårf, Windadårf* „erste, zweite Torfschicht" Dachau.

[**Speck**]**t.** wie →[*Hart*]*t.*, °OB, NB, OP vereinz.: *Specktorf* „zum Brennen verwendet" Tutzing STA; „tiefer ... der feinfaserige *Specktorf*" Westerndf RO Altb.Heimatp. 55 (2003) Nr. 32,9.

[**Stech**]**t.** wie →[*Hand*]*t.*: *Stechtorf* U'schleißhm M; „*Stechtorf* ... der so viel Zusammenhang besitzt, daß ein herausgestochenes oder geschnittenes Stück nicht zerfällt" Ueber Gewinnung u. Benützung des Torfes in Bayern, ebd., 56.

[**Stich**]**t.** dass., OB, NB vereinz.: *Stietoaf* gestochener Torf Bischofsrth WOS; „*Stichtorf* ... weniger gleichmäßig ... und eine geringere Dichte ... als *Maschinentorf*" Bayerld 35 (1924) 213.

[**Streu**]**t.** wie →[*Filzen*]*t.*, °OB vereinz.: °*Stratorf* „heller, leichter, strohiger Torf" St. Leonhard LF; „Sobald ... dieser *Streutorf* vollkommen trocken ist, wird er ... in kleine, flockige Teile zerlegt" Bayerld ebd. 224.

[**Stück**]**t.** wie →[*Hand*]*t.*, OB, NB vereinz.: *Stücktorf* „30-50 cm lang, 10 cm breit und tief, wird gestochen" Steinebach STA.

[**Wasen**]**t.** wie →[*Filzen*]*t.*: *Wosndoaf* „geringwertiger Torf" Floß NEW.

[**Wurstlein**]**t.**, [**Würstlein**]- best. maschinell gepreßter Torf, °OB (v.a. RO, TS) mehrf., °OP vereinz.: °*Wurschteltorf* „durch eine Maschine gepreßt und dann in Stücke geschnitten" Rottau TS; „Produktion von *Press-* und *Wursteltorf*" Kolbermoor AIB Mangfall-Bote 23.8.2013, 12.

A.S.H.

torfeln

Vb. **1**: °*torfän* „Torfarbeiten verrichten" Thanning WOR.

2: *torfln* „nach Torf riechen" Schweizer Dießner Wb. 203. A.S.H.

dörfeln

Vb. **1** sich abends im Dorf herumtreiben, °OB, °NB vereinz.: *iads deafet ma no a biße* Erding.

2: *dou duds döafön* „nach Art eines Dorfes ausschauen, von kleinen Häusern in der Stadt" Beilngries.

WBÖ V,172. A.S.H.

dörfen →*dürfen*.

-dorfen

Vb., nur im Komp.: [**aus**]**d.** aus dem Dorf gehen: °*de müassn ausdorfn* „für den Gang zur Kirche oder Schule" Gögging KEH. A.S.H.

-torfen

Vb., nur in Komp.: [**ab**]**t. 1** (Torf) stechen: „*Specktorf* ist besser *abtorft* als *Moder-* oder *Moostorf*" Bischofsrth WOS.– **2** †(Torf) (vollständig) ausbeuten, abbauen: „so daß, wenn die letzte Stelle *abgetorft* ist, man mit dem Stechen wieder von Neuem beginnen kann" Ueber Gewinnung u. Benützung des Torfes in Bayern, hg. vom Central-Verwaltungsausschuß des polytechnischen Vereins von Bayern, München 1839, 48.

†[**aus**]**t.** wie →[*ab*]*t.*2: „das rationelle *Austorfen* ... damit ... dem keineswegs holzreichen Unterlande eine billige Beheizungsquelle verbliebe" ED Bavaria I,486. A.S.H.

Dorfer(**er**), **Dörfer**(**er**)

M., Dorfbewohner, °NB, °OP vereinz.: *Darfera* Naabdemenrth NEW.

Etym.: Mhd. *dorfære* stm., Abl. von →*Dorf*; Ahd.Wb. II,603.

WBÖ V,176f.

Komp.: [**Außer**]**d.** Bewohner einer Filialgemeinde: °*bei da Tanzmusi warn vüll Aßadörfa da* Sulzkchn BEI.

[**Ober**]**d.**, [**Öber**]- Bewohner des Oberdorfes, OB, OP, OF vereinz.: *dö Öbadörfa* Lauterbach REH.

[**Unter**]**d.**, [**Ünter**]- Bewohner des Unterdorfes, OB, OP, OF vereinz.: *d'Untadaffa* Wildenrth NEW. A.S.H.

torfig

Adj., torfig, OB, OP vereinz.: *des is a schwarza Grund a dorfega, dea daleit koa Drika und koa Nesn* Erding. A.S.H.

Dörfler, Dorfler

M., Dorfbewohner, °OB, °NB mehrf., °OP vereinz.: °*des is a Derfia* Lenggries TÖL; *mia Deafla* Schönau EG; „Drin saßen bunt gemischt die *Hütterer* [Arbeiter in der Glashütte] und die *Dörfler* beim Bier" Kohlbg NEW Die Arnika 34 (2002) 15.

WBÖ V,177.

Komp.: [**Außer**]**d.** Bewohner einer Filialgemeinde od. eines außerhalb der Ortschaft gelegenen Hofes, °OB, SCH vereinz.: *Auserdarfler* Derching FDB.

[**Ober**]**d.**, [**Öber**]- Bewohner des Oberdorfes, OB, NB, OP, SCH vereinz.: *Öwadieffla* Zandt KÖZ.

[**Unter**]**d.**, [**Ünter**]- Bewohner des Unterdorfes, OB, NB, OP, SCH vereinz.: *Unddadärfla* Brannenburg RO. A.S.H.

Dorfner

M., Dorfbewohner, °OB, °NB vereinz.: *Darfna* Altötting. A.S.H.

Dorfschaft

F. **1** Dorf, Ortschaft: „eine stattliche *Dorfschaft* und ein urwüchsiges Volk“ PEINKOFER Werke I,83; *darauff sogenannte Colonien: das ist/ Häuser/ und durch deren Zusammsetzung neue Dorffschafften … errichten* Mandat Mchn.
2 Gesamtheit der Dorfbewohner: *da kimt dö ganz Duarfschaft zam* Tann PAN; „mit der Weisung, die ganze *Dorfschaft* … auf die Nacht zur Totenwache einzuladen“ MEIER Werke I,18; *hab ich der Dorfschafft in Derfl gelügen* [geliehen] *52 fl* 1705 POSCHINGER Glashüttengut Frauenau 15.

Etym.: Mhd. *dorfschaft* stf., Abl. von →*Dorf*; WBÖ V,177.

WBÖ V,177. A.S.H.

†torhaft, tör-

Adj. **1** dumm, töricht: *ist mir laid, das ir alls törhafft seitt und in soligen grausamen leuffen … zu Regenspurck beleibt* Rgbg 1483 Rgbg u.Ostb. 83.
2 verrückt: *Aus, aus, torhaffter, tummer, was sol dein öd geschwätz* FÜETRER Poytislier 42,135.

Etym.: Mhd. *tôrhaft*, Abl. von →*Tor*[1]. A.R.R.

Dori[1] →*Theodor*.

Dori[2] →*Isidor*.

toricht, tolicht, töricht, -ig

Adj. **1** gehörlos od. schwerhörig, °OB, °NB vielf., °Restgeb. vereinz.: *er hot to, wia wenn a tourat waa* Valley MB; *schrei ma dennascht* [doch] *nöt aso ö d Oun ei, i wiar a ganz doarat* Straubing; *der schaugt uns wohl für Dohrate o* ZÖPFL Zeit 56; *Eva Khislin ledig und töricht* 1677 JberHVS 70 (1967) 77.
2 körperlich gefühllos, wie abgestorben, NB, OP vereinz.: *a doarrata Finga* Tann PAN.
3 im Geist eingeschränkt.– **3a** dumm, einfältig, °OB, °NB, °OP, °OF vereinz.: °*i glaub, dea is a wäng dorad!* „beschränkt“ Grafenau; *du dorater Tropf, dorater* Altb.Heimatp. 52 (2000) Nr.1,25; *von fuͤnf toroten junchfrauͤn* PIENDL Hab u.Gut 205; *dastu torat pist, zue gelauben solcher ding* HAYDEN Salomon u.Markolf 355.– **3b** verrückt, wahnsinnig, °OP vereinz.: °*a täiata Hund, der wou se selwa baißt* Wdsassen TIR; *Renna touns wöi Däiate* MORGENSCHWEIS mei Schloch 54; *Die melancoli macht die læut toͤrocht, also daz manig mensch sich selber ertoͤt* KONRADvM BdN 356,8f.– Auch *t. auf* gierig nach, °OP, °OF vereinz.: °*dea is ganz däiarad af dean Kouchn!* Thierstein WUN.– **3c** verwirrt, °NB, °OP vereinz.: °*doarad* Simbach PAN; *Ich bin scho'ganz döiat, waou fang'ma öitza s'saouch'n aa'* Oberpfalz 62 (1974) 89.
4 widerspenstig, eigensinnig, stur: *döiat* Hessenrth KEM; *dorert* KILGERT Gloss.Ratisbonense 60.
5 schwindlig, °OP vereinz.: *döiert* Naabdemenrth NEW; *täijat, täijarat* SINGER Arzbg.Wb. 233.
6 übermütig, °OB, °NB vereinz.: °*da Hias isch a dearada Gischpi* Dachau.
7: *Däiata* „grobschlächtiges Mannsbild in Statur und Wesen“ FÄHNRICH M'rteich 164.

Etym.: Mhd. *tôreht, tœreht, -oht*, Abl. von →*Tor*[1]; KLUGE-SEEBOLD 921.

Ltg: *dǫurad* OB (dazu GRI, LA, REG, SR, VIB; PAR), daneben, z.T. jünger, *dǫarad* u.ä. OB, NB, OP (v.a. S) (dazu FDB), vereinz. *dǫulad* (RO), *duarad* (KÖZ, PAN; CHA), mit Uml. *dęi(a)rad* OF (dazu DAH, FS, PAF; BEI, NM, PAR, SUL, TIR; EIH, HIP, N), mit Schwund des *-r- dęiad* OP (dazu WUN), ferner *dęarad* (DAH, FFB, LL, STA, WM; EIH), *dęare* (AÖ, LL; FDB).

SCHMELLER I,619; WESTENRIEDER Gloss. 109.– WBÖ V,168f.

Komp.: [**hirn**]**t.** wie →*t.*3b: *hirndeät* Etzenricht NEW.

[**kommod**]**t.** Schwerhörigkeit vortäuschend, °OB vereinz.: °*er ist kamott dourat* „stellt sich taub“ Fischbachau MB; „*komoddorad* … wenn sie von irgendwelchen Angelegenheiten nichts hören will“ Altb.Heimatp. 63 (2011) Nr.41,4.

[**roß**]**t.**: °*roßdöjart* in Pferde vernarrt Speinshart ESB.

[**schlag**]**t.** sehr schwerhörig: *schlodoarat* Schilling Paargauer Wb. 45.

[**stock**]**t.** dass., OB, NB vereinz.: *stogdoarad* Aicha PA; *hört a nöt, is a stockthoarat* Schlicht Dorftheater 43.

[**weiber**]**t.** lüstern auf Frauen: *weiberderi* Derching FDB; *weibertœret* Schmeller II,831.

Schmeller II,831. A.R.R.

törisch

Adj. **1** gehörlos od. schwerhörig, OB, NB vereinz.: *er håt tåu wia wånna derisch waa* Passau.
2 körperlich gefühllos, wie abgestorben, OB, NB vereinz.: *a dearöscha Finga* Iggensbach DEG.
3 dumm, einfältig, OB, NB vereinz.: *alt und derrisch werdn* „alt und kindisch" Regen; *gab ... ein törsche und unweise antwurt* Aventin IV, 389,9f. (Chron.).
4 widerspenstig, eigensinnig, stur, OB, °NB vereinz.: *a derrischer Kobf* „eigensinniger Mensch" Ruhpolding TS; *deareſ̌* nach Kollmer II,84.
5: *därisch* eingebildet Traunstein.
6 grobschlächtig, plump, grob, NB vereinz.: *a derösche Nåd* „unschöne, schlechte Naht" Aicha PA; *derrisch* „ungehobelt, unmanierlich" Aman Schimpfwb. 45.
7 ungeschickt, NB vereinz.: *dèrrisch* Perlesrt WOS.
8 übellaunig, zornig, °OB vereinz.: *dearesch* „grantig" Wasserburg; *deresch* Federholzner Wb.ndb.Mda. 54.
9: *der is ganz derisch* fassungslos Kiefersfdn RO.
10 sehr groß, kräftig, NB vereinz.: *a derösche Fotzn* (Ohrfeige) *ainöhau* Klingenbrunn BOG; „Übergroß, kräftig – *is dös a derisch Weibaleut!*" Häring Gäuboden 134.
11 †lasterhaft: *seinen schaden, damit dy törschen Chriechen in ane schuld hieten so überladen* Füetrer Trojanerkrieg 57,149.

Etym.: Mhd. *tœrisch*, Abl. von → *Tor*[1]; WBÖ V,177.

Schmeller I,619.– WBÖ V,177f.

Komp.: [**roß**]**t.**: °*roßtejerisch* in Pferde vernarrt Gunzendf ESB. A.R.R.

Torkel[1]

F., Torkel, Kelter: °*Darkl* „Mühle für Schnapsmaische, zum Saftpressen" Brannenburg RO; *Torkel* „Weinpresse" [4]Zehetner Bair.Dt. 348; *In prelo intorculvn* Tegernsee MB 10./11.Jh. StSG. II,251,51.

Etym.: Ahd. *torcul* stm./n., *torcula* st/swf., mhd. *torkel* st/swm., aus mlat. *torcula*; Kluge-Seebold 921.

Schmeller I,620.– WBÖ V,178f.

Abl.: *Torkel*[2], *torkeln*, *Torkler(er)*, *Torklet*.

Komp.: [**Essig**]**t.** dass.: *Essidorgl* „Obstpresse" Staudach (Achental) TS. A.S.H.

Torkel[2]

M. **1** von Menschen.– **1a** dummer, ungeschickter Mensch, °MF vereinz.: °*a rechter Dorgl* Rohr SC; *a Torkl* Singer Arzbg.Wb. 238.– **1b** schwerfälliger, plumper Mensch, °OB, °OP, °MF, °SCH vereinz.: °*der Toakl bringt niad amal seine Fiaß firanander* Cham.
2 Rausch, °NB, °OP vereinz.: °*der hat an gscheitn Torkl* Sommerstorf EG.

WBÖ V,179. A.S.H.

torkeln, -ö-, tordeln

Vb. **1** keltern.– **1a**: *targeln* „Obst pressen" Neubeuern RO.– **1b** durch Auspressen gewinnen: „aus Holzäpfeln wird der Essig *dorklt*" Elbach MB.
2 torkeln, schwankend, unbeholfen gehen, °Gesamtgeb. mehrf.: °*der oide Mo is mehra darglt ois wia ganga* Thalham MB; „ein kleines Kind *doalt*" Naabdemenrth NEW; *dǫaglad* „taumelnd" nach Kollmer II,88; „*daukln* ... besonders von Betrunkenen" Passau SbMchn 1887,2. Tl 411; *Dorckeln* „torculi instar circumagi præ ebrietate" Prasch 17.– †Auch straucheln, scheitern: *Wea koa Heaz hat, dea muaß tarkeln* Pangkofer Ged.altb.Mda. (1846) 73.

Etym.: Mhd. *torkeln*, Abl. von → *Torkel*[1]; Pfeifer Et.Wb. 1439.

Hässlein Nürnbg.Id. 132; Prasch 17; Schmeller I,620; Westenrieder Gloss. 578.– WBÖ V,179f.

Komp.: †[**hin-ab**]**t.** hinuntertorkeln, schwankend hinteruntergehen: *der Mühler ... tranck ihm einen dicken Rausch an, tordelete alsdann die Gassen in der Stadt hinab* Moser-Rath Predigtmärlein 188.

[**an**]**t.**: °*oderkln* „anstoßen, anrempeln" Weilhm.

[**um-ein-ander**]**t.**, [**üm-**]- wie → *t.*2, °Gesamtgeb. vereinz.: °*da Vata toaklt umanander im Rausch* Maxhütte-Haidhf BUL.

WBÖ V,180.

[heim]t. torkelnd, schwankend nach Hause gehen, °OB, NB, °OP, °SCH vereinz.: *da Michl hot alle Wocha sein Affn, na toaklta hoam* Wiefelsdf BUL; *Ea is vom Wiads:haus hoam:daagld* CHRISTL Aichacher Wb. 236.

WBÖ V,180.

[hin-und-her]t. wie → *t.*2, °OB vereinz.: °*jessas, der darglt hin und her!* Altomünster AIC; *Vo' lautə' Rausch tarklt ə' so hin und her* SCHMELLER I,620.

SCHMELLER I,620; WESTENRIEDER Gloss. 578.– WBÖ V,180.

[zu-sammen]t. 1 hinfallen, stürzen: *er is zammdorklt* Regen.– **2** zusammenstoßen, zusammenprallen: °*hoppla, ötza sama zamdoaklt* Schwandf.

[um]t., [üm]- wie → *t.*2: *Der torklt jeedas Måål üm, wenn a as-n Wirtshaus assakiint!* BRAUN Gr.Wb. 713; *wann ein privatburger ... einen cammerer also vor sich umbdarckhlen süehet* Kötzting 1648 HELM Obrigkeit 43.

WBÖ V,180. A.S.H.

Torkler(er)
M. **1** jmd, der torkelnd, schwankend geht, v.a. Betrunkener, °OB, °NB, °OP vereinz.: °*alter Dorklerer* Trausnitz NAB; *Torkler* „taumelnde Person" BERTHOLD Fürther Wb. 232.
2 einzelne torkelnde, schwankende Bewegung: °*da hat er an Torkler gmacht* „ist umgefallen" Eitting MAL; *ə˜n Tarklə' taə˜n ... machə˜* SCHMELLER I,620.
3 Rausch, °NB mehrf., °OB, °OP, °MF, °SCH vereinz.: °*der hat a so an Doagla* Altenbuch LAN.

SCHMELLER I,620.– WBÖ V,180f.

Komp.: **[Mords]t. 1**: °*da Xare is a Mordstorkla* „starker Säufer" Wildenroth FFB.– **2** starker Rausch, °OB, °NB, °OP, °MF vereinz.: °*da Hans hat gestan an Mordstorkla ghabt* Rosenhm.

A.S.H.

Torklet
N. **1** Torkeln, schwankendes Gehen: *Toaklad* Aicha PA.
2: °*Torklet* Rausch Tittling PA. A.S.H.

Dorl[1], dummer Mensch, → *Teigel*[1].

Dorl[2] → *Theodor*.

Dorl[3] → *Dorothea*.

†torlich, törlich
Adj., töricht: *Du hast torlich und unrecht tan* AVENTIN IV,236,15 (Chron.). A.R.R.

Dorling, Verunstaltetes, dummer Mensch, → *Teigling*.

Dörmel, Raum über dem Backofen, → *Dörpel*.

†Dormenter
M., N., Dormitorium, Schlafsaal in einem Kloster: *inn irem Hauß ... ze schlaffen unnd nit auff dem Dormenter oder gemainen Schlaffhauß* 1495 DORNER Herzogin Hedwig 201.

Etym.: Ahd. *dormint(e)ri* stn., mhd. *dormenter, dormiter* stm./n., aus lat. *dormitorium*; ²DWB VI,1272.

SCHMELLER I,540; WESTENRIEDER Gloss. 583. A.S.H.

Tormentill, Tir-
M., F.(?), Blutwurz (Potentilla erecta): „Zur Blutstillung gräbt sie ... den *Dirmatill* ... aus" HuV 12 (1934) 237; *Vor ds roth od bluet harnen. Nimme gepulvert tormentill* BIHLER tierärztliche Rezepte Straubing 59.

Etym.: Aus mlat. *tormentilla*; MARZELL Pfln. III,1019.

WBÖ V,181. A.S.H.

törmisch, schwindlig, → *türmisch*.